확률적 프로그래밍 기초 원리

확률적 프로그래밍 기초 원리

머신 러닝과 인공지능을 이해하는 또 다른 방법

신승환 지음

i!i
에이콘

지은이 소개

신승환(ProbProgBook@gmail.com)

다양한 분야의 소프트웨어를 개발, 관리, 컨설팅했으며, 현재는 차량용 임베디드 소프트웨어를 개발하고 있다. 『스마트카 Smart Car 소프트웨어 엔지니어링』을 비롯한 다수의 IT 서적을 집필하고 번역했다.

지은이의 말

최근에 개봉하는 굵직한 SF 영화를 보면 두드러지는 소재가 있는데, 바로 인공지능이다. 영화 속에서는 인공지능, 즉 스스로 판단하고 그에 따라서 행동하는 기계를 다양하게 표현하는데, 대체적으로 인공지능이 사람에게 위협이 될 것이라고 묘사되는 장면이 많은 편이다. 영화에서 인공지능이 묘사되는 모습을 볼 때마다, 영화의 흐름과 관계없이 직업적인 호기심이 발동된다. 과연 영화에서 표현되는 인공지능은 어떤 프로그래밍 언어로 개발되었을까? C로 개발됐을까? 아니면 스크립트 언어가 비약적으로 발전해 자바스크립트 같은 스크립트 언어로 만들어졌을까? 하는 궁금증이 샘솟는다.

사실 이 책은 장난 같은 이들 질문에 대한 답을 찾는 과정에서 만들어졌다. 인공지능에 적합한 프로그래밍 언어를 인터넷으로 검색하다가 우연히 '확률적 프로그래밍probabilistic programming'이라는 단어를 찾게 되었다. 처음에 확률적 프로그램이라는 단어를 들었을 때는 확률과 프로그래밍이 어떤 연관이 있는지 도무지 감도 잡히지 않았다. 사실 확률적 프로그래밍을 이해하려면 프로그래밍 지식 외에 다양한 지식이 필요했다.

특히 일반 교육 과정에서 많이 들었던 확률이나 명제를 다시 공부해야 했고 처음 접하는 베이지안 확률, 베이지안 네트워크, 추정 알고리즘 등을 처음부터 살펴봐야 했다. 이런 것들을 알게 된 지금 확률적 프로그래밍을 처음 접하는 사람에게 확률적 프로그래밍이란 무엇인지 설명해야 한다면, 아마도 본문에서 설명하는 다음 사례가 가장 적합할 것 같다.

확률적 프로그래밍을 간단히 소개하려면 우선 명제에 대해 이야기해야 한다. 명제란 참과 거짓을 구분할 수 있는 문장을 말한다. 명제는 인공지능을 구성하는 논리의 기본 단위다. 말하자면 '당신 앞에 있는 건 자동차다'는 명제다. 그것이 자동차라면 명제가 참일 것이고 자동차가 아니라면 거짓일 것이기 때문이다. 아울러 '자동차는 달릴 수 있다'도 명제다. 자동차가 달리는 건 분명한 사실이고, 따라서 이 명제는 참과 거짓을 구분할 수 있기 때문이다. '당신 앞에 … 수 있다'는 문장은 가정도 참이기 때문에 결론도 참일 것이란 추론을 할 수 있다. 하지만 그 자동차의 엔진이 고장 날 가능성이 반반이라는 사실을 알게 된다면, 당신이 보고 있는 '그것'은 과연 달릴 수 있다/없다로, 말하자면 참과 거짓으로 판단을 내릴 수 있을까?

이야기하고 싶은 바는 명제와 명제를 사용한 논리적 추론만으로 사람들의 사고방식을 모델링하는 데 한계가 있다는 것이다. 명제를 프로그래밍 관점에서 해석하자면, 명제를 참이나 거짓을 뜻하는 불리언^{boolean} 변수로 생각하거나 참이나 거짓을 돌려주는 논리식으로 생각할 수 있다. 프로그래밍 관점에서 해석해도 앞의 문장에 아직 동의하지 못하거나 그 의미가 명확하지 않은 독자를 위해 다른 예를 한 가지 들겠다. 우선 아래에 있는 명제를 살펴보자.

채식주의자는 평화주의자다.
군인은 평화주의자가 아니다.

위의 명제가 모두 참이라고 가정해보자. 만약 철수가 채식주의자라고 한다면, 위의 명제에서 철수는 평화주의자란 결론을 얻을 수 있다. 앞에서 예를 든 철수가 군인이라고 해보자. 그렇다면 철수는 평화주의자가 아니라는 결론도 얻을 수 있다. 즉 단순히 참과 거짓을 가지고 판단하는 명제를 사용한다면, 채식주의자면서 군인인 철수는 평화주의자인지 평화주의자가 아닌지 판단할 수 없게 된다.

현실에서는 이런 모순적인 상황이 매일같이 일어난다. 즉 채식주의자면서 군인인 철수가 평화주의자일 수도 있고, 평화주의자가 아닐 수도 있는 상황 말이다. 이걸 참과 거짓의 잣대로만 판단하려면 절대 판단할 수 없는 사태가 일어난다는 뜻이다. 이런 이유로 확률이 인공지능 개발에 개입하게 됐다. 특히 주관적 확률의 경우 자연현상을 포함하여 믿음을 표현할 수 있는 수단이다.

즉 참과 거짓이 아닌 0과 1 사이에 있는 값으로 어떤 상황을 표현한다. 채식주의자면서 군인인 철수가 평화주의자일 수 있는 확률이 0.5보다 크다면, 우리는 잠정적으로 철수는 평화주의자라 가정할 수 있다. 말하자면 참과 거짓이라는 양극단의 세계에 빠지지 않고, 그런대로 현실을 판단하고 행동할 수 있는 기준을 얻을 수 있다는 뜻이다. 물론 평화주의자라고 잠정적으로 생각했던 철수가 전쟁 지지 집회를 연다면, 우리는 이 사실을 기반으로 철수가 평화주의자일 확률을 다시 조정할 수도 있다. 이런 이유로 명확한 논리로 무장해야 하는 인공지능 세계에 불확실한 확률이 등장했다.

나는 이 책을 쓰게 된 질문, "인공지능을 개발하는 프로그래밍 언어는 무엇일까?"라는 질문에 대한 답을 찾았을까? 완전한 답은 아니지만 그 실마리를 찾았다고 생각한다. '새 술은 새 부대에'라는 속담이 있다. 아울러 나무와 못을 들고 있다면 최적의 도구는 드라이버가 아닌 망치일 것이다. 프로그래밍 세계에서 모든 분야에 해결책을 주는 프로그래밍 언어는 없다. 즉 해결하려는 문제가 지금까지의 프로그래밍 언어로 풀 수 없다면, 새로운 프로그래밍 언어가 필요한 시점이라고 생각한다. 아마도 그 변화의 시점에 확률적 프로그래밍이 적절한 해답을 줄 수 있을 것이라 믿는다.

신승환

차례

들어가며

벽에 액자를 걸기 위해서는 망치와 못이 필요하다. 먼 곳으로 이동하려면 자동차가 필요하다. 물론 못과 망치가 있어서 벽에 액자를 걸고 싶을 수도 있고, 자동차가 있기 때문에 먼 곳으로 가고 싶을 수도 있다. 목적도 있고 수단도 있다. 목적이 우선하고 그 목적을 달성하기 위한 수단이 생기는 경우도 있다. 물론 수단이 있기 때문에 어떤 목적이 생기는 경우도 있다. 여기서, 목적과 수단이라는 관점에서 확률적 프로그래밍을 생각해보자. 확률적 프로그래밍은 수단이다. 그렇다면 확률적 프로그래밍은 수단이 먼저일까, 목적이 먼저일까?

확률적 프로그래밍이 탄생하게 되기까지는, 목적이 먼저였지 않을까 생각해본다. 확률적 프로그래밍이라는 이름만 놓고 본다면 그 목적을 짐작하기가 쉽지가 않다. 마치 못이나 망치를 처음 본 사람이 못과 망치의 용례를 짐작하기 쉽지 않은 것처럼 말이다. 하지만 액자를 달라는 목표가 주어지는 경우, 어느 정도의 지적 수준만 갖췄다면 주어진 못과 망치를 사용해 쉽게 액자를 걸 수 있을 것이다. 확률적 프로그래밍도 마찬가지다. 그냥 확률적 프로그래밍이란 이야길 들으면, 도대체 이게 어디 쓰는 물건인지 감을 잡기가 쉽지 않을 것이다.

물론 확률적 프로그래밍도 프로그램이기 때문에 쓸 수 있는 분야가 한정되지는 않을 것이다. 하지만 여타 언어와 마찬가지로 확률적 프로그래밍이 가장 적합한 분야가 있을 것이다. 그 답을 먼저 말하자면, 인공지능이라고 조심스럽게 말할 것이다. 앞서 '지은이의 말'에서도 밝혔듯이 내가 확률적 프로그래밍이라는 단어를 처음 접한 건, 인공지능을 검색하는 과정에서였다. 독자들 가운데는 인공지능이라는 답을 들어도 도대체 확률적 프로그래밍이 인공지능 개발에 어떤 도움을 주는지 감이 잡히지 않는 사람도 있을 것이다. 나도 처음 확률적 프로그래밍이라는 이야기를 들었을 때 이걸로 어떻게 인공지능을 개발할 수 있을지 알 수 없었다. 사실 이 때문에 이 책을 쓰게 됐다.

확률적 프로그래밍이라는 배움의 난제를 넘기 위해 적잖은 시간을 보냈다. 그러고 보니 확률적 프로그래밍을 마스터하기 위해 프로그래밍과는 관련이 없어 보이는 확률, 베이지안 추론, 베이지안 네트워크 등을 배워야 한다는 부담감 때문에, 많은 사람이 확률적 프로그래밍을 배우는 데 도전하지 않을 것 같다는 노파심이 들었다. 말하자면 확률적 프로그래밍을 배우고는 싶지만 이런 부담감 때문에 망설이는 독자들을 위해 이 책을 쓰게 되었다.

이런 이유로 확률적 프로그래밍을 배우는 데 필요한 아주 기초적인 확률부터 확률적 프로그래밍을 활용하는 데 도움을 주는 예제까지 다루었다. 아무쪼록 이 책을 선택한 모든 독자가 끝까지 포기하지 않고 이 책을 읽고 확률적 프로그래밍을 배울 수 있기를 바란다.

이 책의 구성

이 책은 크게 4부로 구성되어 있다. 1부(1~6장)에서는 확률의 기초를 다룬다. 확률의 기초와 확률적 프로그램에서 주로 사용하는 주관적 확률, 즉 베이지안 확률을 자세히 소개한다. 2부(7~13장)에서는 1부에서 배운 베이지안 확률과, 새롭게 배우는 베이지안 네트워크를 이용해 확률적으로 추론하는 방법을 알아본다. 3부(14~17장)에서는 1부와 2부에서 배운 확률 지식을 기초로 하여 확률적 프로그래밍을 소개한다. 4부(18~22장)에서는 확률적 프로그래밍을 어떻게 사용하는지 알아보기 위해, 확률적 프로그래밍의 예제를 살펴본다.

1부: 확률적 프로그래밍의 디딤돌, 확률

1장, 확률은 수학이 아니다! 확률은 삶이다!?

몸풀기로서 확률의 간단한 정의와 두 가지 종류의 확률, 즉 고전적 확률과 빈도적 확률에 대해 살펴본다.

2장, 마술사의 속임수. 확률은 객관적일까, 주관적일까?

수학의 한 분야로서 배운 확률은 늘 객관적이라고 생각한다. 하지만 2장에서는 마법사의 동전 예제를 살펴봄으로써 확률도 주관적일 수 있다는 사실을 알아본다. 이 사실을 토대로 다시 확률의 정의를 살펴보며, 확률은 크게 고전적 확률, 빈도적 확률, 주관적 확률로 나눌 수 있음을 알게 된다.

3장, 적어도 이건 알자, 확률의 기본 공식

확률의 기초 공식을 다시 살펴본다. 1장과 2장에서 느슨하게 정의한 개념들을 정리한다. 3장 이후로 나오는 복잡한 개념을 쉽게 이해하기 위해 정규 과정에서 배운 합사건, 곱사건, 여사건에 대해 살펴본다.

4장, 조건부 확률, 확률에도 조건이 붙을 수 있다

어떤 사건이 주어졌을 때 다른 사건이 일어날 때의 확률인 조건부 확률을 다룬다. 조건부 확률을 다루는 이유는 조건부 확률을 사용해 주관적 확률을 나타낼 수 있기 때문이다. 독자들 중에서 조건부 확률 개념을 처음 접하는 이가 많을 것이라 생각해 최대한 사례 위주로 설명한다.

5장, 주관적 확률의 대명사, 베이지안 확률과 베이지안 추론

4장에서 다룬 조건부 확률을 사용해 주관적 확률의 대명사인 베이지안 확률을 살펴본다. 베이지안 확률을 구하는 방법이 수식적으로 어렵진 않으나, 개념을 이해해 쉽게 적용하려면 연습이 필요하다. 따라서 수두와 천연두를 진단하는 예제를 사용해 주관적 확률의 개념을 잡을 수 있도록 설명했다.

6장, 베이지안 확률 혹은 추론 자세히 살펴보기

5장에서 배운 베이지안 확률을 더 이해하기 위해, 몇 가지 예제를 사용해 주관적 확률을 좀 더 자세히 살펴본다. 사후 확률 오즈라는 개념을 이용해 두 가지 가설 중 한 가지 가설을 채택하는 방법을 살펴본다. 아울러 베이지안 확률을 사용해 간단한 스팸 필터를 구현하는 방법도 설명한다.

2부: 복잡한 추론의 시작

7장, 명제 논리, 확률적 프로그래밍의 벽돌?

6장까지 확률의 기초부터 주관적 확률의 활용 방법까지를 살펴봤다. 복잡한 추론을 하기 위해서는 확률뿐만 아니라, 논리의 기본인 명제도 필요하다. 따라서 7장에서는 논리학의 기초를 쌓는 벽돌이라 할 수 있는 명제 논리에 대해 살펴본다.

8장, 확률, 명제를 만나다!

확률과 명제의 만남을 시도함으로써, 진정으로 확률을 사용해 추론하는 방법을 설명한다.

9장, 이제 추론이란 걸 해보자, 베이지안 네트워크 소개

베이지안 확률만 사용해 추론을 하면, 단순히 스팸인지 정상 메일인지, 수두인지 천연두인지처럼 단편적인 추론에 국한된다. 고차원의 추론을 하려면, 복잡다단하게 연결된 인과관계를 표현할 수 있어야 한다. 이런 인과관계의 표현에는 베이지안 네트워크가 제격이다. 9장에서는 베이지안 네트워크의 기본 개념을 소개한다.

10장, 복잡한 네트워크를 단순하게, 베이지안 네트워크의 독립성

복잡한 인과관계를 표현하는 베이지안 네트워크를 사용해 효율적으로 추론을 하려면, 베이지안 네트워크의 독립성을 활용해야 한다. 베이지안 네트워크의 독립성이 무엇인지 살펴보고, 이를 사용해 추론하는 방법을 알아본다.

11장, 베이지안 네트워크 확률

베이지안 네트워크에서 각 사건이 일어날 확률을 구하는 방법을 살펴본다. 이렇게 구한 확률을 사용해 어떻게 추론을 하는지도 알아본다.

12장, SamIam을 사용한 베이지안 네트워크 활용

베이지안 네트워크를 그리고 여기에서 어떤 사건이 일어날 확률을 수작업으로 구하기란 불가능하지는 않지만 피곤하고 힘든 일이다. 따라서 도구를 활용해 베이지안 네트워크를 그리고 확률을 구할 수 있다면 무척 편할 것이다. SamIam을 사용해 베이지안 네트워크를 쉽게 활용할 수 있는 방법을 소개한다.

13장, 베이지안 네트워크를 사용한 쿼리

쿼리라는 개념을 사용해 베이지안 네트워크에서 원하는 정보를 구하는 방법을 알아본다. 12장에서 살펴본 SamIam 도구를 이용한다.

3부: 확률적 프로그래밍을 만나다

14장, 확률적 프로그래밍, Church 기초

확률적 프로그래밍의 간단한 개요를 살펴본다. 그리고 확률적 프로그래밍을 배우는 데 사용할 Church 기초 문법을 알아본다.

15장, Church를 사용한 확률적 프로그래밍 시작, 베이지안 확률

1부와 2부에서 배운 간단한 확률과 베이지안 확률을 Church를 사용해 구현해봄으로써, Church 문법과 활용 방법을 상세히 살펴본다.

16장, Church와 생성 모델, 추론을 위한 핵심

확률적 프로그래밍을 사용해 추론을 하기 위해서는 생성 모델과 쿼리에 대해 알아야 한다. 16장에서는 베이지안 네트워크를 사용해 추론하는 경우와 확률적 프로그래밍을 사용해 추론하는 경우를 살펴보고, 어떤 측면에서 확률적 프로그램이 장점이 있는지 알아본다. 이 과정에서 확률적 프로그래밍의 생성 모델과 쿼리에 대해 살펴본다.

17장, Church 추론 알고리즘

확률적 프로그래밍의 핵심인 추론 알고리즘의 구현 방법을 살펴본다. Church
의 쿼리 중 하나인 mh-query를 구현하는 추론 알고리즘인 메트로폴리스-해스팅
Metropolis Hastings 알고리즘에 대해 상세히 알아본다. 아울러 메트로폴리스-해스팅
알고리즘을 이해하는 데 필요한 마르코브 체인과 몬테 카를로 시뮬레이션에 대
해서도 살펴본다.

4부: 복잡한 추론의 예제

18장, 마술사의 속임수, 진실을 밝히다

뒷면이 비정상적으로 많이 나오는 마술사의 동전을 확률적 프로그래밍 Church
예제를 통해 살펴본다.

19장, 틱택토, 어디에 두는 게 유리할까?

틱택토 게임에서 어디에 두는 게 유리한지 알아보는 알고리즘을 확률적 프로그
래밍 Church를 사용해 구현해본다.

20장, '텔레파시? 내 마음을 읽어봐'

주머니 게임을 통해 플레이어의 생각을 추론하는 확률적 프로그래밍 Church 예
제를 만들어본다.

21장, 책 쌓기? 물리를 몰라도 할 수 있어

물리를 사용하지 않아도 책을 쓰러트리지 않고 최대한으로 쌓는 방법을 확률적
프로그래밍 Church로 살펴본다.

22장, 생일이 같을 확률

한 방에 여러 명이 모여 있을 때 생일이 같을 확률을 수학적으로 구해보고, 확률

적 프로그래밍 Church를 사용해 구한 결과와 비교해본다.

대상 독자

당연히 확률적 프로그래밍을 배우고 싶은 사람들이 이 책의 첫 번째 독자가 될 것이다. 이들을 위해, 이 책에서는 확률의 기초부터 확률적 프로그래밍의 하나인 Church 언어를 사용한 예제까지 설명한다. 확률적 프로그래밍에 관심이 없지만 유사한 분야의 프로그래밍 언어에 관심이 있는 독자의 경우, 이 책에서 다루는 확률 기초, 베이지안 확률, 베이지안 추론, 베이지안 네트워크를 공부해두면 많은 도움이 될 것이다. 빅데이터나 머신 러닝을 공부하거나 적용하는 독자는, 이 책에서 다루는 확률적 프로그래밍의 접근 방법을 알아둔다면 빅데이터나 머신 러닝에서 새로운 관점을 얻을 수도 있다.

이 책에서 다루는 내용

이 책은 확률적 프로그래밍을 배우는 데 필요한 전반적인 지식을 다룬다. 따라서 확률 기초, 베이지안 확률, 베이지안 추론, 베이지안 네트워크, 명제 논리, 베이지안 네트워크를 사용한 추론, Church 언어를 사용한 확률적 프로그래밍 기초, 확률적 프로그래밍의 생성 모델과 쿼리, 확률적 프로그래밍의 추론 알고리즘, 확률적 프로그래밍의 다양한 예제를 살펴본다.

이 책에서 다루지 않는 내용

이 책은 확률적 프로그래밍을 배우는 데 필요한 전반적인 지식을 다루기 때문에, 각 주제를 깊이 있게 다루지는 않는다. 예를 들면 공식이 나오는 경우 이해와 활용에 초점을 맞춰서 설명을 한다. 따라서 공식의 정확한 증명 등은 다루지 않는다. 확률적 프로그래밍을 설명하기 위해 Church를 사용하지만, 확률적 프로그래밍을 이해하는 데 필요한 정도에서 Church 문법이나 구문을 설명하기 때문에, 이 부분에서 관한 상세한 설명이 필요한 독자는 관련 자료를 직접 찾아보기 바란다.

이 책에 대한 의견과 정오표

이 책에 대한 의견과 질문, 오탈자가 있다면 ProbProgBook@gmail.com으로 메일을 보내거나, 에이콘출판사 편집팀(editor@acornpub.co.kr)으로 문의해주길 바한다. 정오표는 에이콘출판사 도서 정보 페이지 www.acornpub.co.kr/book/probabilistic-programming에서 찾을 수 있다.

1부

확률적 프로그래밍의 디딤돌, 확률

1장 확률은 수학이 아니다! 확률은 삶이다!?

더하기, 빼기, 나누기, 곱하기. 즉 사칙연산을 제외하고 수학과는 거리가 먼 일상 생활에서 가장 많이 사용하는 개념은 뭘까? 정답이 있는 질문은 아니지만, 나는 확률이라고 생각한다. "그 일이 일어날 확률은 제로야!" 혹은 "내가 100퍼센트 장담하는데, 걔는 올 거야!"라든지, 이런 확률의 정의를 이용한 일상의 대화를 이해하는 데는 복잡한 수학적 정의가 없어도 가능하다. 인생 역전을 꿈꾸면서 한 번쯤은 사봤을 로또도 일상에서 확률을 사용하는 대표적인 사례다. 예를 들어 벼락을 맞을 확률보다 로또에 당첨될 확률이 더 낮다는 것처럼, 로또에 당첨될 확률을 어떻게 계산하는지는 모르지만, 대략 벼락에 맞을 확률이 더 높다는 비교로 확실히 로또에 당첨되기란 참 어렵다는 걸 짐작할 수 있다.

확률을 사용해 표현할 때 반드시 일어날 일 혹은 반드시 일어날 것이라고 믿는 일에는 확률이 100퍼센트 혹은 1이라고 한다. 이에 반해 절대 일어나지 않거나 죽었다 깨어나도 일어나지 않을 것이라고 믿는 일에는 확률이 0퍼센트 혹은 0이라고 한다. 말하자면 우리는 0에서 100퍼센트 혹은 0에서 1 사이의 숫자를 사용해, 현실에서 일어날 혹은 일어날 것이라고 믿는 일에 확률을 부여한다. 앞서 이야기했듯이 반드시 일어날 일에 1을, 절대 일어나지 않을 일에 0을 부여한다면, 그 사이에 일어날 일은, 말하자면 장담은 못 하지만 일어날 것 같은 일의 확률이나 일어나지 않을 것 같긴 하지만 일어날 수도 있는 일에는 어떤 값의 확률을 부여해야 할까?

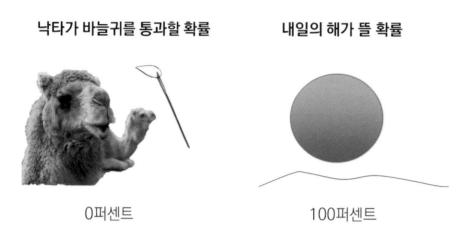

낙타가 바늘귀를 통과할 확률 　　　　**내일의 해가 뜰 확률**

0퍼센트　　　　　　　　　　　　　　100퍼센트

　　직장생활을 처음 시작했을 때의 경험담이다. IT 시스템을 만드는 일이 주어졌다. IT 시스템을 만들기 위해 사용자 화면을 설계하고 나서 상사에게 검토를 받았다. 상사는 내가 만든 화면 중에서, 이러저러한 화면은 왜 빠졌냐고 물었다. 애매한 표현으로 이유를 설명하기보다는 확신을 가지고 설명하는 게 좋을 것 같아서 이렇게 대답했다. "80퍼센트 확신하는데, 1퍼센트의 사용자도 사용하지 않을 것 같아서 만들지 않았습니다." 이 이야기를 들은 상사는 조금 어이없다는 표정으로 이렇게 말했다. "내가 100퍼센트 확신하는데, 100퍼센트의 사용자가 이 화면을 쓸 것 같다." 상사의 검토가 끝난 후, 난 100퍼센트의 사용자가 사용하리라고 상사가 100퍼센트 확신하는 화면을 설계해야 했다.

　　일상에서 확률의 개념을 빌린 표현을 많이 쓰지만, 대개는 자신의 강한 주장이나 강한 거부감 등을 나타내고자 사용한다. 어느 정도의 확신이나 믿음이 있다면, 0과 1 사이에 있는 모호하고 불확실한 숫자를 사용해 상당히 근거가 있는 주장처럼 포장한다. 직장생활을 처음 시작했던 시절의 나처럼 말이다. 그렇다면 이런 모호함을 떠나 수학이나 과학을 근거로 하는 확률은 어떻게 되는지 살펴보자. 상당 부분이 학창시절에 이미 배운 이야기일 수 있지만, 조금만 참고 읽는다면 확률의 이면을 알게 될 것이다.

백 원짜리 동전이 하나 있다. 이 동전을 던졌을 때 앞면이 나올 확률은 얼마일까? 아니면 뒷면이 나올 확률은? 이 질문의 답은 아마도 정규 교과과정을 배운 사람이라면 누구나 쉽게 답할 것이다. 많은 사람이 $\frac{1}{2}$, 즉 0.5라고 대답할 것이다. 말하자면 앞면이 나올 확률도 $\frac{1}{2}$이고 뒷면이 나올 확률도 $\frac{1}{2}$이다. 질문을 바꿔보자. 여기 주사위가 있다. 주사위를 굴렸을 때, 1이 나올 확률은 얼마일까? 아마 이 질문에 대한 대답도 앞의 질문과 마찬가지로 이 책을 읽고 있는 사람들이라면 쉽게 답을 할 것이다. 대다수의 사람이 $\frac{1}{6}$이라고 답할 것이다.

앞의 질문들에 대한 정답을 찾는 대신 실제로 실험을 통해 그 해답을 찾아보자. 백 원짜리 동전을 하나씩 꺼내서 정말로 던져보는 것이다. 백 원짜리 동전이 없다면 액면에 관계없이 동전을 사용해 실험을 해보자. 동전 던지기 횟수는 시간 관계상 10회로 제한하겠다. 즉 열 번 던졌을 때 앞면이 나오는 횟수와 뒷면이 나오는 횟수를 기록해보자. 실제로 이 글을 쓰는 나도 지갑에서 백 원짜리 동전을 꺼내서 실험을 했다. 아래는 내 실험 결과다.

앞면: 3회, 뒷면: 7회

이상의 실험 결과를 고등학교 때 배운 확률로 환산을 하면 어떻게 될까? 총 실험 횟수는 10회였기 때문에, 앞면이 나올 확률은 $\frac{3}{10}$ = 0.3, 뒷면이 나올 확률은 $\frac{7}{10}$ = 0.7로 표현할 수 있다. 정말 그럴까? 처음 질문으로 돌아가 보자. 처음에 백 원짜리 동전이 하나 있을 때, 앞면이 나올 확률은 0.5, 뒷면이 나올 확률은 0.5라고 했다. 우리가 배운 지식을 토대로 찾은 답과 실제 실험을 통해 나온 결과가 일치했는가? 물론 독자 중 일부는 정말로 앞면이 5회 나오고 뒷면도 5회가 나왔을 수 있다. 하지만 나를 포함한 많은 독자가 교과서에서 배운 확률대로 실험 결과가 나오지 않았을 것이다. 도대체 왜 이런 현상이 일어난 것일까? 단순히 수학이라는 이론과 실험이라는 실제가 일치하지 않은 결과일까?

현실의 동전 던지기　　≠　　이상적인 동전 던지기

　이 책은 확률을 전문적으로 다루는 책은 아니지만, 책의 특성상 확률에 대한 설명을 빼놓을 수 없다. 확률이라는 말로 많은 것을 표현하지만 좀 더 파보면 확률에 대한 정의는 다양하다. 우선 이 책을 시작한 질문에 대한 답을 다는 방식은 고전적 정의에 해당하는 확률이다. 고전적 확률이란 그 사건이 일어날 수 있는 경우의 수를 가능한 모든 경우의 수로 나눈 값이다. 즉 동전을 던졌을 때 앞면이 나올 경우의 수는 한 가지다. 이에 반해 동전을 던졌을 때 나올 경우의 수는 앞면과 뒷면 두 가지다. 따라서 고전적 확률의 정의를 따르자면 앞면이 나올 확률은 다음과 같다.

$$\text{고전적 확률에 따른 동전 앞면이 나올 확률} = \frac{1(\text{앞면의 경우 수})}{2(\text{동전 던지기 모든 경우 수})} = 0.5$$

　고전적 확률에 반해서 빈도적 확률이라는 게 있다. 어떤 사건을 반복했을 때 일어나는 상대 빈도수로 보는 것을 빈도적 확률이라고 한다. 꼼꼼히 정의를 따르자면 어렵게 느껴지는데, 쉽게 이야기해서 동전 던지기를 열 번했을 때 앞면이 세 번 나왔다고 한다면, 빈도적 확률로 계산했을 때 $\frac{3}{10}$ = 0.3이 된다는 것이다. 즉 앞에서 내가 시행한 실험 결과나, 여러분이 이 책을 읽으면서 수행한 실험 결과가 바로 빈도적 확률에 해당한다.

$$\text{빈도적 확률에 따른 동전 앞면이 나올 확률} = \frac{3(\text{10회 동전 던지기에서 앞면이 나온 횟수})}{10(\text{동전 던지기 횟수})} = 0.3$$

수학이라는 학문은 익히 잘 아는 사실이지만 1 + 1 = 2가 되는 학문이다. 즉 우리나라에서는 1 + 1 = 2이고 미국에서는 1 + 1 = 3이 되는 학문이 아니다. 시간과 장소를 초월해 그 원리가 동일하게 적용된다. 이런 절대성 때문에 피타고라스 같은 수학자나 철학자는 수학에서 절대적인 미의 가치를 찾았다. 그러나 앞에서 살펴봤듯이 우리가 교과과정에서 배운 확률과 실제로 이 책을 읽으면서 구한 확률에는 차이가 있다. 확률은 엄연히 수학의 한 가지임에도 왜 이러한 차이가 발생한 것일까?

이 물음에 즉답을 다는 대신 새로운 실험을 해보자. 이번 실험은 실제로 수행하는 실험이 아니라 머릿속으로 실험을 해보는 사고실험이다. 동전을 10번 던지는 대신 100번 정도 던진다면 그 결과는 어떻게 될까? 이상한 동전이 아닌 경우 100번 정도 던진다면 앞면이 나오는 횟수가 50에 가까울 것이다. 현실에서 일어나지 않을 일이, 예를 들면 앞면이 80번 정도 나오는 경우도 가끔 있겠지만, 10번을 던졌을 때 얻는 확률이 사람마다 천차만별이었을 때와는 달리 0.5에 가까울 것이라는 뜻이다. 만약 1,000번 정도 던진다면 어떻게 될까? 아마도 0.5에 더 가까운 값이 나올 것이다. 이것을 극단으로 가져간다면, 즉 던지는 횟수를 엄청나게 많이 한다면 어떻게 될까? 훨씬 더 0.5에 가까운 값을 얻을 것이다.

자, 이 지점이 교과서를 통해 얻은 확률과 실험을 통해 얻은 확률, 즉 고전적 확률과 빈도적 확률이 만나는 지점이다. 즉 빈도적 확률에서 시행 횟수를 무한대로 가져간다면, 물론 현실에서는 무한대의 시행이란 불가능하지만 일단 엄청나게 큰 시행 횟수를 가져간다면, 빈도적 확률은 고전적 확률의 값과 일치한다는 뜻이다.

············· 무한대의 시행 ·············

$=0.5(?)$

정 리

1. 고전적 확률이란, 사건이 일어날 수 있는 경우의 수를 가능한 모든 경우의 수로 나눈 값이다. 동전 던지기에서 앞면이 나올 확률을 고전적 확률로 계산하면 앞면이 나올 경우의 수는 한 가지 동전 던지기에서 가능한 모든 경우의 수는 앞면과 뒷면, 두 가지이므로 고전적 확률은 $\frac{1}{2}$ = 0.5 이다.

2. 빈도적 확률이란, 어떤 사건을 반복했을 때 일어나는 상대 빈도수로 보는 것이다. 동전 던지기를 10회 했을 때 앞면이 나올 확률을 실험을 통해 구하는 경우, 10회의 동전 던지기에서 앞면이 3회 나왔다고 한다면 빈도적 확률은 $\frac{3}{10}$ = 0.3이다.

3. 시행 횟수가 무한대로 수렴한다면 빈도적 확률과 고전적 확률은 동일해진다. 동전 던지기를 10번 했을 때 앞면이 나올 확률은 0.5가 아닐 수 있지만, 100번, 1,000번 등으로 동전 던지기 횟수를 늘리면 빈도적 확률은 고전적 확률인 0.5에 가까워진다.

2장

마술사의 속임수.
확률은 객관적일까, 주관적일까?

다행히 1장에서는 정규 교과과정에서 배운 확률과 실험을 통해 얻은 경험의 확률이 달라지는 위기를, 시행 횟수 무한대라는 대책으로 무마했다. 정말 그럴까? 열심히 정상에 올랐는데 이 산이 아니라는 말을 하는 느낌이 들긴 하지만, 다음 예를 들어야 우리는 한 단계 더 나아갈 수 있다. 따라서 독자들의 넓은 이해를 구하는 바이다. 빈도적 확률을 구하는 문제로 돌아가 보자.

당신은 유명한 마술쇼를 구경하러 가서, 현란한 마술에 빠져들었다. 마술사는 쉬어가는 코너로 동전 마술을 보여주겠다고 한다. 관객 중 한 명의 도움이 필요하다며 당신을 지목해 동전을 건넸다. 이 동전을 몇 번을 던져서라도 앞면이 나오는 횟수가 뒷면이 나오는 횟수와 같거나 더 많다면 상금으로 백만 원을 주겠다고 한다. 즉 처음 동전 던지기를 했을 때 앞면이 나오면 동전 던지기 한 판으로 백만 원을 버는 것이다.

물론 첫 번째 시행에서 뒷면이 나왔다 하더라도 실망할 게 없다. 다음 판에서 앞면이 나오면 당신은 승자가 된다. 물론 둘째 판에서도 뒷면이 나온다고 하더라도 실망할 게 없다. 시행 횟수를 무한대로 한다면 고전적 확률과 빈도적 확률이 같아진다는 사실을 당신은 이미 이 책을 통해 알기 때문이다. 즉 시행 횟수를 많이 한다면 적어도 앞면이 나오는 횟수와 뒷면이 나오는 횟수가 같다는 사실을 알고 있다. 물론 마술사가 건넨 동전이라는 점이 조금 마음에 걸리지만, 동전을 살펴봤을 때 오랫동안 사용한 흔한 동전처럼 보여서 큰 의심을 하지 않았다.

당신은 마술사가 준 동전을 엄지손가락으로 힘껏 튕겼다. 은색의 동전은 회전하면서 공중으로 떠올랐다. 은색의 동전이 정점에 다다랐을 때 스포트라이트가 번쩍이면서, 동전을 비췄다. 스포트라이트를 받고 찬란히 빛나던 동전은 당신의 손바닥 위에 떨어진다. 앞면이 나왔다면, 당신은 동전 던지기 한 판으로 백만 원의 행운을 거머쥘 수 있다. 그러나 아쉽게도 뒷면이 나왔다. 아쉬웠지만 다음 판에 앞면이 나오면 되기 때문에 안심했다. 두 번째 시도! 그러나 아쉽게도 뒷면이 나왔다. 관객석에서는 아쉬운 탄성이 들렸다. 그렇게 당신은 마술사의 마법에 빠졌다.

결국 당신은 30번의 시도를 했지만, 늘 뒷면이 나오는 결과를 얻었다. 관객석에서는 뒷면이 나올 때마다, 당황한 당신의 모습을 보고 웃었다. 결국 눈부신 무대 조명 아래에서 땀범벅이 된 당신은 백만 원의 행운을 거머쥘 기회를 포기하겠다고 말했다. 마술사는 녹초가 된 당신을 자리로 돌려보낸다. 그리고 다시 돌려받은 마법의 동전을 엄지손가락으로 튕겼다. 무대 위에서 스포트라이트를 받고 번쩍인 동전은 마술사의 손바닥 위에서 절대 보여주지 않았던 앞면의 자태를 뽐냈다. 관객석에서는 우레 같은 박수와 환호성이 나온다.

무한대에 가까운 동전 던지기를 했다면 결과가 달라졌을 수도 있지만, 마술사의 속임수 덕분에 앞면이 나올 빈도적 확률은 0이었다. 만약 마술사의 농간 같은 외부 개입 없이 동전 던지기를 한다면 그 결과는 어떻게 될까? 단, 동전을 만드는 주조 과정에 문제가 있어 앞면이 더 많이 나오게 동전이 주조됐다면 어떨까? 불행하게도 이 사실은 동전 던지기를 해보기 전에는 알 수 없다.

시행 횟수를 무한대에 가깝게 한다면 동전 던지기의 앞면이 나올 확률은 고전적 확률이든 빈도적 확률이든 모두 0.5가 된다고 알고 있다. 하지만 앞면이 더 잘 나오게 만들어진 동전으로 무한대에 가깝게 동전 던지기를 하면, 앞면이 나올 확률은 0.5보다 훨씬 큰 값을 얻을 것이다. 즉 고전적 확률과 빈도적 확률로는 답을 할 수 없는 상황에 놓인다는 뜻이다.

앞에서 든 마술사의 속임수는 앞면이 잘 나오는 동전을 던지는 경우와 비슷하면서도 다른 상황이다. 우연히 앞면이 잘 나오는 동전을 수십, 수천 번 던져보기 전에는 적어도 그 동전이 앞·뒷면 가리지 않고 0.5의 확률로 나오는 동전이라고 믿을 것이다. 하지만 일반적으로 마술사가 당신을 무대 위로 불러서 동전을 건넬 때는 그 동전이 정말로 앞뒤 가리지 않고 0.5의 확률로 나오리라고 믿지 않을 것이다.

당신은 동전을 직접 만져봤기 때문에 일반적인 동전과 큰 차이가 없다고 생각했지만, 그 동전을 직접 보지 못한 관객들은 정확히 어떤 속임수인지 모르긴 해도 마술사의 동전은 뒷면이 더 많이 나오는 동전이라 믿을 것이다. 편의상 관객들은 이 확률을 0.3 정도의 값이라고 생각했다고 하자. 10번 던지면 잘해야 3번 정도 앞면이 나온다는 것이다.

요약하자면, 결함이 있는 동전을 던지기 전에 동전을 직접 만졌던 당신이 생각하는 앞면이 나올 확률은 0.5일 것이다. 하지만 구경하는 관람객들은 동전의 앞면이 나올 확률이 0은 아니겠지만 적어도 0.5보다는 작은 0.3 정도라고 생각할 것이다. 이야기를 좀 더 쉽게 풀기 위해 용어 하나를 정의하고 가자. 즉 동전 던지기를 하기 전에 생각하는 확률을 사전 확률$^{prior\ probability}$이라고 해보자. 사전 확률을 사용해 이 상황을 표현해보면, 결함이 있는 동전을 던지기 전에 당신이 생각한 사전 확률은 0.5, 마술사의 동전을 던지기 전 관객들이 생각한 사전 확률은 0.3이었다는 뜻이다.

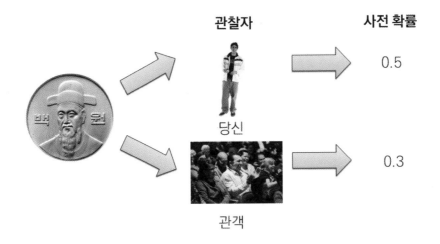

자, 사전 확률을 정의했으니 실험을 해보자. 즉 결함이 있는 동전을 1,000번 정도 던지고, 마법사에게 이끌려 무대에 나가 30번의 동전 던지기를 하자. 결과를 살펴보기 전에, 시행을 하고 나서 얻는 확률이라는 의미로 사후 확률posterior probability이라는 용어를 하나 더 정의하겠다.

물론 엄격한 의미의 정의는 아니지만, 지금은 이 정도로만 정리하고 넘어가자. 결함이 있는 동전을 던지고 난 후 당신은 이 동전의 앞면이 나올 확률은 적어도 0.5보다 작다고 생각할 것이다. 마찬가지로 진땀을 흘리면서 무대에서 퇴장하는 당신을 보는 관객들도 처음에 생각했던 확률보다 훨씬 더 낮은 확률로 앞면이 나온다고 믿을 것이다.

동전 던지기 실험을 관찰하고 나서 모든 관찰자가 얻는 사후 확률은 사전 확률의 값과는 달라진다는 사실을 알 수 있다. 자, 조금 이상하다고 느껴지는 게 없는가? 수학은 엄격한 학문이라고 했다. 따라서 수학의 한 가지인 확률도 엄격한 학문인 셈이다. 무한대의 시행 횟수라는 해법으로 고전적 확률과 빈도적 확률이 달라지는 위기를 모면했는데, 위기를 넘긴 지 몇 페이지가 채 되지도 않아서 우리에겐 새로운 위기가 닥쳤다. 바로 시행을 하기 전에 우리가 생각한 확률과 시행을 하고 나서 얻은 확률이 달라지는 현상이다. 시행 횟수만 무한대로 가져간다면 계산으로 얻는 고전적 확률이나 실험을 통해 얻는 빈도적 확률은 동일해야 한다. 하지만 그렇지 않다. 이상한 나라의 앨리스가 된 기분이다. 도대체 어디서 잘못된 것일까?

고전적 확률이나 빈도적 확률을 계산할 때 우리가 생각하는 동전 던지기는 이상적이다. 동전은 완벽하게 만들어져서 어떻게 던지든 상관없이 앞·뒷면이 나올 가능성은 순전히 무작위적이라고 생각한다. 따라서 동전 던지기를 무한히 많이 하면 빈도적 확률은 머릿속에서 사건이 일어날 수 있는 경우의 수를 가능한 모든 경우의 수로 나눈 값인 고전적 확률과 동일해진다. 고전적 확률은 말 그대로 머릿속에서 상상하는 경우다. 따라서 이상적인 동전을 생각한다면 앞면의 개수는 1개, 뒷면의 개수는 1개이기 때문에 확률은 딱 0.5만 나오는 셈이다.

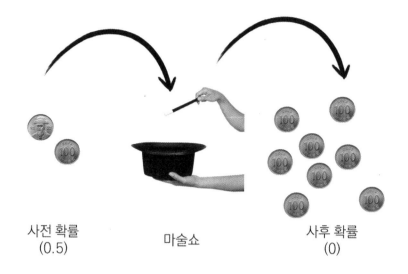

사전 확률
(0.5)

마술쇼

사후 확률
(0)

현실의 동전 던지기는 다르다. 우선 실험 자체가 이상적으로 수행되지 않는다. 동전 자체에 문제가 있을 수도 있고, 누군가가 속임수를 써서 실험 결과가 편향되게 나올 수도 있다. 이뿐만이 아니다. 관찰자가 어떤 마음을 갖느냐에 따라서 확률이 달라진다. 마술사가 동전에 어떤 속임수를 걸어놓을 것이라고 믿은 관객들이 마술을 보기 전에 생각한 앞면이 나올 사전 확률은 0.3 정도였다. 극단적으로 뒷면이 나오는 모습을 관찰하고 나서 관객들이 얻은 사후 확률은 0.3보다 낮아졌다.

이에 반해 무대 위에서 실제로 일반적인 동전임을 확인한 당신의 사전 확률은 0.5 정도였다. 물론 계속해서 뒷면이 나온 후에는 당신이 얻은 사후 확률도 변했겠지만, 관객의 사후 확률보다는 높을 것이다.[1] 여기서 중요한 결론을 얻을 수 있다. 즉 관찰자가 어떤 마음가짐 혹은 생각을 갖느냐에 따라서 같은 현상을 보고 얻게 되는 확률, 즉 사후 확률이 달라진다는 것이다.

---

1   관객이나 당신의 사후 확률을 계산할 때는 마술사가 마지막에 던졌을 때 앞면이 나온 경우를 포함한다.

이 점이 1장에서 살펴본 고전적 확률, 빈도적 확률과 극명히 다른 점이다. 쉽게 이야기해서 고전적 확률과 빈도적 확률은 관찰자에 관계없이, 시간과 장소에 구애를 받지 않고 항상 동일한 결과를 얻게 된다. 이에 반해서 사전 확률과 사후 확률이라는 용어로 설명된 확률은 관찰자에 따라서 그 결과 값이 변한다. 정리하자면 고전적 확률과 빈도적 확률은 관찰자에 관계없이 늘 동일한 결과를 얻기에 객관적 확률이라 하고, 일단은 사전/사후 확률로 불릴 수 있는 확률은 관찰자에 따라서 그 결과가 달라지기 때문에 주관적 확률이라 한다.

확률이라는 말로 모든 것을 아우르고 정확한 것처럼 표현했지만, 객관적 확률과 주관적 확률이라는 완전히 다른 세계의 확률이 공존하고 있다. 그렇다면 이들 중 누가 맞는 것일까? 바로 답을 찾기 전에 고전적 확률, 빈도적 확률, 주관적 확률에 관한 비판을 알아보자. 우선 고전적 확률이다. 수학을 사용해 현실에서 겪는 문제를 해결하지만 수학은 기본적으로 추상을 다루는 학문이다. 따라서 수학은 이상적인 상황을 전제하고 문제를 풀어간다.

고전적 확률도 이런 수학의 기본 원리를 따른다. 그래서 동전 던지기를 할 때 앞면과 뒷면이 나올 가능성이 동일한 동전이 있고, 이것을 던질 때도 완벽하게 무작위적이어서 앞면과 뒷면이 나올 확률이 동일하다. 그런데 문제는 확률이 여타 수학 분야와 달리 완전히 현실과 동떨어져서 홀로 이론을 전개하지 못한다는 점이다. 말하자면 상상에서 있을 법한 완전한 동전을 현실에서는 찾을 수 없다는 것이다. 그나마 동전은 앞면과 뒷면이 나올 가능성이 비슷하기에 고전적 확률을 적용하기에 양호한 편이다. 대개 현실에서 구하는 경우의 수 중, 각 경우의 수가 나올 가능성은 완전히 동일하지 않다. 따라서 고전적 확률의 사례를 현실에서 찾기란 쉽지 않다.

이번에는 빈도적 확률에 대한 비판을 알아보자. 빈도적 확률에서 가장 중요한 부분은 시행 횟수를 무한대로 가져가는 것이다. 그런데 현실에서 무한대 시행은 불가능하다. 예를 들어 동전 던지기를 해서 앞면이 나올 빈도적 확률을 구하려면 무한대의 횟수로 동전 던지기를 해야 한다. 즉 만 번도 충분하지 않고 십만 번도 충분하지 않다. 이보다 더 큰 수도 결국 유한한 수이기 때문에, 무한대 시행을 만족하지 못한다. 고전적 확률이 동일한 경우의 수로 나오는 것을 현실에서 찾을 수 없다는 문제가 있다면, 빈도적 확률은 무한대의 시행이라는 비현실적인 조건이 붙는 셈이다.

이런 빈도적 확률의 문제점을 지적하는 좋은 예가 있다. 내일 태양이 뜰 확률은 얼마일까? 경험적으로 1이라고들 말할 것이다. 즉 내일은 반드시 해가 뜬다는 것이다. 이것을 빈도적 확률로 나타낸다면 무한의 시행 횟수, 즉 시간이 무한대로 흘러서 무한 번의 날이 지나고 그때마다 해가 뜬다면, 우리는 내일 해가 뜰 확률은 100퍼센트라고 말할 수 있다는 뜻이다.

내일의 해가 뜰 확률 = 100퍼센트

내일이 올 것 같니?

주관적 확률

내일의 해는 반드시 뜬다!

빈도적 확률

현실에서 이게 가능할까? 만약 평행우주가 정말로 있다면, 우리가 사는 세상에서 다른 우주에서 무한대의 시간이 흘러가는 동안 또 다른 지구에 날마다 해가 뜨는 것을 시행해볼 수도 있다면, 빈도적 확률이 가능할지도 모른다. 그러나 이런 실험을 할 수 없는 현실에서는 빈도적 확률을 사용해 내일 태양이 뜰 확률이 백 퍼센트라고 말할 수 없다.

이번에는 주관적 확률의 비판에 대해 알아보자. 마술사의 쇼를 보기 전에 무대 위로 올라간 당신과, 그 모습을 지켜본 관객들이 생각한 동전의 앞면이 나올 확률이 달랐다. 앞면이 나올 확률을 당신은 0.5, 관객은 0.3으로 생각했다. 즉 이것은 관찰자에 따라서 확률이 달라진다는 뜻이기 때문에, 주관적 확률이라고 한다. 주관적 확률이 비판을 받는 가장 큰 이유는 관찰자, 즉 사람에 따라서 확률이 달라진다는 점이다. 관찰자에 따라서 확률이 달라진다는 것은 심각한 문제다. 즉 동일한 사건을 두고도 그 사건이 일어나거나 일어나지 않을 확률이 달라지기 때문이다.

객관적 확률이 맞을까, 주관적 확률이 맞을까? 물론 '짬뽕이 맛있냐, 자장면이 맛있냐?'라는 개인의 취향 싸움과는 다른 질문이지만, 객관적 확률과 주관적 확률 사이에서 어떤 게 맞느냐는 아직 끝나지 않은 논쟁이다. 어쩌면 이에 대한 물음은 수학의 문제가 아닌 철학의 문제일 수도 있다. 이 책을 쓰는 나나 읽는 독자에게 있어 철학적 사유도 물론 중요하겠지만, 더욱 중요한 것은 확률적 프로그래밍을 배우는 데 더 쓸모 있는 확률은 무엇이냐는 실용적인 질문이다. 자, 어떤 확률이 우리에게 더 중요할까? 바로 주관적 확률이다.

일단 객관적 확률은 우리가 사는 세계와는 다소 동떨어져 있다. 우리가 사용하는 동전은 머릿속 상상의 동전처럼 오류가 없는 게 아니다. 잘못 주조되기도 하고 누군가가 속임수를 쓰는 동전일 수 있다. 즉 앞면과 뒷면이 나올 확률이 다르다는 뜻이다. 아울러 앞면과 뒷면의 확률을 확인하기 위해 무한대의 동전 던지기를 해야 하는 빈도적 확률을 사용할 수도 없다. 인생은 짧고 할 일은 많다. 따라서 우리에게 허락된 시간과 자원 안에서 의미를 지니는 동전 던지기 횟수를 정해야 한다. 자, 세 후보 중 둘은 탈락했다. 이제 남은 것은 주관적 확률이다. 짧지 않은 2장의 내용을 마치고, 다음 장에서는 주관적 확률을 알아보기 전에 확률의 기본 공식을 알아보겠다.

정 리

1. 어떤 사건을 관찰하기 전에 관찰자가 갖는 확률을 사전 확률이라 한다.

2. 어떤 사건을 관찰하고 나서 관찰자가 갖는 확률을 사후 확률이라 한다.

3. 확률은 객관적 확률과 주관적 확률로 나눌 수 있다. 객관적 확률이란 관찰자에 관계없이 동일한 결과를 얻는 확률로서, 고전적 확률과 빈도적 확률이 여기에 속한다. 주관적 확률이란 관찰자에 따라서 동일한 실험 결과를 두고 다른 결과를 얻게 되는 확률을 말한다.

3장 적어도 이건 알자, 확률의 기본 공식

2장에서 상당히 혼란스러운 결과를 얻었다. 한치의 오차도 허용하지 않고 정확하고 엄밀한 학문인 수학에서 그때그때 답이 달라질 수도 있다는 경우를 접했기 때문이다. 수학이 완벽한 학문은 아니지만, 그렇다고 오늘 얻은 결과와 내일 얻는 결과가 다르고, 어떤 수학 문제를 서울에서 풀 때와 부산에서 풀 때 답이 달라지지는 않는다. 객관적 확률과 주관적 확률이 차이가 나는 이유는 수학의 원리 자체에 오류가 있어서 그런 게 아니다. 확률의 의미를 어떻게 해석할지, 확률을 어떻게 부여할지에서 객관적 확률과 주관적 확률이 다르기 때문이다.

앞서 이야기했듯이 객관적 확률은 이상적인 경우를 가정하고 거기서 확률의 의미와 값을 도출했다면, 주관적 확률은 관측자와 확률을 시행하는 상황에 따라서 확률의 의미와 값이 달라지는 것이었다. 이런 차이가 있다 하더라도 객관적 확률이든 주관적 확률이든 확률이 가질 수 있는 값의 범위는 0과 1 사이다.

주관적 확률이라고 해서 −0.1의 값이나 1이 넘는 값을 가질 수는 없다. 정규과정에서 배운 확률의 기본 연산인 합사건, 곱사건의 공식 등도 주관적 확률, 객관적 확률에 모두 동일하게 적용된다. 말하자면 확률을 계산하는 데 사용하는 기본적인 원리는 모두 동일하게 적용된다는 의미다.

사실 이 책을 쓰는 전제 중 하나는 수학적인 지식을 최대한 쉽게 설명하자는 것이다. 이것을 극단적으로 밀고 나가면 수학식을 하나도 사용하지 않고 지식을 설명하면 좋을 것이다. 이건 불가능하진 않지만 전달이 쉽지도 효과적이지도 않다. 그래서 이 책에서는 수학식 하나가 나오면 그에 대한 설명을 최대한 달아서, 수학식이 의미하는 바를 전달할 것이다. 따라서 수학식이 하나 나오면 그에 대한 설명이 길어지는 불상사가 발생한다. 수학식을 최대한 줄여서 설명하고자 노력하겠다.

이런 이야기를 하는 이유는 지금부터 확률의 기초 이론을 설명할 예정이기 때문이다. 3장에서 다루는 내용은 이미 정규 과정에서 배워 대다수의 독자가 익히 알고 있는 내용일 것이다. 그럼에도 불구하고 3장 전체를 할애해 확률의 기초 지식을 설명하는 이유는, 수학식에 대한 설명 없이 주관적 확률로 넘어가면 행여 한 명의 독자라도 이해의 단절로 책을 놓지는 않을까 하는 노파심 때문이다. 따라서 확률의 기초 공식을 잘 아는 독자라면 이번 장을 넘어가도 좋지만, 복습 차원이나 이 책에서 다루는 용어에 대한 정리를 위해 일독을 권한다.

수학식을 설명하기 때문에, 이전 장들에서 다소 느슨하게 정의하거나 정의하지 않았던 용어들을 정의하고 시작하겠다. 우선 첫 번째가 시행이다. 시행이란 무작위적으로 발생하는 사건의 결과를 관찰하는 과정을 말한다. 즉 동전 던지기에서 앞면이 나오는지 뒷면이 나오는지를 보는 것이 바로 시행이다. 주사위 던지기라면 1의 눈이 나오는지 6의 눈이 나오는지, 내일의 태양이 뜰지를 확인하는 경우라면 태양의 일출 여부를 관찰하는 것이 바로 시행이다.

다음으로 정의할 용어는 근원 사건이다. 근원 사건이란 시행에서 발생할 수 있는 모든 결과를 뜻한다. 동전 던지기의 시행에서 앞면과 뒷면이 근원 사건이 되고, 주사위 던지기에서는 1, 2, 3, 4, 5, 6의 눈이, 일출에서는 참, 거짓이 바로 근원 사건이 된다. 이런 근원 사건의 집합을 표본 공간이라고 한다. 집합 기호를 사용해 표현하자면 동전 던지기의 표본 공간은 {앞, 뒤}, 주사위 던지기는 {1, 2, 3, 4, 5, 6}, 일출의 경우에는 {참, 거짓}이 된다.

그렇다면 사건이란 무엇일까? 사건은 표본 공간의 부분집합이다. 이렇게 쓰니까 조금 거창한데, 쉽게 말해서 동전 던지기를 했을 때 앞면이 나오는 경우가 바로 사건이다. 즉 동전 던지기의 표본 공간은 {앞, 뒤}다. 이 표본 공간에서 동전의 앞면이 나오는 사건은 말 그대로 {앞}뿐이다. 즉 앞면이 나오는 사건은 표본 공간의 부분집합인 셈이다. 주사위 던지기에서 짝수의 눈이 나올 사건은 {2, 4, 6}이 된다. 즉 표본 공간 {1, 2, 3, 4, 5, 6} 중에서 {2, 4, 6}만 뽑은 것이다.

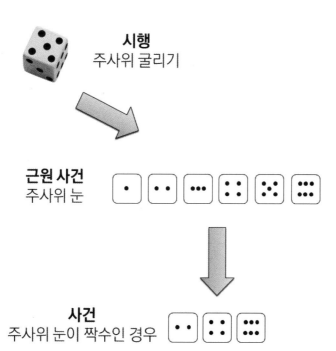

시행
주사위 굴리기

근원 사건
주사위 눈

사건
주사위 눈이 짝수인 경우

　이렇게 사건을 정리하고 나면 확률을 구할 수 있다. 동전 던지기를 할 때 앞면이 나올 확률을 늘 풀어서 쓴다면 쓰는 사람도 귀찮고 읽는 사람도 피곤하다. 따라서 이런 수고를 덜기 위해, 어떤 사건이 일어날 확률을 P(사건)이라고 쓴다. 즉 동전 던지기를 할 때 앞면이 나올 확률은 P(앞), 주사위 던지기를 할 때 2의 눈이 나올 확률은 P(2), 내일의 태양이 뜰 확률은 P(참)이라고 적는다.

　확률을 수학 기호로 쓰는 방법을 정의했다. 따라서 고전적 확률, 빈도적 확률, 주관적 확률의 정의에 따라서 각 근원 사건이 발생할 확률을 구할 수 있다. 여기서는 간단히 고전적 확률을 사용해 확률을 구하는 과정만 살펴보겠다. 고전적 확률은 사건이 일어날 수 있는 경우의 수를 가능한 모든 경우의 수로 나눈 값으로 정의했기 때문에, 동전 던지기에서 앞면이 나올 확률은 다음과 같이 표현할 수 있었다.

$$P(\text{앞}) = \frac{1(\text{앞면이 나올 경우 수})}{2(\text{동전 던지기 표본 공간의 원소 개수})}$$

그러므로 고전적 확률의 정의에 따라 주사위 던지기에서 2의 눈이 나올 확률은 $P(2) = \frac{1}{6}$이, 내일의 태양이 뜰 확률은 $P(\text{참}) = \frac{1}{2}$이 된다. 지금까지 살펴본 근원 사건은 단일한 경우만 설명했는데, 두 가지 경우가 합쳐져 하나의 근원 사건을 이룰 수도 있다. 예를 들어 흰색 동전과 검은색 동전을 각각 던졌을 때 나오는 것을 하나의 근원 사건으로 만들 수 있다. 흰색과 검은색 동전을 던질 때는 총 네 가지의 근원 사건이 있으며, 이를 표본 공간으로 나타내면 {(앞,앞), (앞,뒤), (뒤,앞), (뒤,뒤)}로 나타낼 수 있다.

여기서 흰색 동전의 앞면이 나오는 사건을 W라고 표시하고, 검은색 동전의 앞면이 나오는 사건을 B라고 표현해보자. 그렇다면 흰색 동전과 검은색 동전이 모두 앞면이 나올 확률은 $P(W \text{ and } B)$로 나타낼 수 있다. $P(W \text{ and } B) = \frac{1}{4}$이 되는데, 표본 공간의 개수는 4이고 두 동전이 모두 앞면이 나오는 근원 사건은 (앞,앞)으로 한 가지이기 때문이다.

흰색 동전과 검은색 동전이 모두 앞면이 나올 확률을 구할 때 새로운 표현이 나왔다. 바로 'and'이다. 즉 두 사건이 같이 일어난 경우를 나타낼 때는 'and'를 사용한다는 뜻이다. 수학은 간결한 표현을 좋아하기 때문에 더 적은 글자로 표현한다면 금상첨화다. 따라서 and를 사용하지 않고 교집합을 뜻하는 $\cap$ 기호를 사용하면 글자 수를 줄일 수 있다. 따라서 $P(W \text{ and } B)$는 $P(W \cap B)$로 쓸 수 있다. 두 사건이 동시에 일어나는 경우를 확률로 표현하면 앞의 식처럼 나타내고, 이런 경우를 곱사건이라고 한다.

흰색 동전과 검은색 동전을 던졌을 때…

두 사건 가운데 적어도 한 가지가 일어나는 경우, 즉 흰색 동전의 앞면이 나오거나 검은색 동전의 앞면이 나오는 경우는 어떻게 할까? 이 경우는 '또는'에 해당하기 때문에 'or'를 사용해 P(W or B)라고 쓴다. 글자가 적을수록 좋다는 원칙에 따라, 합집합을 뜻하는 ∪ 기호를 사용해 P(W ∪ B)로 나타내는 게 훨씬 간결해 보인다.

그렇다면 P(W ∪ B)는 어떻게 될까? 두 동전 중에서 적어도 하나가 앞이 나오는 근원 사건을 찾아보면 (앞,앞), (앞,뒤), (뒤,앞)이 되기 때문에 총 세 가지 경우의 수가 나온다. 따라서 $P(W ∪ B) = \frac{3}{4}$이 된다. P(W)는 어떻게 될까? 흰색 동전이 앞면이 나오는 근원 사건을 찾아보면 (앞,앞), (앞,뒤) 이렇게 두 가지를 찾을 수 있다. 즉 검은색 동전이 앞면이 나오든 뒷면이 나오든 상관이 없다는 뜻이다. 이렇게 구한 근원 사건으로 확률을 구하면 $P(W) = \frac{2}{4} = 0.5$가 된다. 마찬가지로 P(B), 즉 검은색 동전이 앞면이 나올 확률도 P(W)와 동일한 방식으로 계산하면 0.5가 된다.

P(W ∪ B)를 P(W)와 P(B) 그리고 P(W ∩ B)를 사용해 표현할 수 있을까? 수학은 치밀한 논리도 중요하지만 직관도 매우 중요한 학문이다. P(W ∪ B)를 계산하기 위해 무턱대고 P(W)와 P(B)를 더해보면 어떨까? 즉 P(W ∪ B) = P(W) + P(B)라고 쓸 수 있을까? 수학에서 등호를 쓰려면 반드시 등호 좌측의 값과 등호 우측의 값이 같음을 보여야 한다. 이 책의 목적은 수학 공식 증명이 아니기 때문에, 모든 경우의 수에 대해 식을 증명하기보다는 이해를 구하는 방향으로 설명하겠다.

P(W ∪ B)에 해당하는 근원 사건은 앞에서 (앞,앞), (앞,뒤), (뒤,앞)이 있음을 살펴봤다. P(W)에 해당하는 근원 사건은 (앞,앞), (앞,뒤)가 있고, P(B)에 해당하는 근원 사건은 (앞,앞), (뒤,앞)이 있다. 두 확률을 더한다는 의미는 각 확률을 이루는 근원 사건의 개수를 더한다는 뜻이다. 즉 확률을 계산할 때 사용하는 분모는 모든 표본 공간의 개수인 4로 동일하기 때문에, 우리는 분자만 신경 쓰면 된다.

그런데 두 확률의 근원 사건의 개수를 더하려고 보니 중복되는 근원 사건이 있다. 바로 (앞,앞)이다. P(W) + P(B)를 아무런 생각 없이 더하면 식의 우변인 P(W ∪ B)에 해당하는 근원 사건의 개수와 달라진다. 따라서 중복되는 근원 사건 (앞,앞)을 제외해주어야 한다. 두 확률을 더하고 나서 P(W ∩ B), 즉 중복되는 근원 사건을 빼주어야 식이 동일해진다. 따라서 P(W ∪ B)는 다음과 같이 쓸 수 있다.

$$P(W \cup B) = P(W) + P(B) - P(W \cap B) = \frac{2}{4} + \frac{2}{4} - \frac{1}{4} = \frac{3}{4}$$

위의 식에 P(W), P(B), P(W ∩ B) 값을 넣어서 P(W ∪ B)를 계산하면, 처음에 P(W ∪ B)를 계산하기 위해 근원 사건을 헤아려서 구한 확률 $\frac{3}{4}$과 같음을 알 수 있다. 두 사건이 동시에 일어나는 경우를 곱사건이라고 했듯이, 두 사건 중 적어도 한 가지 사건이 일어나는 경우를 합사건이라고 한다.

흰색 동전의 앞면이 나오지 않는 확률은 어떻게 구할까? 흰색 동전이 나오지 않는다는 의미로 'not'을 붙인다. 따라서 수학식으로 표현을 하면 P(not W)가 된다. 마찬가지로 'not'도 간결한 표현이지만 이것보다 더 간결하게 표현할 수 있으면 좋다. 따라서 P(not W)는 'not'에 대응하는 ~ 기호를 사용해 P(~W)로 쓸 수 있다. 그렇다면 P(~W)의 값은 어떻게 될까? 마찬가지로 흰색 동전의 앞면이 나오지 않는 근원 사건을 찾아보면 그 답을 쉽게 구할 수 있다. 이 경우의 근원 사건은 (뒤,앞), (뒤,뒤)다. 따라서 P(~W)는 $\frac{1}{2}$이 된다. 그렇다면 P(~W)는 P(W)를 사용해 구할 수 있을까?

표본 공간의 전체 근원 사건 개수에서 흰색 동전이 나오는 근원 사건의 개수를 뺀다면, 이게 의미하는 것은 무엇일까? 바로 흰색 동전이 나오지 않는 근원 사건의 개수가 된다. 따라서 P(~W)는 전체 표본 공간의 개수에서 흰색 동전이 나오는 근원 사건의 개수를 빼고 나서, 이것을 확률로 바꾸기 위해 전체 표본 공간의 개수를 나눠주면 된다. 따라서 식으로 표현하자면 다음과 같다.

$$P(\sim W) = \frac{4}{4}\left(\frac{\text{표본 공간 개수}}{\text{표본 공간 개수}}\right) - \frac{2}{4}\left(\frac{\text{흰색 동전이 나오는 근원 사건 개수}}{\text{표본 공간 개수}}\right) = 1 - P(W)$$

이 식에 대입해서 P(~W)를 구하면 $\frac{1}{2}$이 되는데, 이 값은 흰색 동전이 나오지 않을 근원 사건을 헤아려 구한 확률과 같음을 확인할 수 있다. 지금까지 살펴본 경우처럼 어떤 사건이 일어나지 않는 경우를 해당 사건의 여사건이라고 한다. 이상으로 이 책을 읽는 데 필요한 확률의 기초 지식을 살펴봤다.

정 리

1. 무작위적으로 발생하는 사건의 결과를 관찰하는 과정을 시행이라 한다.

2. 시행에서 발생할 수 있는 모든 결과를 근원 사건이라 한다.

3. 표본 공간이란 근원 사건의 집합이다.

4. 표본 공간의 부분집합을 사건이라 한다.

5. 어떤 사건이 일어날 확률은 간단하게 P(사건)으로 표현한다. 동전 던지기에서 앞면이 나올 사건을 H라고 한다면, 앞면이 나올 확률은 P(H)로 쓴다.

6. 두 사건이 같이 일어나는 경우를 곱사건이라고 하며, 곱사건의 확률은 ∩ 기호를 사용해 표현한다. 흰색 동전을 던졌을 때 앞면이 나올 사건을 W, 검은색 동전을 던졌을 때 앞면이 나올 사건을 B라 한다면, 두 동전 모두 앞면이 나올 곱사건의 확률은 P(W ∩ B)라고 쓴다.

7. 두 사건 중 적어도 하나의 사건이 일어나는 경우를 합사건이라고 하며, 합사건의 확률은 ∪ 기호를 사용해 표현한다. 흰색 동전을 던졌을 때 앞면이 나올 사건을 W, 검은색 동전을 던졌을 때 앞면이 나올 사건을 B라 한다면, 두 동전 중 적어도 하나가 앞면이 나올 합사건의 확률은 $P(W \cup B)$라고 적는다.

8. 합사건의 확률은 개별 사건의 확률과 곱사건의 확률을 사용해 다음과 같이 쓸 수 있다.

$$P(W \cup B) = P(W) + P(B) - P(W \cap B)$$

9. 어떤 사건이 일어나지 않을 사건을 여사건이라고 하며, 여사건의 확률은 ~ 기호를 사용해 표현한다. 흰색 동전을 던졌을 때 앞면이 나오지 않은 사건의 확률, 즉 W의 여사건 확률은 $P(\sim W)$라고 쓴다.

10. 여사건의 확률은 사건의 확률을 사용해 다음과 같이 쓸 수 있다.

$$P(\sim W) = 1 - P(W)$$

4장 조건부 확률, 확률에도 조건이 붙을 수 있다

3장에서 확률의 기초 공식을 살펴봤다. 많은 독자가 이 책의 가장 핵심인 확률적 프로그래밍에 대해 알고 싶어 이 책을 선택했을 것이다. 벌써 4장까지 왔지만 확률적 프로그래밍, 아울러 인공지능과 관련 있는 이야기는 하나도 나온 것 같지 않다. 속은 기분이 드는가? 절대 아니다. 이 책을 쓰는 사람으로서도 빨리 확률적 프로그래밍이란 이러저러한 것이라고 말하고 싶지만, 확률적 프로그래밍을 알기 쉽게 다루기 위해 설명할 게 아직 많이 남았다.

사실 확률적 프로그래밍은 단순히 프로그래밍 분야를 안다고 해서 할 수 있는 게 아니다. 흔히 이야기하는, 여러 학문이 만나서 꽃을 피우는 교차 학문 혹은 다분야 엔지니어링이다. 따라서 본론을 이야기하기 위해 관련 분야를 다루지 않을 수 없다. 다소 장황하게 확률을 다루는 게 다소 답답할 수 있지만 조금만 참고 읽어보길 바란다.

주관적 확률을 다루기 위해 마지막 관문 하나가 남았다. 바로 조건부 확률이다. 자, 지금부터 조건부 확률이란 무엇인지 알아보자! 흰색 주사위와 검은색 주사위가 있다고 하자. 흰색 주사위를 던진 다음 검은색 주사위를 던졌을 때 두 눈의 합이 3이 나올 확률은 어떻게 될까? 두 눈의 합이 3이 나오는 사건을 S라고 하자. 이 사건의 확률을 구하기 위해 흰색 주사위와 검은색 주사위를 던질 때 얻는 근원 사건을 먼저 구해야 한다. 근원 사건을 나열하면 (1,1), (1,2), (1,3), (1,4), (1,5), …, (6,2), (6,3), (6,4), (6,5), (6,6)이고, 이것이 바로 흰색 주사위와 검은색 주사위를 던질 때 얻는 표본 공간이 된다. 주사위 2개를 던졌기 때문에 표본 공간의 개수는 6 × 6으로 총 36이 된다.

그렇다면 앞에서 구한 표본 공간에서 사건 S, 즉 두 주사위를 던졌을 때 눈의 합이 3이 나오는 근원 사건은 어떻게 될까? 바로 {(1,2), (2,1)}이 된다. 따라서 흰색, 검은색 주사위를 던질 때 두 눈의 합이 3이 나오는 사건(S)의 확률 P(S) = $\frac{2}{36}$ 가 된다. 자, 흰색 주사위와 검은색 주사위를 던질 때 흰색 주사위의 눈이 2가 나오는 사건을 W라고 하자.

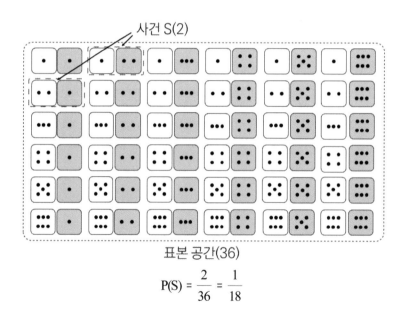

사건 S(2)

표본 공간(36)

$$P(S) = \frac{2}{36} = \frac{1}{18}$$

그렇다면 두 주사위를 던진 경우, 사건 W가 발생했을 때 사건 S가 일어날 확률은 어떻게 될까? W, S라는 기호를 사용하니 다소 혼란스럽다. 이해를 도모하기 위해 풀어 써보자. 두 주사위를 던진 경우, 흰색 주사위의 눈이 2가 나왔을 때 두 주사위의 눈의 합이 3이 될 확률은 얼마일까?

이렇게 어떤 사건이 주어졌을 때 다른 사건이 일어날 때의 확률을 조건부 확률이라고 한다. 그런데 조건부 확률을 처음 설명할 때는 "두 주사위를 던진 경우, 흰색 주사위의 눈이 2가 나왔을 때 두 주사위의 눈의 합이 3이 될 확률은 얼마일까?"처럼 문장으로 풀어 쓰는 편이 쉽게 이해되지만, 설명할 때마다 이렇게 긴 문장을 쓸 경우 듣는 이는 지루하고 쓰는 이는 피곤하다.

조건부 확률도 여타 확률과 마찬가지로 짧게 표현하는 방법이 있을까? 물론 있다. 앞의 경우를 조건부 확률로 쓴다면 P(S | W)라고 적고, 사건 W가 주어졌을 때, 사건 S가 일어날 확률이라고 읽는다. 어떤가? 그냥 풀어 쓰는 것보다는 간단하고 뭔가 유식해 보이지 않는가? 자, 그렇다면 P(S | W)는 어떻게 될까?

확률을 구할 때 늘 그랬듯이 조건부 확률도 근원 사건부터 살펴보면 된다. 조건부 확률은 지금까지 살펴본 확률과 달리 조건이 붙음으로써 표본 공간이 축소된다. 표본 공간의 축소? 말이 조금 어렵지만 개념은 간단하다. 두 주사위를 던졌을 때 표본 공간의 개수는 총 36개였다. 이 표본 공간 중에서 P(S | W)를 구하기 위해 W에 해당하는 근원 사건을 골라서 새로운 표본 공간을 만드는 게 바로 표본 공간의 축소다.

즉 전체 표본 공간 중에서 사건 W에 해당하는 근원 사건인 (2,1), (2,2), (2,3), (2,4), (2,5), (2,6)을 뽑아 새롭게 구할 조건부 확률의 표본 공간을 만든다. 그리고 나서 사건 S의 근원 사건을 찾으면 된다. 두 주사위 눈의 합이 되는 근원 사건을 축소된 표본 공간에서 찾으면 (2,1) 한 가지 경우밖에 없다.

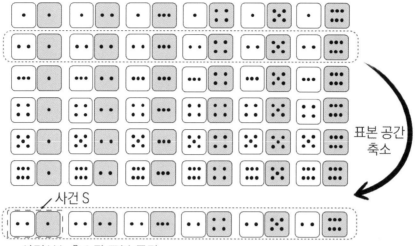

사건 S

사건 W, 축소된 표본 공간

표본 공간 축소

이렇게 해서 조건부 확률인 P(S | W)를 구할 준비를 모두 마쳤다. 사건 W로 표본 공간의 개수가 36에서 6으로 줄었고, 이 축소된 표본 공간에서 사건 S에 해당하는 근원 사건의 개수가 1개이므로, P(S | W) = $\frac{1}{6}$이 된다. 다소 빨리 진행했는데, 복습 차원에서 지금까지 살펴본 조건부 확률을 정리해보자.

조건부 확률은 말 그대로 조건이 붙는 확률이다. 이 조건이 붙음으로써 일반적인 확률과 달라진다. 즉 일반 확률처럼 전체 표본 공간에서 확률을 구하는 게 아니라, 조건으로 제시되는 사건에 해당하는 근원 사건을 전체 표본 공간에서 찾고, 이렇게 찾은 근원 사건을 가지고 새로운 표본 공간을 만든 뒤, 정말로 구하고자 하는 확률을 구하는 것이다.

표본 공간이 축소되기 때문에 조건이 붙지 않았을 때의 확률과 조건부 확률은 다르다. 즉 흰색 주사위와 검은색 주사위를 던졌을 때 눈의 합이 3이 나올 확률 P(S)는 $\frac{2}{36}$ = $\frac{1}{18}$이었지만, 두 주사위를 던진 경우 흰색 주사위의 눈이 2가 나올 때 두 주사위의 눈의 합이 3이 나올 확률은 P(S | W) = $\frac{1}{6}$이 되므로, 일반 확률과 조건부 확률은 최종 사건이 동일해도 그 확률이 달라짐을 알 수 있다.

지금까지 살펴본 것처럼 조건부 확률을 구하기 위해, 조건부 확률의 조건에 맞는 근원 사건을 찾아 표본 공간을 축소하고 거기서 다시 확률을 구하는 방법을 꼭 써야 할까? 물론 시간과 에너지가 충분한 경우 이런 방법을 써도 되지만, 쉽게 구할 수 있는 방법이 있다면 그 편이 더 낫지 않을까?

수학은 개별 사례가 옳다고 해서 모든 사례에 대해 옳다고 할 수 없다. 그래서 어떤 공식이든 증명을 통해 특수한 경우가 아닌 일반적인 경우에도 옳다는 걸 보이려 한다. 그런데 이렇게 증명을 사용하면 공식이 옳다는 건 보일 수 있지만, 이해는 쉽지 않다. 지금까지도 그랬지만, 이해를 구하는 데는 사례 위주로 설명하는 편이 쉽기 때문에 이런 방법을 지속적으로 적용할 것이다.

사설이 조금 길었지만 쉽게 조건부 확률을 구하는 방법에 대해 알아보자. $P(S \mid W)$의 분모는 사건 W가 일어날 경우 근원 사건의 개수다. 분자는 어떻게 될까? 'S ∩ W' 사건이 일어날 근원 사건의 개수라고 볼 수 있지 않을까? 잉? 이게 무슨 소리인가? 좀 더 차분히 설명해보겠다.

사건 W가 일어났기 때문에 표본 공간은 전체 표본 공간에서 W가 발생하는 축소된 표본 공간이 됐고, 여기서 S가 일어날 근원 사건을 뽑았기 때문에, 결과적으로 흰색 주사위의 눈이 2인 사건인 W와 두 눈의 합이 3이 되는 사건인 S가 동시에 일어난 곱사건이라 할 수 있다. 따라서 분자는 'S ∩ W' 사건이 일어날 근원 사건의 개수라고 볼 수 있다.

정리하자면 $P(S \mid W)$ = ('S ∩ W'가 일어날 근원 사건의 개수)/(W가 일어날 근원 사건의 개수)가 된다. 분모, 분자에 0이 아닌 숫자를 똑같이 나눠주거나 곱해줘도 식은 변하지 않는다. 이 원리를 적용해 분자, 분모에 36, 즉 두 주사위를 던질 때 얻는 표본 공간의 개수로 나눈다면 $P(S \mid W) = \frac{\frac{1}{36}}{\frac{6}{36}}$이 되므로 $P(S \mid W) = \frac{P(S \cap W)}{P(W)}$로 쓸 수 있다. 자, 끝났다. 우리는 손쉽게 조건부 확률을 구할 수 있는 식을 얻었다. 뭔가 휙 지나간 느낌이 드는 독자들을 위해 다시 한 번 설명하겠다.

앞서 이야기했듯이 조건부 확률을 구하기 위해 조건에 해당하는 사건이 일어났을 때 줄어드는 표본 공간을 구하고, 거기서 구하고자 하는 확률을 구하는 것도 나름의 방법이다. 하지만 표본 공간을 축소하지 않은 상황에서 쉽게 구할 수 있는 확률을 사용해 조건부 확률을 구할 수 있다면 가장 좋을 것이다. 이게 바로 앞 문단에서 조건부 확률을 구한 식을 유도한 이유다. 조건부 확률을 구하는 과정을 살펴봤더니, 분모는 조건에 해당하는 사건이 일어나는 경우의 근원 사건의 개수가 되고 분자는 조건에 해당하는 사건과 최종 사건이 동시에 일어날 때의 근원 사건의 개수였다.

분모와 분자에서 구한 근원 사건의 개수는 모두 주사위를 던졌을 때 얻는 주사위 눈의 순서쌍 집합에서 추출했기 때문에, 분모와 분자를 전체 표본 공간의 개수로 나눠준다면, 각 근원 사건의 개수는 확률로 다시 쓸 수 있다. 요약하자면 조건부 확률을 구하기 위해 표본 공간 축소와 여기서 근원 사건을 각각 구하는 방법을 사용하지 않고, 조건에 해당하는 사건이 일어날 확률과, 조건에 해당하는 사건과 최종 사건이 동시에 일어나는 곱사건의 확률을 알고 있으면 된다는 뜻이다.

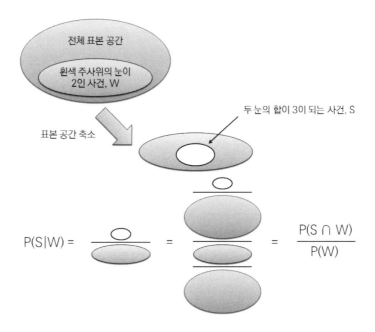

이렇게 해서 우리는 조건부 확률을 구할 수 있는 강력한 공식을 얻었다. 여기서 한 걸음 더 나아가 보자. 조건부 확률의 식은 $P(S \mid W) = \frac{P(S \cap W)}{P(W)}$, 이렇게 된다. 이 공식의 양변에 $P(W)$를 똑같이 곱해주고 곱사건이 좌변으로 가게 정리하면 식은 $P(S \cap W) = P(S \mid W)P(W)$, 이렇게 된다. 곱사건이 좌변에 있기 때문에, 이 식을 해석하자면 S와 W가 동시에 일어날 확률은 W의 확률과 W가 주어졌을 때 사건 S가 일어날 조건부 확률의 곱으로 표현할 수 있다는 뜻이다.

이전 장을 읽은 독자들 중 일부는 의문을 가졌을 것이다. 두 사건 중 적어도 하나가 일어날 합사건 P(W ∪ S)의 경우 P(W) + P(S) − P(W ∩ S)라는 공식으로 표본 공간을 헤아리지 않고 구하는 방법을 살펴봤는데, 곱사건 P(W ∩ S)의 경우는 그러지 않았다. 그 이유는 미리 설명하지 않았지만 조건부 확률을 알고 있어야 이해가 빠르기 때문이다.

두 사건이 동시에 일어난다고 할 때, 두 사건이 서로 영향을 줘서 사건이 일어나는 확률이 달라지는 경우가 있을 것이다. 즉 지금까지 조건부 확률에 대해 알아보기 위해 살펴본 흰색 주사위와 검은색 주사위를 던진 경우처럼 말이다. 즉 흰색 주사위의 눈이 2가 나왔을 때 사건이 두 주사위 눈의 합이 3이 나오는 데 영향을 주기 때문이다.

두 사건이 서로 영향을 주는 경우도 있지만, 서로 영향을 주지 않는 경우도 있다. 예를 하나 들어보자. 동전 하나와 주사위 하나를 던졌을 때 동전의 앞면이 나오는 사건을 H, 주사위 눈 1이 나오는 사건을 O라고 하자. H가 주어졌을 때 사건 O가 일어날 조건부 확률 P(O | H)는 어떻게 될까? 앞에서 공식을 배웠으므로 공식을 사용해 구해보자. 전체 표본 공간은 (앞,1), (앞,2), …, (뒤,5), (뒤,6)으로 표본 공간의 개수는 2 × 6 = 12가 된다.

여기서 동전의 앞면이 나올 근원 사건은 (앞,1), (앞,2), …, (앞,6)이므로 근원 사건의 개수는 총 6개다. 따라서 $P(H) = \frac{6}{12} = \frac{1}{2}$이 된다. 동전의 앞면이 나오고 주사위 눈 1이 동시에 나올 사건에 해당하는 근원 사건은 (앞,1)이므로 근원 사건의 개수는 1개다. 따라서 $P(O \cap H) = \frac{1}{12}$이 된다. 내친김에 P(O)도 구해보자. 주사위 눈 1이 나올 근원 사건은 (앞,1), (뒤,1)이므로 근원 사건의 개수는 2개다. 따라서 $P(O) = \frac{2}{12} = \frac{1}{6}$이 된다.

P(O | H)를 구할 준비가 끝났다. 공식에 넣으면 $P(O \mid H) = \frac{P(O \cap H)}{P(H)} = \frac{\frac{1}{12}}{\frac{1}{2}} = \frac{1}{6}$이 된다. 열심히 구하기는 했는데, 무슨 말을 하려고 이 작업을 한 것일까? 기억을 더듬어 몇 페이지 앞에서 흰색 주사위와 검은색 주사위를 던졌을 때 두 눈의 합이 3이 나오는 사건을 S라고 정의했다. 이 경우에 $P(S) = \frac{1}{18}$이었다. 그리고

나서 흰색 주사위 눈이 2가 나오는 사건을 W라고 정의하고, W가 주어졌을 때 S가 일어날 확률 $P(S \mid W) = \frac{1}{6}$이 된다는 사실을 확인했다. 이상의 결과를 정리하면 $P(S) \neq P(S \mid W)$이다. $P(S)$는 $\frac{1}{18}$이고 $P(S \mid W) = \frac{1}{6}$이기 때문이다. 동전과 주사위 예제에서 구한 $P(O) = P(O \mid H)$였다. 즉 $P(O)$도 $\frac{1}{6}$이고 $P(O \mid H)$도 $\frac{1}{6}$이기 때문이다.

자, 이미 눈치를 챈 독자도 있을 것이다. 조건부 확률을 구하고 보면 조건에 해당하는 사건에 영향을 받는 사건도 있고 영향을 받지 않는 사건도 있단 뜻이다. 즉 흰색 주사위와 검은색 주사위를 던졌을 때 눈의 합이 3이 되는 사건은 흰색 주사위의 눈이 어떤 숫자가 나오는지에 영향을 받는다. $P(S)$와 $P(S \mid W)$의 값이 다르기 때문이다.

그러나 주사위와 동전을 던지는 경우의 시행은 다르다. 즉 주사위의 눈이 1이 나오는 것은 동전이 앞면이 나오든 뒷면이 나오든 영향을 받지 않는다. 즉 P(O), P(O | H)가 같기 때문이다. 이처럼 두 사건이 서로에게 영향을 주지 않는 사건을 독립 사건이라 하고, 사건의 발생 여부가 서로에게 영향을 주는 경우를 서로 독립적이지 않다고 한다.

다시 곱사건의 확률을 구하는 공식으로 돌아가 보자. P(O ∩ H) = P(O | H) P(H)의 경우에는 독립 사건이기 때문에 P(O | H)를 P(O)라고 쓸 수 있다. 즉 앞에서 이야기했듯이 동전의 앞면이 나오는 사건은 주사위의 눈 1이 나오는 확률에 영향을 미치지 않기 때문이다. 따라서 P(O ∩ H) = P(O | H)P(H) = P(O)P(H)라 쓸 수 있다. 와! 이 식을 보고 정말 편해졌다고 느끼는 독자가 있다면 기쁠 따름이다. 즉 두 사건이 서로 독립적이라면 두 사건이 같이 일어날 곱사건은 각 사건이 일어날 확률을 각각 구한 다음 곱하면 된다는 걸 뜻하기 때문이다.

동전 던지기와 주사위 던지기는 서로 영향을 주지 않기 때문에 서로 독립적이라 할 수 있지.

끈으로 서로 엮어 놓으면 영향을 줄 수도 있지.

흠. 천재 닭이군!

하지만 두 사건이 독립적이지 않다면, 그냥 두 사건이 일어날 확률을 개별적으로 구해서 곱할 수 없다. 왜냐하면 한 사건이 일어날 때 다른 사건에 영향을 미치기 때문이다. 따라서 $P(S \cap W) = P(S \mid W)P(W)$는 각 사건이 어떻게 영향을 주는지 따진 다음 구해야 하기 때문에 더 이상 손을 댈 수 없다.

요약하자면, 두 사건의 곱사건을 구하고자 할 경우에는 두 사건이 서로 독립적인지 독립적이지 않은지 따져봐야 한다. 짧지 않은 장이었다. 하지만 이번 장을 통해 주관적 확률을 구할 준비를 완벽히 갖췄으며, 확률적 프로그래밍의 세계에 한 걸음 더 다가섰다.

정 리

1. 어떤 사건이 주어졌을 때 다른 사건이 일어날 때의 확률을 조건부 확률이라 한다. 두 주사위를 던진 경우, 흰색 주사위의 눈이 2가 나왔을 때(W) 두 주사위의 눈의 합이 3(S)이 될 확률의 경우 $P(S \mid W)$라 쓰고, W가 주어졌을 때 S가 나올 확률이라 한다.

2. 조건부 확률 공식은, 앞의 예를 든다면 $P(S \mid W) = \dfrac{P(S \cap W)}{P(W)}$ 라 쓸 수 있다.

3. 곱사건을 구하는 공식은 $P(S \cap W) = P(S \mid W)P(W)$이다.

4. 독립 사건이란, 각 사건이 독립적으로 발생해서 각 사건이 다른 사건의 확률에 영향을 주지 않는 것이다. 동전과 주사위를 각각 던졌을 때 앞면이 나오는 사건(H)과 1의 눈이 나오는 사건(O)은 서로 영향을 주지 않는다.

5. 독립 사건의 곱사건 공식은, 서로 영향을 주지 않기 때문에 3번의 곱사건 공식에서 조건부 확률을 조건에 관계없이 쓸 수 있다. 4번의 예에서 곱사건을 구하면 $P(H \cap O) = P(H)P(O)$가 된다.

5장 주관적 확률의 대명사, 베이지안 확률과 베이지안 추론

드디어 우리는 조건부 확률이란 강력한 수학적 무기를 손에 넣었다. 이 무기를 사용해 주관적 확률을 정복할 수 있게 됐다. 주관적 확률과 객관적 확률에 대해서는 2장에서 다뤘다. 하지만 그 후로 열심히 확률 공식의 세계를 탐험한 결과, 2장에서 어떤 이야기를 다뤘는지 많은 독자가 기억이 잘 나지 않을 것이다.

사실 이 글을 쓰는 나도 확률의 기본 공식을 쉽게 풀어 쓰려고 노력하느라, 5장까지 오는 데 많은 시간을 쏟았다. 이야기를 쉽게 전개하고자, 아울러 독자와 내 기억을 되살리는 의미로 2장에서 어떤 이야기가 있었고 왜 주관적 확률을 다루게 됐는지 다시 한 번 살펴보자.

확률과 관련된 분야를 전공하지 않는 이상, 많은 독자의 확률에 관한 지식은 고전적 확률에서 그치거나 좀 더 관심이 있는 독자라면 빈도적 확률에 대해 알 것이다. 이 두 확률은 2장에서 객관적 확률로 분류했다. 객관적이란 단어가 지닌 의미가 그렇듯이, 관찰자 그리고 시행을 하는 상황, 시간에 관계없이 그 확률 값이 동일한 게 바로 객관적 확률이다. 객관적 확률에서는 철수가 독도에서 추운 겨울 아침에 동전 던지기를 했을 때 앞면이 나올 확률과, 찰스가 뉴욕의 센트럴 파크에서 한여름 저녁에 동전 던지기를 했을 때 앞면이 나올 확률은 0.5로 동일하다. 하지만 현실은 그렇지 않다.

2장에서 살펴본 마술쇼의 동전 던지기 예제가 전형적인 주관적 확률의 경우다. 동전 던지기를 하기 전에 무대에 올라가서 동전을 직접 본 당신이 가졌던, 동전의 앞면이 나올 사전 확률은 0.5였다. 하지만 동전을 살피는 당신을 음흉한 미소로 쳐다보고 있는 마술사를 본 관람객들이 생각한 앞면이 나올 사전 확률은 0.3 정도였다. 즉 관찰자에 따라서 앞면이 나올 확률 혹은 믿음의 정도가 달랐다. 이게 바로 주관적 확률과 객관적 확률을 나누는 지점이다. 관찰자에 따라서 확률이 달라질 수 있다는 것이다.

동전을 던졌을 때, 앞면이 나올 확률은?

주관적 확률에는 2개의 확률이 있다. 시행이 일어나기 전에 관찰자가 품는 확률을 사전 확률이라 하고, 시행의 결과를 보고 나서 갖게 되는 확률을 사후 확률이라 했다. 즉 시행을 기점으로 이전의 확률이기 때문에 사전 확률, 시행을 보고 나서의 확률이기 때문에 사후 확률이라 한다. 마술쇼에서 당신은 30번의 동전 던지기를 하는 동안 앞면이 한 번도 나오지 않았다. 당황해서 포기하고 무대에서 퇴장하는 당신의 뒤로, 마술사는 단 한 번의 동전 던지기로 앞면이 나왔다.

이 상황을 보고 나서 당신과 관람객의 사후 확률은 달라졌을 것이다. 동전 던지기를 목격하지 않았을 때의 사전 확률보다 각각 낮아졌을 것이다. 이 지점도 주관적 확률과 객관적 확률이 나뉘는 지점이다. 시행을 관찰함으로써 확률이 달라진다는 것이다. 객관적 확률에서는 한 번 마음속에 품은 확률은 달라지지 않는다. 하지만 주관적 확률은 다르다. 처음에 생각한 확률이 시행을 통해 수정될 수 있다. 즉 주관적 확률은 목에 칼이 들어와도 변하지 않는 그런 소신의 확률이 아닌, 상황에 따라서 유연하게 바뀌는 확률이다.

1장에서 4장까지 진행하는 동안 확률적 프로그래밍에 대해서는 한 줄도 설명하지 않았다. 이제 그 목마름을 조금이라도 달래보자. 확률적 프로그래밍에서 이야기하는 확률은 어떤 확률을 뜻할까? 지금까지 이 책을 한눈 팔지 않고 읽은 독자라면 이 질문에 쉽게 답을 내놓을 것이다. 바로 주관적 확률이다. 이 질문에 답을 하기 위해, 어떤 독자에게는 무척 지루했을 확률에 대한 이야기를 쭉 했다. 물론 '지은이의 말'에서 이런 이야기를 간략하게 맛을 봤겠지만, 그 의미는 확률의 두 세계를 정확히 알고 있는 독자가 아니라면 쉽게 이해하지 못했을 것이다.

그렇다면 인공지능을 개발하는 데 왜 확률적 프로그래밍이 필요할까? 사실 이 질문에 정확한 답을 달기 위해서는 아직 가야 할 길이 멀다. 하지만 주관적 확률을 명확하게 이해하고 나면 이에 대해 답을 달 수 있다. 프로그래밍은 수학처럼 명확하다. 1 + 1 = 2가 되는 세상이다. 하지만 인공지능, 즉 인간처럼 생각하는 알고리즘을 표현하기 위해 불명확한 상황을 다루는 표현이나 알고리즘이 필요하다. 엄밀함을 추구하는 수학에서 이런 애매함을 다루기에 가장 좋은 게 무엇일까? 바로 확률이다.

　확률에서는 절대 일어나지 않을 경우에는 0, 반드시 일어나고 말 사건에는 1을 부여한다. 그리고 그 사이를 의구심과 확신을 반영한 소수점의 숫자들이 채운다. 자, 이 얼마나 애매모호함을 다루기에 좋은 도구인가? 거기에 주관적 확률은 객관적 확률과 달리 관찰자와 관찰자가 보는 상황에 따라서 확률 값이 달라진다. 딱, 인공지능을 프로그래밍하기에 적절한 표현식을 바로 확률에서 찾을 수 있다. 사설이 길었다. 확률적 프로그래밍에 대한 이야기는 좀 더 지식을 갖추고 나서 살펴보기로 하겠다.

　마술쇼 예를 사용해 주관적 확률을 자세히 알아보자. 마술쇼에서 동전의 앞면이 나오는 사건을 H라고 하자. 그렇다면 당신이 동전을 보고 동전의 앞면이 나올 것이라 생각한 사전 확률은 P(H)가 된다. 사건 H는 실제로 일어나지 않는다. 당신이 마술사의 동전을 보고 머릿속에 품은 확률이다. 그렇다면 사후 확률은 어떻게 쓸까? 동전 던지기를 실제로 시행해서 앞면이 나오는 사건을 D라고 하자.

그렇다면 사후 확률이란 동전 던지기를 목격하고 나서 당신이 생각하는 동전의 앞면이 나올 확률이다.

이전 장에서 배운 조건부 확률로 쓴다면 D가 주어졌을 때 H가 일어날 확률이다. 즉 $P(H \mid D)$로 쓸 수 있다. 이 확률도 사전 확률과 마찬가지로 당신 머릿속에서 시행을 해보고 나서 조정을 받는 확률이다. 조건부 확률을 사용해 사후 확률을 적을 수 있다니, 공을 들여 조건부 확률을 설명한 필자로서 정말로 큰 기쁨이 느껴진다.

우리는 사전 확률과 사후 확률을 각각 $P(H)$, $P(H \mid D)$로 쓸 수 있다는 걸 알았다. 그렇다면 $P(H)$에서 어떤 과정을 통해 $P(H \mid D)$를 구할 수 있을까? 수학은 엄밀하지만 직관이 매우 중요한 학문이라 했다. 자, 왠지 모르지만 조건부 확률의 공식을 어찌어찌 적용하면 원하는 답을 얻을 수 있을 듯하다. 맞다. 앞에서 곱사건에 대해 배웠다. 특히 곱사건은 독립 사건이든 독립적이지 않은 사건이든 조건부 확률을 이용해 쓸 수 있다. 그렇다면 $P(H \cap D)$를 곱사건의 공식으로 써보자.

바로 $P(H \cap D) = P(H \mid D)P(D)$로 쓸 수 있다. 이 경우에는 사건 D가 주어졌을 때 H가 일어날 조건부 확률로 썼지만, 반대로 사건 H가 주어졌을 때 사건 D가 일어날 조건부 확률로도 쓸 수 있다. 그렇다면 식은 $P(D \cap H) = P(D \mid H)P(H)$가 된다. 두 식에서 좌변은 같다. 즉 H와 D가 동시에 일어날 확률이다. 따라서 두 식의 우변도 같다고 볼 수 있다. 사과가 애플이고 사과가 링고라면, 애플은 링고란 뜻이다. 우변으로만 식을 정리하면 $P(H \mid D)P(D) = P(D \mid H)P(H)$와 같다. 결론에 도달한 느낌이 들지 않는가?

우리가 구하고자 하는 것은 사후 확률 $P(H \mid D)$이다. 위의 식에서 뭐라고 부를지 아직 정하지 않은 확률이 2개 있다. 바로 $P(D)$와 $P(D \mid H)$이다. 아직 이름은 붙이지 않았지만, 두 확률에도 이름이 있다. 아직 이름은 모르지만 사후 확률을 구하기 위해 좌변에 있는 이름 모를 확률 $P(D)$로 양변을 나누자.

이렇게 해서 얻은 $P(H \mid D) = \frac{P(D \mid H)P(H)}{P(D)}$ 라는 식을 사용해 사후 확률을 구할 수 있게 됐다. 즉 사후 확률이란 이름 모를 확률 $P(D \mid H)$와 사전 확률 $P(H)$를 곱한 다음 다시 이름 모를 확률 $P(D)$로 나누면 얻을 수 있다는 뜻이다. 일단 정확한 의미는 천천히 파악하기로 하고, 이 기쁨을 잠시 느껴보자.

자, 기쁨을 모두 만끽했는가? 그렇다면 다시 주관적 확률에 대해 더 깊이 살펴보자. 앞에서 구한 확률은 주관적 확률이라고 부르기보다는 베이지안 확률이라고 부르는 게 일반적이다. 토마스 베이즈라는 수학자가 발견했기 때문에 그의 이름을 붙여서 부른다. 우리도 앞으로 그의 업적을 기리는 의미로 베이지안 확률이라고 부르겠다.

토마스 베이즈

베이지안 확률을 더 자세히 살펴보기 위해 새로운 예제를 살펴보자. 얼굴에 붉은 점이 덮인 환자가 의사를 찾아왔다. 환자는 얼굴에 붉은 점이 갑자기 올라왔다고 말했다. 의사는 직감적으로 수두가 아닐까라는 의심이 들었다. 수두 환자 중 80퍼센트 정도가 붉은 점이 올라오는 증상을 보인다는 걸 알고 있었고, 수두는 그렇게 무서운 병이 아니었다. 문득 천연두에 걸린 환자도 똑같은 증상이 있다는 게 생각났다. 천연두 환자 가운데 붉은 점이 올라오는 증상을 보일 확률은 약 90퍼센트 정도였다. 증상은 같지만 천연두는 치사율이 꽤 높은 무서운 점염병이었다. 의사가 이런 생각에 잠겨 있을 때 환자가 자신의 병명이 무엇인지 불안한 눈빛으로 물었다. 붉은 점이 얼굴에 핀 환자는 가벼운 수두일까, 아니면 무서운 전염병인 천연두일까?

이렇게 증상만으로 질병을 판단할 때 베이지안 확률을 사용하는 게 매우 효과적이다. 왜 그럴까? 그 이유를 천천히 살펴보자. 확률을 다룰 때 사건을 기호로 사용했으나 여기서는 이해도를 높이기 위해 단어로 사용해 표현해보겠다. 수두 환자일 때 붉은 점이 생길 확률이 80퍼센트 정도였다. 이것을 확률로 표현하자면 조건부 확률이다. 즉 수두 환자라는 사건이 주어졌을 때 붉은 점이 생기는 사건이 벌어질 확률이기 때문이다. 즉 P(붉은 점 | 수두) = 0.8이다. 그렇다면 천연두 환자일 경우 붉은 점이 생길 확률은 P(붉은 점 | 천연두) = 0.9이다.

잘은 모르겠지만 조건부 확률이 마구 등장하는 걸로 봐서는 조만간 베이지안 확률로 뭔가를 구할 것 같다. 우리가 알고 싶은 것은 붉은 점이 있을 때 수두에 걸렸는지 혹은 천연두에 걸렸는지이다. 즉 이것을 조건부 확률로 표현하자면 P(수두 | 붉은 점), P(천연두 | 붉은 점)이다. 아직은 잘 모르지만 어찌어찌해서 P(수두 | 붉은 점)과 P(천연두 | 붉은 점)을 구했다고 해보자.

이렇게 구한 확률을 서로 비교해보니 P(수두 | 붉은 점)이 P(천연두 | 붉은 점)보다 컸다면, 이게 무엇을 뜻할까? 바로 붉은 점이 생겼다는 증상을 놓고 보면 수두일 확률이 천연두일 확률보다 더 크다는 의미다. 말하자면 수두일 가능성이

더 높기 때문에, 우리는 이것을 근거로 환자에게 무서운 천연두가 아니니 안심하고 집에 가도 좋다고 말할 수 있다.

그렇다면 우리는 환자에게 정확한 진단을 내리기 위해 P(수두 | 붉은 점), P(천연두 | 붉은 점)을 구해야 한다. 이 확률을 어떻게 구할 수 있을까? 확률을 잘 살펴보니 앞에서 구한 베이지안 확률 공식 $P(H|D) = \frac{P(D|H)P(H)}{P(D)}$ 를 사용하면 뭔가 될 것 같다. 앞에서 이야기했듯이 수학은 직관이 매우 중요한 학문이다. 이런 생각이 떠오르면 일단 대입해놓고 보는 게 좋다. 이 식에서 H 대신 수두를, D 대신 붉은 점을 대입해 식을 다시 써보면 다음과 같이 쓸 수 있다.

$$P(수두 | 붉은 점) = \frac{P(붉은 점 | 수두)P(수두)}{P(붉은 점)}$$

자, 위의 식에서 좌변이 바로 우리가 알고 싶은 붉은 점이 얼굴에 생겼을 때 수두에 걸릴 확률이다. 잠깐, 베이지안 확률에서 이것을 무엇이라 부르더라… 바로 사후 확률이라 한다. 사후 확률이란 어떤 사건을 관찰하고 나서 갖게 되는 확률이다. 자, 그렇다면 사전 확률은 이 식에서 뭘까? 바로 P(수두)다. 사전 확률이란 어떤 사건을 관찰하기 전에 품는 확률이다.

의사가 환자를 진찰하는 과정에서 사전 확률이 의미하는 바가 뭘까? 일반적으로 사람들이 수두에 걸릴 확률이라 볼 수 있다. 말하자면 일반적인 동전이라면 앞면 혹은 뒷면이 나올 확률이 0.5로 동일할 것이라는 상식이다. 마술쇼에서 황당한 동전 던지기를 관찰하기 전까지 품는 가정인 셈이다.

일반적으로 의사들이 환자를 진찰할 때는 증상을 보고 병명을 진단한다. 따라서 여기서 이야기하는 사전 확률이란 환자들이 진찰실 문을 열고 들어올 때 그 환자가 수두에 걸릴 확률이 P(수두) 정도라고 보면 될 것이다. 베이지안 확률을 완성할 때 우변에서 모르는 확률이 두 가지 있다고 했다. 위의 식에서 찾자면 P(붉은 점 | 수두)와 P(붉은 점)이다. 드디어 이 확률에 대해 본격적으로 살펴볼

수 있는 시기가 왔다. 논의를 쉽게 하기 위해 각 확률의 이름을 먼저 밝히겠다.

P(붉은 점 | 수두)의 확률을 'likelyhood', 즉 우도 혹은 가능도라고 부른다. 처음에 이 확률의 이름을 우도라고 들었을 때, 제주도 옆에 있는 섬이 생각났다. 무식한 소리지만 말이다. 이 확률의 의미를 아는 지금도 이걸 우도라고 말하는 게 그다지 직관적이지 않다는 생각이다. 오히려 가능도라는 말이 훨씬 와 닿는다. 붉은 점을 보고 수두라는 걸 짐작할 수 있는 척도가 되기 때문이다. 즉 붉은 점을 보고 수두일 가능성을 추측할 수 있다. 붉은 점이 있다고 해서 무조건 수두라고 생각할 수 없다는 뜻이기도 하다.

P(붉은 점)은 뭐라고 부를까? 이 확률은 'marginal likelyhood', 즉 한계 우도나 한계 가능도, 또는 증거^{evidence}라고 부르기도 한다. 한계 우도는 우도가 생각나서 어렵고, 가능도는 그런대로 이해했는데 앞에 한계가 붙음으로써 한계에 부딪히는 것 같다. 그나마 증거는 말은 쉬운데 도대체 하늘에서 뚝 떨어진 느낌이 드는 게 이해가 안드로메다로 사라져버린 느낌이 든다. 이해가 흔들릴 때는 기초로 돌아가는 게 제일 좋다.

베이지안 확률이라는 말을 썼지만, 기본적으로 베이지안 확률은 조건부 확률이다. 조건부 확률에서 아주 잘 살펴봤듯이 조건부 확률의 분모는 표본 공간을 축소시킨다. 표본 공간을 축소시킨다는 게 베이지안에서 어떤 의미가 있을까? 문을 열고 들어온 환자를 무조건 수두 환자라 할 수 없다. 수두 환자라고 진단할 만한 근거가 필요하다. 말하자면 붉은 점이 있는 경우 수많은 병 중에서 수두라고 추정할 만한 증거를 얻은 셈이다. 표본 공간은 모든 질병의 증상이 될 수 있다. 이 중에서 붉은 점이 있는 사건으로 한정함으로써 표본 공간이 축소되고, 이 안에서 조건부 확률에서 그랬듯이 우리는 수두에 걸릴 확률을 계산하게 된다.

이렇게 계산하면 조건부 확률 공식에 의해, 붉은 점이 있을 때 수두에 걸릴 확률이 된다. 이걸 베이지안 확률로 부르자면 사후 확률에 해당한다. 자, 다시 정리해보자. 의사가 진찰실에 앉아서 환자를 볼 때 이 환자의 병이 무엇인지 모른다. 그런데 얼굴에 핀 붉은 점을 보자, 표본 공간을 붉은 점이 있는 사건으로 한정하게 된다. 그러고 나서 생각난 병이 수두다.

이런 이유로 분모의 확률을 증거라 부르는 것이다. 즉 우리가 어떤 판단을 내리려고 할 때 증거에 해당하는 사건이 일어나는 표본 공간을 두고 판단하겠다는 뜻이다. 자, 그렇다면 분자도 조건부 확률의 관점에서 다시 살펴보자. 분자는 붉은 점이 있는 사건과 병명이 수두일 사건의 곱사건이다. 즉 동시에 일어날 확률이다. 자, 다시 증거로 돌아가보자. 분모는 붉은 점이 있는 사람들의 확률이다. 즉 수두인 경우에 붉은 점이 생기는 경우도 천연두일 때 붉은 점이 생길 경우 그리고 그냥 붉은 점이 생길 사건이 모두 포함된 것이다.

따라서 P(붉은 점) = P(붉은 점 ∩ 수두) + P(붉은 점 ∩ ~수두) 이렇게 쓸 수 있다. 곰곰이 생각해보면 당연한 이야기다. 왜냐하면 붉은 점이 있는 경우는 수두일 수도 있고 수두가 아닐 수도 있기 때문이다. 즉 길에서 지나가는 사람들 중에 붉은 점이 있는 사람들을 모두 붙잡아놓았을 때, 수두에 걸린 사람과 수두에 안 걸린 사람으로 나눌 수 있기 때문이다. 두 사건들 간의 교집합은 없는데, 즉 수두이면서 수두가 아닌 사람은 있을 수 없다. 따라서 붉은 점이라는 표본 공간을 두고 생각하면 수두인 사람과 수두가 아닌 사람, 이렇게 딱 두 부류로 나눌 수 있다.

곱사건의 정의에 따라서 P(붉은 점 ∩ 수두) = P(붉은 점 | 수두)P(수두)로 쓸 수 있고 P(붉은 점 ∩ ~수두) = P(붉은 점 | ~수두)P(~수두)로 쓸 수 있다. 그렇다면 이렇게 정리한 식을 사용해, 증거인 P(붉은 점)을 다음과 같이 쓸 수 있다.

P(붉은 점) = P(붉은 점 | 수두)P(수두) + P(붉은 점 | ~수두)P(~수두)

우변의 첫 번째 항은 베이지안 확률의 분자, 즉 가능도와 사전 확률을 곱한 값이다. 이 식에 따르면 사전 확률의 여사건과 그 여사건이 일어날 때 증거에 해당하는 사건이 일어날 확률을 안다면 증거를 구할 수도 있음을 알 수 있다. 이상으로 우리는 베이지안 확률의 우변이 사전 확률, 가능도, 증거라는 세 가지 확률을 갖고 있다면 사후 확률을 구할 수 있다는 걸 알게 됐다.

정리 겸 마지막으로 이 세 가지 확률을 사용해 베이지안 확률을 구하는 과정을 수두 환자의 확률로 다시 살펴보자. 환자의 병명을 찾기 위해 증거를 수집해야 한다. 환자 얼굴에 붉은 점이 보인다면 전체 병명 중 얼굴에 붉은 점이 나타나는 증상이 있는 병 중에서 진짜 병명을 찾아야 한다.

말하자면 표본 공간이 전체 병의 증상에서 얼굴에 붉은 점이 나타나는 병으로 줄어든다. 그렇게 축소된 표본 공간에서 수두 환자, 즉 붉은 점이 있으면서 수두에 걸린 사람들을 추려낸다. 즉 분모는 붉은 점이 있는 사람들의 표본 개수, 분자는 붉은 점과 수두의 교집합에 해당하는 표본 개수가 되므로 붉은 점이 있을 때 수두에 걸릴 확률을 조건부 확률로 구할 수 있기 때문에, 이것을 베이지안 확률이라 하는 것이다.

자, 이번 장을 이끌어온 원래 질문으로 돌아가 보자. 과연 환자는 수두일까, 천연두일까? 이에 대한 답을 달면서 이번 장을 마치자. 베이지안 확률을 사용해

P(수두 | 붉은 점), P(천연두 | 붉은 점)을 구해보자. 각 확률을 구하려면 사전 확률, 가능도, 증거를 구해야 한다. 우선 P(수두 | 붉은 점)부터 구해보자.

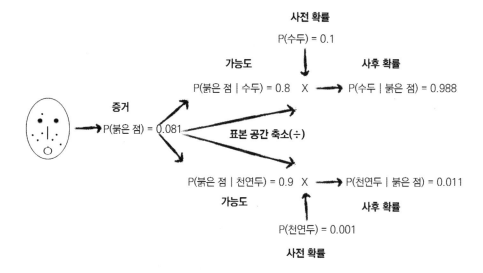

일반적으로 수두는 열 명 중 한 명이 걸린다고 한다. 즉 P(수두) = 0.1이다. 앞에서 가능도에 해당하는 P(붉은 점 | 수두)는 0.8이라 했다. 수두에 걸린 사람 중 열에 여덟은 붉은 점이 얼굴에 있단 뜻이다. 마지막으로 천 명 가운데 81명은 다양한 이유로 얼굴에 붉은 점이 있다고 한다. 말하자면 증거인 P(붉은 점) = 0.081이란 소리다. 이상에서 얻은 확률로 붉은 점이 있을 때 수두일 확률을 구하면, P(수두 | 붉은 점) = $\frac{0.8 \times 0.1}{0.081}$ = 0.988을 얻는다. 즉 얼굴에 붉은 점이 있는 사람이라면 99퍼센트의 확신을 가지고 환자의 병명이 수두라고 말할 수 있단 뜻이다.

이번에는 천연두일 확률을 구해보자. 일반적으로 천연두는 천 명 중 한 명 정도가 걸린다고 한다. P(천연두) = 0.001인 셈이다. 앞에서 P(붉은 점 | 천연두)는 0.9라 했다. 증거는 천연두나 수두 모두 같은 값이다. 이건 당연한데, 증상이 붉은 점인 병 중에서 병명을 찾기 때문이다. 이상에서 얻은 확률로 천연두에 확률을 구해보자. P(천연두 | 붉은 점) = $\frac{0.9 \times 0.001}{0.081}$ = 0.011이다. 즉 얼굴에 붉은 점이 있

다고 해서 천연두에 걸렸다고 말할 수 있는 확률은 1.1퍼센트 정도란 의미다. 그렇다면 붉은 점이 얼굴에 핀 환자는 천연두일까, 수두일까?

당연히 수두일 가능성이 매우 높다. 왜냐하면 붉은 점이 있을 때 수두일 확률과 천연두일 확률을 구해보면 수두일 확률이 99퍼센트로, 천연두일 확률 1.1퍼센트보다 무척 높기 때문이다. 이렇게 베이지안 확률을 사용해 붉은 점이 있는 환자가 수두에 걸렸는지 천연두에 걸렸는지 판단할 수 있다. 따라서 베이지안 확률을 구해 의사결정을 하는 과정을 베이지안 추론$^{Bayesian\ inference}$이라 한다.

이 예제를 통해 베이지안 확률 혹은 베이지안 추론을 설명하는 데 왜 그토록 오랜 시간을 할애했는지 느꼈는가? 사람이 판단을 내릴 때는 증거를 사용한다. 즉 가정을 하고 그 가정이 옳은지 그른지 판단할 증거를 수집한다. 증거를 수집하고 나서 가정이 맞을 확률이 상당히 높다면 가정을 수용하고, 그 반대라면 가정을 파기하고 다른 가정을 한다.

결국 이런 과정을 통해 우리는 의사결정을 한다. 베이지안 확률을 구하는 과정과 의사결정 과정이 매우 흡사함을 알 수 있다. 이런 이유로 베이지안 확률은 확률적 프로그래밍에서 사용하기에 가장 좋은 확률인 셈이다. 이상으로 베이지안 확률에 대해 살펴봤다.

정 리

베이지안 확률을 사용해 의사결정을 내리는 것을 베이지안 추론이라 한다. 붉은 점이 있을 때 수두일 베이지안 확률을 구하면 약 99퍼센트, 붉은 점이 있을 때 천연두일 베이지안 확률을 구하면 약 1퍼센트다. 따라서 붉은 점이 있을 때 수두일 확률이 천연두일 확률보다 높기 때문에 수두에 걸렸다고 베이지안 추론을 사용해 판단할 수 있다.

■ 베이지안 확률 정리

베이지안 확률을 구하는 공식은 다음과 같다.

$$P(H \mid D) = \frac{P(D \mid H)P(H)}{P(D)}$$

여기서

P(H | D): 사후 확률

P(D | H): 가능도

P(D): 증거

P(H): 사전 확률

사전 확률이란 어떤 사건을 관찰하기 전에 갖는 확률이다. 동전을 실제로 던지기 전에 동전의 앞면이 나올 확률을 생각해보는 것을, 혹은 가정하는 것을 사전 확률이라고 한다. 어떤 사건을 관찰하기 전에 품는 생각이라고 해서 가설이라고도 한다.

$P(D|H)$를 가능도라고 부른다. H를 수두, D를 붉은 점이라 하자. 얼굴에 붉은 점이 난 환자를 보고 수두라는 걸 짐작할 수 있는 척도가 되기 때문에, $P(D|H)$를 가능도라 부른다. 즉 붉은 점을 보고 수두일 가능성을 추측할 수 있다. 붉은 점이 있다고 해서 무조건 수두라고 생각할 수 없다는 뜻이기도 하다.

앞에서 설명한 붉은 점이 난 환자를 두고 수두 여부를 판단하려고 하기 때문에 분모에 해당하는 $P(D)$를 증거라 부른다.

마지막으로 $P(H|D)$는 붉은 점이 얼굴에 있는 사건을 목격하고 나서 수두일 확률을 구하기 때문에 사후 확률이라 한다.

이상의 정리로도 베이지안 확률을 이해하기 어려운 독자라도 실망할 필요는 없다. 잠시 책을 덮고 바람을 쐬거나 커피 한 잔을 마시고 나서 이번 장을 다시 읽어본다면, 충분히 베이지안 확률을 이해할 수 있을 것이다. 효율적인 학습을 위해 휴식은 꼭 필요하다. 아울러 다음 장을 쉽게 이해하기 위해서는 이번 장에 대한 이해가 필수다. 독자 여러분, 파이팅!

6장 베이지안 확률 혹은 추론 자세히 살펴보기

6장에서는 베이지안 확률을 사용해 베이지안 추론을 하는 과정을 좀 더 자세히 살펴보겠다. 베이지안 추론에서 사용하는 사전 확률을 구할 때 H라는 사건으로 표시를 했다. 이 H는 'hypothesis'의 앞글자를 딴 것으로 가설이라 한다. 왜 가설일까?

붉은 점이 있는 환자를 보고 병명이 수두나 천연두라고 정말로 밝혀지기 전까지, 병명을 추정하기 때문이다. 추론이란 가설을 세우고, 그 가설이 맞는지 데이터를 모으고 판단하는 과정이다. 따라서 사전 확률이 뜻하는 것은 가설이 맞을 확률인 셈이다. 즉 가설이 옳을 확률이 크다면 사전 확률이 클 것이고, 가설이 옳을 확률이 낮다면 사전 확률은 낮을 것이다.

P(천연두)는 0.001이고 P(수두)는 0.1이다. 즉 천연두라고 가설을 세우는 건 매우 확률이 낮다는 뜻이다. 이에 반해서 수두라는 가설을 세우는 건 천연두라는 가설을 세우는 것보다 맞을 확률이 상당히 높다는 뜻이다. 이렇게 가설을 세우고 나면 그 다음으로 해야 할 일은 뭘까? 증거를 찾는 것이다. 그래서 P(D)를 증거라 한다. 그렇다면 여기서 D는 어떤 단어를 뜻할까? 바로 '데이터data'다. 이 데이터를 뒤져서 가설과 맞는 사례를 찾는다. 즉 데이터가 주어지고 우리가 참과 거

짓을 알고 싶은 가설에 맞는 데이터를 찾는 셈이다. 그래서 P(H | D)를 가능도라 한다.

수두일 가능도는 0.8이고 천연두일 가능도는 0.9였다. 증상, 즉 가능도만 두고 본다면 천연두일 가능성이 더 높다. 수두인 사람 중 열에 여덟 명이 붉은 점이 나타나고, 천연두인 사람 중에서는 열에 아홉이 붉은 점이 나타나기 때문이다. 하지만 우리가 알고 싶은 건 증상이 있을 때의 병명이지, 병이 주어졌을 때 증상이 나타날 확률은 아니다. 물론 가능도가 있어야 최종적으로 데이터를 보고 가설이 맞느냐 틀리느냐를 판단할 수 있지만, 가능도만으로 추론이 맞느냐 틀리느냐는 알 수 없다는 뜻이다.

흔히 데이터를 입력해서 가설이 맞느냐 틀리느냐를 판단하기 때문에 가설을 모델이라고 한다. 붉은 점을 보고 수두냐 천연두냐를 판단하기 때문에 수두 혹은 천연두를 간단히 모델이라 할 수 있다. 즉 베이지안 추론을 통해 확률이 높은 모델, 즉 참일 가능성이 높은 모델을 택하는 것을 모델 선정^{model selection}이라 한다. 모델 선정을 하기 위해 흔히 사후 확률 오즈^{posterior odds}라는 걸 구한다.

아! 이름이 어려워서 어렵게 보이는데 전혀 어려운 개념이 아니다. 두 가설의 사후 확률을 나눈 값이다. 사후 확률 오즈를 R이라고 쓴다면 수두와 천연두의 예에서 각각의 사후 확률이 0.988, 0.011이었으므로 $R = \frac{P(수두 \mid 붉은 점)}{P(천연두 \mid 붉은 점)} = \frac{0.988}{0.011} = 90$이다.

R 값이 1보다 크다면 분자에 있는 모델의 확률이 분모에 있는 모델의 확률보다 더 크다는 뜻이다. 즉 분자의 모델이 참일 가능성이 더 크기 때문에 분자의 모델을 선정한다. 이에 반해서 R 값이 1보다 작다면 분모에 있는 모델의 확률이 분자보다 더 크다는 뜻이다. 따라서 분모의 모델을 선정한다. 수두와 천연두의 예에서는 R이 1보다 훨씬 큰 값인 90을 얻었다. 따라서 수두 모델이 참일 가능성이 매우 높다는 의미로, 이 환자의 병명은 수두라 이야기할 수 있다. 흔히 R 값이 3보다 크거나 $\frac{1}{3}$보다 작을 때 두 가설이 의미 있는 차이가 있다고 본다. 여기서 R이 90이다. 둘 사이에 차이가 매우 크다는 뜻이다.

수학적인 감각이 있는 독자는 이미 눈치를 챘겠지만, 사후 확률 오즈를 구하거나 두 모델을 비교하는 경우 베이지안 확률을 구할 때 사용하는 증거는 중요하지 않다. 왜 그럴까? R을 베이지안 확률을 구할 때 사용하는 식을 사용해 다시 써 보자. 이 식을 쓰면 다음과 같다.

$$R = \frac{P(수두 \mid 붉은 점)}{P(천연두 \mid 붉은 점)} = \frac{\dfrac{P(붉은 점 \mid 수두)P(수두)}{P(붉은 점)}}{\dfrac{P(붉은 점 \mid 천연두)P(천연두)}{P(붉은 점)}}$$

분모, 분자에 같은 게 있는 경우, 같은 항은 동시에 지울 수 있다. 위 식에서 보듯이 분모, 분자에 증거가 모두 있다. 따라서 R을 구하기 이전에, 증거는 모두 지울 수 있다. 즉 증거가 0.1이 됐든 0.01이 됐든 어떤 값이 오든 간에 R을 구할 때 반영되지 않는다는 뜻이다. 즉 사후 확률 오즈를 구하기 위해 각 모델의 사전 확률과 가능도만 알고 있으면 된다.

R을 구하지 않는 경우에도, 증거는 중요하지 않다. 왜 그럴까? 수두나 천연두의 사후 확률을 구할 때 분모에 사용되는 증거는 모두 동일한 값이다. 즉 0.081로서 동일하다. 같은 값으로 나눈다. R을 구할 때처럼 증거가 0.1이 됐든 0.01이 됐든 모두 같은 값으로 나누기 때문에 베이지안 확률 식을 사용해 구한 사후 확률의 상대 크기는 늘 같게 유지된다.

원래 사후 확률을 구할 때 사용한 0.081이라는 증거를 사용하지 않고 0.5라는 증거를 사용해서 구해보자. 수두의 사후 확률은 0.988에서 0.16이 되고, 천연두의 사후 확률은 0.011에서 0.0018이 된다. 두 경우의 증거가 0.081에서 0.5로 변해서 사후 확률 값은 모두 줄어들지만 상대 크기는 변하지 않는다. 따라서 모델을 선정하거나 비교하는 경우에 증거가 필요하지 않다. 단순히 가능도와 사전 확률을 곱해서도 모델 선정과 비교를 할 수 있다는 뜻이다.

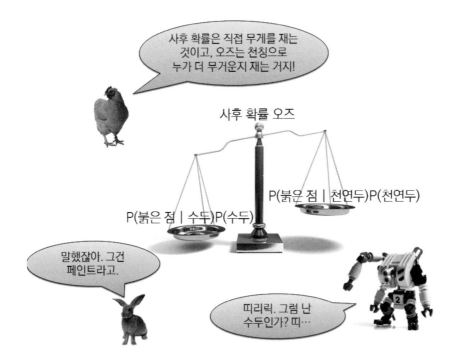

베이지안 추론 과정을 정리하는 의미에서 새로운 예제를 살펴보자. 어떤 평범한 집안의 휴일 풍경이다. 딸은 거실에서 TV를 보고 있다. 부인은 부엌에서 점심을 준비하고 있다. 맛있는 점심이 거의 다 됐다. 딸에게 밥을 먹으라고 부르면서 아버지는 어디에 계시냐고 물었다. 부인의 질문을 들은 딸은 TV를 보느라 정신을 뺏겼는지 잘 안 들리는 목소리로 대답했다. 찌개 끓는 소리에 딸의 목소리가 묻혀서인지 더 잘 들리지 않았다. 딸의 대답을 듣고 보니 뭔가 이상하다. "아버지 가방에 있어요."라고 한 것 같다. 잉? 남편이 가방에 있다고?

말이 안 되는 것 같아서, 순간 든 생각은 딸이 "아버지가 방에 있어요."라고 하지 않았나라는 추측을 했다. 과연 남편은 가방에 있을까, 아니면 방에 있을까? 평소에 베이지안 추론에 관심이 많아서 현실에 적용을 많이 하는 부인은 베이지안 추론을 사용해 남편이 가방에 있을지 아니면 방에 있을지 판단하기로 했다. 남편이 방에 있다는 가설을 '방'이라고, 남편이 가방에 있다는 가설을 '가방'이라고 하자. 데이터로 사용하는 딸의 목소리는 '목소리'라고 해보자.

우선 딸의 이야기는 남편이 가방에 있다는 것처럼 들렸다. 남편이 가방에 있다고 했을 때 딸의 문장이 그렇게 들릴 확률, 즉 가능도는 P(목소리 | 가방)으로 쓸 수 있다. 이에 반해서 남편이 방에 있다고 했을 때 딸의 문장이 그렇게 들릴 가능도는 P(목소리 | 방)으로 쓸 수 있다. 처음에 딸의 목소리는 남편이 가방에 있다는 것처럼 들렸기 때문에 P(목소리 | 가방)이 P(목소리 | 방)보다 크다는 것을 짐작할 수 있다. 여기서는 각 확률의 값으로 0.9, 0.8을 부여하자. 즉 가능도 P(목소리 | 가방)은 0.9이고, 가능도 P(목소리 | 방)은 0.8인 셈이다.

가능도를 놓고 보면 분명히 남편은 가방에 있을 가능성이 높다. 취미가 상당히 특이한 남편이다. 하지만 우리가 정확한 판단을 하는 데 필요한 건, 가방이나 방에 남편이 있다고 가정했을 때 그렇게 딸의 목소리가 들릴 확률이 아니다. 우리가 정확한 판단을 하려면 딸의 목소리가 그렇게 들렸을 때, 남편이 가방이나 방에 있을 각각의 확률이다.

따라서 가설을 남편이 가방에 있는 경우와 방에 있는 경우로 세우고 나서, 사후 확률을 구해야 한다. 휴일에 남편은 대개 방에서 잠을 잔다. 오랜 결혼 생활 동안 관찰한 남편이 휴일에 보이는 행동이 이랬다면 P(방), 즉 남편이 방에 있을 사전 확률은 매우 높은 값일 것이다. 따라서 이 P(방) = 0.99라 해도 과장이 아니다.

남편의 행동이 매우 특이해서 가끔 예상하지 못한 행동을 하는 모습을 목격했다면, 남편이 가방에 있는 걸 목격하지 않았다 하더라도 남편이 정말로 가방에 있을 가능성도 있다. 남편에게 괴벽이 있다 하더라도 정말로 남편이 가방에 있을 확률은 매우 낮을 것이다. 따라서 남편이 가방에 있을 사전 확률 P(가방)은 0.01 정도라 하면 나름 괜찮을 것 같다. 이상으로 우리는 딸의 이야기라는 데이터를 근거로 남편이 가방에 있을지 방에 있을지 판단할 수 있는 준비를 마쳤다. 잠깐, 우리는 증거에 해당하는 P(목소리)를 구하지 않았다.

우리가 원하는 것은 남편이 가방에 있는지 아니면 방에 있는지에 대한 판단이다. 즉 베이지안 추론을 사용해 가방이냐 혹은 방이냐는 모델 중에서 하나를 선택하고자 한다. 앞에서 살펴봤듯이 모델 선정은 두 모델의 상대 비교이기 때문에 증거가 필요하지 않다. 따라서 P(목소리)는 구하지 않아도 된다. 자, 가능도와 사전 확률을 사용해 사후 확률 오즈를 구해보자. 식은 다음과 같다.

$$R = \frac{P(\text{방} \mid \text{목소리})}{P(\text{가방} \mid \text{목소리})} = \frac{P(\text{목소리} \mid \text{방})P(\text{방})}{P(\text{목소리} \mid \text{가방})P(\text{가방})} = \frac{0.8 \times 0.99}{0.9 \times 0.01} = 88$$

이상에서 구한 사후 확률 오즈는 88이다. 즉 딸의 이야기를 토대로 봤을 때 남편은 방에 있을 확률이 가방에 있을 확률보다 매우 높다는 뜻이다. 즉 딸의 이야기가 찌개 끓는 소리에 묻혀서 이상하게 들렸다 하더라도, 남편이 평소에 방에 있는 경우가 매우 많았기 때문에, 남편은 방에 있다고 판단을 할 수 있다. 이렇게 결론을 내리고 있을 때, 남편이 부시시한 모습으로 안방에서 나왔다. 남편은 눈에 긴 눈곱을 떼면서 부인이 맛있게 차린 식탁에 앉는다. 부인은 낮잠을 실컷 자고 차려주는 밥상을 받는 남편이 곱지 않아 보이지만, 남편이 방에서 나와 다행이란 생각이 들었다.

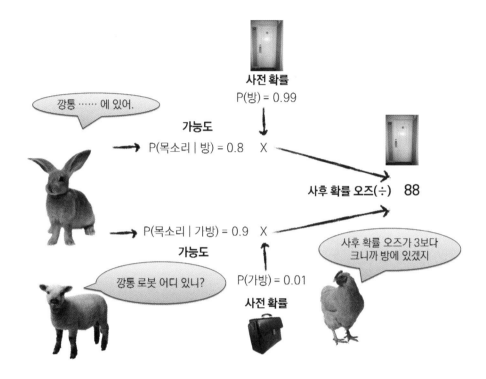

이번에는 실제로 프로그래밍과 관련된 베이지안 추론을 알아보자. 바로 스팸 메일 필터다. 어떻게 스팸 메일과 베이지안 추론이 관련 있을까? 우선 스팸 메일의 특징을 살펴보자. 스팸 메일을 보낸 사람은 처음 보는 사람일 때가 많고, 제목으로 필터링되는 것을 막기 위해 '대출'을 'ㄷ ㅐ ㅊ ㅜ ㄹ'이라고 써서 프로그램의 필터링을 피하지만 대출이 필요한 사람은 알아볼 수 있게 메일을 보내는 경우가 있다. 내용은 어떨까? 지금 당장 떠오르는 내용은 대출을 받으라고 하거나 신용불량자인 경우 신용불량에서 구해준다거나 하는 내용이다.

회사 메일의 경우에 내용은 어떨까? 아마도 회의 소집이나, 프로젝트 관련 이슈나 문제, 일정 이야기 등 일반적인 스팸 메일에서는 찾아볼 수 없는 내용이 많을 것이다. 여기서 스팸 메일과 일반 메일을 나누는 기준을 한 가지 찾을 수 있다. 바로 내용이다. 스팸 메일에 등장하는 내용과 일반 메일에 등장하는 내용에는 큰 차이가 있을 것이다. 그렇다면 내용, 즉 글을 기준으로 스팸 메일과 일반 메일을 나눈다면 어떻게 나눌 수 있을까? 가장 먼저 생각나는 건 바로 단어다. 문장을 구성하는 가장 기본 단위인 단어가 다르면, 문장도 다를 수밖에 없고 문장이 다르면 내용도 다를 것이라는 논리다.

예를 들어 대출 관련 스팸 메일에는 '신용대출', '금리인하' '무담보' '신용불량'처럼 금융업에 종사하지 않는 이상 평소에 접하지 못할 내용이 메일에 담겨 있을 것이다. 이에 반해서 일반적인 업무 관련 메일에는 '회의', '계획', '일정'처럼 회사에서 많이 접하는 단어들이 담겨 있을 것이다. 그렇다. 베이지안 추론을 이용해 스팸 메일을 구분할 때는 스팸 메일과 일반 메일에 들어가는 단어의 차이를 사용한다.

베이지안 확률을 사용해 어떤 메일이 스팸인지 아닌지 구분하는 방법은 지금부터 설명하는 것처럼 간단하게 생각할 수 있다. 물론 구현은 복잡할 수 있는데, 여기서는 큰 줄기를 살피는 데 중점을 두자. 메일에 '대출'이라는 단어가 있을 때 메일이 '스팸 메일'일 확률을 구하고, 메일에 '회의'라는 단어가 있을 때 메일이 '정상 메일'을 확률을 구해서 비교하면 어떨까? 이렇게 하면 해당 메일이 스팸 메일인지 정상 메일인지 구분할 수 있지 않을까?

차분히 살펴보니 구하려는 확률의 형태가 조건부 확률의 형태를 띠고 있다. 즉 메일 본문에 '대출'이라는 단어가 포함되는 사건이 주어졌을 때 메일이 스팸일 확률, 이것을 확률로 표현하면 P(스팸 | 대출)로 쓸 수 있다. 아울러 메일 본문에 '회의'라는 단어가 포함되는 사건이 주어졌을 때 메일이 정상일 확률, 이것도 식으로 표현하자면 P(~스팸 | 회의)다. 앞의 확률 식에서 스팸이 아니면 정상 메

일이기 때문에, 스팸의 여사건이 바로 정상 메일, 즉 '~스팸'으로 쓸 수 있다.

다시 정리하자면 메일이 스팸일 경우 P(스팸 | 대출)이 P(~스팸 | 대출)보다 큰 값이 나올 것이고, 메일이 정상일 경우 P(~스팸 | 회의)가 P(스팸 | 회의)보다 큰 값이 나올 것이다. 물론 P(스팸 | 대출)과 P(~스팸 | 대출)의 확률을 비교해서 스팸일 가능성을 판단하는 방법도 있지만, P(스팸 | 대출)이 특정 기준 값보다 클 경우 스팸으로 판단하는 방법도 있다. 자, 조건부 확률을 사용해 어떤 메일을 스팸 메일과 정상 메일로 구분하는 방법을 살펴봤다. 그렇다면 어떻게 P(스팸 | 대출)과 P(~스팸 | 회의)를 구할 수 있을까?

잘은 모르겠지만 조건부 확률이 나왔고 베이지안 확률로 스팸 여부를 판정한다고 하니, 일단 구하려는 P(스팸 | 대출)을 베이지안 확률을 사용해 써보자. 베이지안 확률로 나타내면 다음처럼 쓸 수 있다.

$$P(\text{스팸} \mid \text{대출}) = \frac{P(\text{대출} \mid \text{스팸}) \, P(\text{스팸})}{P(\text{대출})}$$

우선 사전 확률 P(스팸)부터 살펴보자. 일반적으로 어떤 메일을 받았을 때 우리는 한눈에 그 메일이 스팸인지 햄^{ham}(정상 메일을 뜻하는 용어)인지 안다. 어떻게? 우리는 사람이니까! 하지만 프로그램은 그 메일이 스팸인지 햄인지 바로 구분할 수 있을까? 당연히 아니다. 그렇기 때문에 우리가 베이지안 확률을 사용해 알고리즘을 짜서 알려주고자 한다. 그렇다면 프로그램 입장에서 어떤 메일이 스팸일 확률을 어느 정도로 가정하는 게 적절할까?

이상적인 경우 해당 메일이 스팸일 수도 있고 햄일 수도 있다고 생각하는 것이다. 즉 P(스팸) 사전 확률을 0.5로 가정하면, 스팸이라고 확정하지도 않고 햄이라고 단정 짓지도 않을 수 있다. 이런 경우 편향되지^{biased} 않았다고, 즉 어느 한쪽으로 치우치지 않았다고 한다. 좀 더 현실성을 반영하면 메일 시스템에서 스팸이 차지하는 비율을 조사해서 그 비율을 P(스팸)으로 사용해도 괜찮을 듯하다. 메일 10통 중에서 스팸이 2통 정도 된다면, 이런 현실을 반영한 사전 확률은 0.2가 된다. 이번 예제에서는 P(스팸) = 0.5라 가정하자.

사전 확률을 살펴봤으니 이제 가능도 P(대출 | 스팸)을 살펴보자. 가능도를 구하려면 학습이 필요하다. 학습? 밑도 끝도 없이 학습이 무엇인지 정의하지도 않고 학습이라고 하니 좀 생뚱맞을 것이다. 수두와 천연두 사례에서 가능도를 어떻게 구했는지 알아보지는 않았다. 기억을 더듬어보면, 수두에 걸린 사람 가운데 붉은 점이 필 확률은 0.8이고 천연두는 0.9라 한다고만 했다. 즉 이미 누군가가 구했다는 뜻이다. 이 누군가는 해당 값을 어떻게 구했을까?

우리가 이제 그 '누군가'가 됐다고 해보자. 수두와 천연두 증상에 대한 가능도를 구하려면 어떻게 해야 할까? 가장 쉬운 방법으로, 수두와 천연두에 걸렸다고 확진을 받은 사람들 중에서 얼굴에 붉은 점이 핀 사람들의 숫자를 헤아리면 되지 않을까? 문제는 그 사람이 확진을 어떻게 했느냐가 남는데, 이건 그런 기술이 있다고 가정하는 선에서 넘어가자. 말하자면 수두 확진을 받은 사람 열 명이 있는데 그중 여덟 명에게서 붉은 점이 핀 걸 봤다면 이 숫자를 사용해 가능도를 구할 수 있다.

P(대출 | 스팸)을 구하는 방법도 이와 비슷하다. 우선 메일 시스템에 수신된 메일 중 일부 메일을 추출해 사람이 수작업으로 스팸과 햄을 구별해서 샘플을 만든다. 수작업으로 분리된 스팸 메일의 본문을 추출해서, 해당 메일에 '대출'이라는 단어가 들어 있는지 찾는다. 대출이라는 단어가 들어 있는 스팸 메일의 개수를 헤아려서 전체 스팸 메일의 숫자로 나누면, 이것이 바로 P(대출 | 스팸)이 된다. 즉 P(대출 | 스팸)이란 조건부 확률이다. 우리는 전체 메일 샘플 중에서 스팸 메일만 선택함으로써 표본 공간을 축소했고 여기서 대출이라는 단어가 들어간 사건만을 살폈기 때문에, P(대출 | 스팸)을 구할 수 있었다.

예를 들어 전체 샘플 메일이 총 200통이고 그중 절반이 스팸 메일이라고 하자. 100통의 스팸 메일 중에서 메일 본문에 대출이라는 단어가 들어간 스팸이 75통이라면, P(대출 | 스팸) = $\frac{75}{100}$ = 0.75가 된다. 지금까지 설명을 들은 독자는 앞에서 가능도를 구할 때 학습을 이용한다고 말했는지 눈치챘을 것이다. 스팸과 햄으로 분리된 메일에서 단어들을 추출하고, 이렇게 추출된 단어를 토대로 가능도를 구하는 과정은 프로그램을 사용해 구할 수 있다. 이렇게 만들어진 프로그램에 햄과 스팸을 입력해서 가능도를 구하기 때문에, 학습이라는 표현을 사용했다. 이런 프로그램을 만드는 방법은 많이 공개됐기 때문에, 관심 있는 독자들은 찾아서 직접 구현하거나 사용해보기 바란다.

사전 확률과 가능도를 구했기 때문에 이제 남은 건 증거다. 잠깐! 앞에서 사후 확률 오즈를 구할 때 증거는 필요하지 않다고 했다. 이걸 기억하는 독자들은 이 책을 읽으면서 한눈 팔지 않았다는 증거다! 책에 집중해준 독자들에게 감사의 뜻을 전한다. 그렇다면 이번에도 증거를 구할 필요가 없지 않을까? 사후 확률 오즈를 사용해 모델을 비교해서 한 모델을 선정한다면 그렇다. 하지만 이번에는 스팸일지 정상 메일일지를 알려주는 사후 확률을 구해서 이 값이 기준 값을 초과하는지를 알아볼 것이기 때문에, 증거가 필요하다.

증거를 구하는 것은 이렇게 생각할 수 있다. 햄이든 스팸이든 관계없이 샘플 메일 전체 중에서 '대출'이라는 단어를 포함하고 있는 메일의 개수를 헤아리면 된다. 전체 샘플 메일 200통 중에서 본문을 조사했더니 앞에서 살펴봤듯이 스팸 샘플 75통에서 대출이라는 단어가 나왔고 정상 메일 5통에서 대출이라는 단어가 나왔다. 전체 샘플 메일 200통 중 80통에서 대출이란 단어가 나왔기 때문에 P(대출) = $\frac{80}{200}$ = 0.4가 된다. 이상에서 구한 확률을 사용해 어떤 메일에 '대출'이라는 단어가 들어갔을 때 이 메일이 스팸일 확률 P(스팸 | 대출)을 구해보자.

$$P(스팸 | 대출) = \frac{P(대출 | 스팸)\ P(스팸)}{P(대출)} = \frac{0.75 \times 0.5}{0.4} = 0.94$$

이상의 결과로, 메일 본문에 '대출'이라는 단어가 들어갔을 때 이 메일이 스팸일 확률이 무려 94퍼센트라는 걸 알았다. 우리 경험하고도 일치한다. 메일 제목이나 본문에서 대출이라는 단어를 본 순간, 우리는 해당 메일이 스팸임을 직감하지 않는가! 만약 어떤 메일이 스팸으로 구분하는 기준 값을 0.8, 즉 80퍼센트로 잡는다면 메일 본문에 대출이라는 단어가 들어간 메일은 스팸일 가능성이 94퍼센트이기 때문에, 스팸으로 분류된다. 그렇다면 대출이라는 단어가 들어간 메일이 정상 메일일 확률은 어떻게 될까?

P(~스팸 | 대출)을 구하기 위해 사전 확률, 가능도, 증거가 필요한데, 사전 확률 P(~스팸) = 0.5이고 증거 P(대출)은 동일하므로 0.4이다. 이제 남은 건 가능도다. 앞에서 증거를 구할 때 전체 샘플 메일 200통 중에서 햄이 100통이고, 100통의 햄 중에서 대출이라는 단어를 포함한 메일은 5통이라고 했다. 따라서 P(대출 | ~스팸) = 0.05가 된다. P(~스팸 | 대출)을 구하는 식은 다음과 같고, 식에 각 확

률을 대입하면 대출이라는 단어를 포함할 때 해당 메일이 햄일 확률을 구할 수 있다.

$$P(\sim스팸 \mid 대출) = \frac{P(대출 \mid \sim스팸)\,P(\sim스팸)}{P(대출)} = \frac{0.05 \times 0.5}{0.4} = 0.063$$

'대출'이란 단어가 메일 본문에 있을 때 그 메일이 햄, 즉 정상 메일일 확률은 고작 6퍼센트다. 즉 업무 때문이나 아는 사람끼리 메일을 주고받을 때 본문에 '대출'이란 단어가 있을 확률이 무척 낮다는 사실을 우리는 경험상 알고 있다. 앞에서 구한 확률은 이런 경험과 일맥상통한다. 그럼 이제 앞으로 메일에 '대출'이라는 단어가 들어 있다면, 무조건 스팸으로 간주해도 괜찮을까?

혹시 이런 경우가 있지 않을까? 자주 연락하는 친구 A가 오래전에 연락이 끊긴 친구 B의 소식을 알려주는 메일을 보냈다. 친구 B가 사업을 크게 벌였는데 대출 사기에 휘말려서 아주 어려운 처지에 놓였다는 내용이었다. 잠깐, 친구들끼리 주고받는 메일인데 단지 본문에 '대출'이라는 단어가 들어갔다는 이유로 베이지안 스팸 필터에 의해 스팸으로 분류된다면, 친구 B의 소식은 영영 들을 수가 없는 것일까?

물론 상업용 스팸 필터는 이렇게 단순 무식하지 않기 때문에, 우리는 친구 B의 소식을 들을 수 있을 것이다. 상업용 필터를 사용하지 않고, 지금까지 알아본 베이지안 필터를 사용해서 더 신뢰할 수 있는 필터링을 할 수 있을까? 단순하게 '대출'이라는 단어만으로 스팸 여부를 판단하지 않고, '금리인하' '파격상품' 등 스팸이라면 갖고 있을 가능성이 높은 단어를 같이 포함해 사용한다면 더 정확한 결과를 얻을 수 있을 것이다.

'대출' 외의 단어를 포함한 메일이 스팸일 확률은 어떻게 표현할 수 있을까? 이 경우도 조건부 확률에 해당한다. 말하자면 '대출', '금리인하', '파격상품'이라는 단어가 메일 본문에 포함되는 사건이 일어날 때 메일이 스팸일 확률이기 때문이다. 수학식으로 표현하자면 P(스팸 | 대출, 금리인하, 파격상품)으로 쓸 수 있다. 조건에 해당하는 사건이 하나에서 셋으로 늘어났을 뿐, 본질적으로 이 확률도 조건부 확률이다. 조건부 확률이기 때문에 베이지안 확률을 사용해 이 확률을 나타낼 수 있다. 그 결과는 다음과 같다.[1]

$$P(스팸 \mid 대출, 금리인하, 파격상품) = \frac{P(대출, 금리인하, 파격상품 \mid 스팸)P(스팸)}{P(대출, 금리인하, 파격상품)}$$

상당히 복잡해 보이지만 천천히 살펴보면 그리 복잡하지 않다는 사실을 알 수 있다. 우선 사전 확률은 스팸으로 판정하는 단어가 하나이든 3개이든 상관없

---

1 곱사건의 확률을 나타낼 때 '∩' 기호 대신 ','를 사용할 수도 있다. 이후로는 곱사건의 확률을 나타낼 때 ','를 사용하겠다.

이 동일하다. 다음으로 증거와 가능도를 살펴보면 된다. 앞의 식에서 가능도는 P(대출, 금리인하, 파격상품 | 스팸)이다. 가능도를 살펴보면 조건부 확률로서 어떤 메일이 스팸일 때 대출, 금리인하, 파격상품이라는 단어가 모두 들어가 있을 확률이다. 즉 스팸에 속하는 단어가 들어가 있을 사건이 동시에 일어나기 때문에 곱사건이라 볼 수 있다.

곰곰이 생각해보면 이런 의문이 떠오른다. 어떤 메일에 어떤 단어가 들어가 있을 사건은 다른 단어가 들어가 있을 사건에 서로 영향을 주지 않는다고 가정할 수 있을까? 물론 대출이라는 단어가 들어가 있는 경우, 문맥으로 보자면 금리인하나 파격상품이 들어갈 가능성은 높으나, 대출이라는 단어가 있을 때마다 금리인하라는 단어가 있으리라는 법은 없다. 물론 각 단어가 있을 때 서로 같이 있을 단어들이 분명 있으나, 메일에 있는 단어들은 다른 단어의 존재에 영향을 주지 않는다고 가정해도 괜찮을 듯하다.

따라서 직관적으로 생각해본다면 대출, 금리인하, 파격상품은 서로 독립 사건이기 때문에, 앞에서 확률의 기초 지식을 정리했을 때 살펴봤듯이, P(대출, 금리인하, 파격상품 | 스팸)은 스팸이라는 사건이 주어졌을 때 각 단어를 개별적으로 포함할 확률을 각각 곱한 것과 같다. 말하자면 다음 식처럼 쓸 수 있다.

$$P(대출, 금리인하, 파격상품 | 스팸)$$
$$= P(대출 | 스팸)P(금리인하 | 스팸)P(파격상품 | 스팸)$$

직관적으로 수식이 이렇게 될 것 같다고 느꼈다면, 정말로 이렇게 쓸 수 있는지 살펴보자. P(스팸 | 대출, 금리인하, 파격상품)은 베이지안 공식에 따라서 다음처럼 쓸 수 있다.

$$P(스팸 | 대출, 금리인하, 파격상품) = \frac{P(대출, 금리인하, 파격상품, 스팸)}{P(대출, 금리인하, 파격상품)}$$

분모만 놓고 살펴보자. P(대출, 금리인하, 파격상품, 스팸)은 조건부 확률로 다시 쓰자면 다음과 같이 나타낼 수 있다.

P(대출, 금리인하, 파격상품, 스팸)
= P(대출 | 금리인하, 파격상품, 스팸) P(금리인하, 파격상품, 스팸)

위 식이 어떻게 나왔는지 잘 이해가 가지 않는다면, 우변에 있는 P(금리인하, 파격상품, 스팸)을 양변에 나눠보자. 이렇게 하면 우변은 P(대출 | 금리인하, 파격 상품, 스팸)이 되므로 좌변은 이 조건부 확률을 베이지안 확률로 쓴 것임을 알 수 있다.

P(대출 | 금리인하, 파격상품, 스팸)만 놓고 보자. 앞에서도 이야기했지만 스팸 메일에는 대출, 금리인하, 파격상품 등의 단어가 같이 나올 가능성은 높지만 지금은 서로 관계가 없다고 생각해도 크게 영향이 없다. 즉 대출이 나올 확률에 금리인하, 파격상품은 영향을 주지 않기 때문에 영향을 주는 것은 스팸 메일 여부뿐이다. 따라서 P(대출 | 금리인하, 파격상품, 스팸)은 P(대출 | 스팸)으로 쓸 수 있다. 정리하자면 다음과 같다.

P(대출, 금리인하, 파격상품 , 스팸)
= P(대출 | 스팸) P(금리인하, 파격상품 , 스팸)

P(금리인하, 파격 상품, 스팸)도 앞의 방식을 적용하면 P(금리인하 | 파격상품, 스팸)P(파격상품, 스팸)처럼 쓸 수 있다. 금리인하 확률에 파격 상품도 영향을 주지 않기 때문에 P(금리인하 | 파격상품, 스팸)도 P(금리인하 | 스팸)으로 쓸 수 있다. 이상을 반영해서 P(대출, 금리인하, 파격상품, 스팸)을 정리하면 다음처럼 된다.

$$P(대출, 금리인하, 파격상품, 스팸)$$
$$= P(대출 \mid 스팸) \, P(금리인하 \mid 스팸) P(파격상품, 스팸)$$

P(파격상품, 스팸)은 조건부 확률에 의해 P(파격상품 | 스팸)P(스팸)으로 쓸 수 있다. 결국 이 결과를 위의 식에 대입하면 직관적으로 P(대출, 금리인하, 파격상품 | 스팸)을 P(대출 | 스팸)P(금리인하 | 스팸)P(파격 상품 | 스팸)으로 풀어 쓴 것과 동일한 결과를 얻게 된다.

이렇게 해서 쉬우면서도 어려운 것 같은 가능도까지 구했다. 이제 마지막 남은 것은 증거다. 베이지안 확률을 살펴본 5장에서 증거를 P(증거) = P(증거 | 가설)P(가설) + P(증거 | ~가설)P(~가설)로 쓸 수 있다고 말한 것을 기억하는 독자도 있을 것이다. 이 공식을 사용해 우리가 구하려는 증거를 다시 써보면 다음과 같이 쓸 수 있다.

$$P(대출, 금리인하, 파격상품)$$
$$= P(대출, 금리인하, 파격상품 \mid 스팸)P(스팸)$$
$$+ P(대출, 금리인하, 파격상품 \mid \sim스팸)P(\sim스팸)$$

쓰기는 했지만 이 책에서 지금까지 나온 식 중에서 가장 긴 식이란 생각이 든다. 이렇게 식이 길어지면 슬슬 피로감을 느끼는 독자들이 많아질 가능성이 높기 때문에, 그다지 중요하지 않은 부분이기에 짧게 설명하고 넘어가겠다. 간단하게 생각해보면 증거란 샘플 메일 중에서 대출, 금리인하, 파격상품이란 단어가 메일에 있을 확률로 생각해볼 수 있다. 단지 스팸 메일에서 이런 단어들이 같이 나오는 것과 햄 메일에서 단어들이 나오는 확률이 다르다.

따라서 증거를 나타내는 식의 우변을 이루는 식도 찬찬히 살펴보면 스팸 메일에서 3개의 단어가 나오는 곱사건과 햄 메일에서 각 단어가 나오는 곱사건의 확률을 더하는 것, 즉 합사건의 확률로 볼 수 있다는 걸 알 수 있다. 이 정도로만 증거에 대해 정리하자. 이상의 결과를 가지고 우리는 대출, 금리인하, 파격상품이라는 단어가 들어갔을 때 메일이 스팸일 확률을 구할 수 있게 됐다.

P(대출 | ~스팸)과 P(대출 | 스팸)은 앞에서 각 0.05, 0.75라고 가정했고, 사전확률 P(스팸)과 P(~스팸)은 모두 0.5라고 두었다. 따라서 남은 P(금리인하 | 스팸), P(파격 상품 | 스팸)은 모두 0.8이고 P(금리인하 | ~스팸), P(파격상품 | ~스팸)은 모두 0.05라 가정해보자. 이렇게 가정한 확률을 사용해 우선 가능도부터 구해보자. 그다지 중요하지 않지만, 그래도 계산을 끝내야 하기에 긴 식이 나온다. 어려운 부분은 없으니 인내심을 발휘해서 끝까지 읽어주기를 바란다.

P(대출, 금리인하, 파격상품 | 스팸)

= P(대출 | 스팸)P(금리인하 | 스팸)P(파격상품 | 스팸)

= 0.75 × 0.8 × 0.8 = 0.48

그 다음으로 구해야 하는 건 증거다. 앞에서 살펴봤듯이 가능도는 증거를 이루는 두 항목 중 하나이기 때문에 다른 항목 하나만 구하면 된다. 그건 메일이 햄일 때 각 단어가 메일에 들어갈 확률이다.

P(대출, 금리인하, 파격상품 | ~스팸)

= P(대출 | ~스팸)P(금리인하 | ~스팸)P(파격상품 | ~스팸)

= 0.05 × 0.05 × 0.05 = 0.000125

따라서 증거는 다음과 같이 구할 수 있다.

P(대출, 금리인하, 파격상품)

= P(대출, 금리인하, 파격상품 | 스팸)P(스팸)

+ P(대출, 금리인하, 파격상품 | ~스팸)P(~스팸)

= 0.48 × 0.5 + 0.000125 × 0.5 = 0.240063

이상의 결과로 우리는 대출, 금리인하, 파격상품이라는 단어가 메일에 있을 때 그 메일이 스팸일 확률을 구할 수 있게 됐다. 힘들게 구한 확률을 베이지안 확률 식에 대입해보면 다음과 같다.

$$P(\text{스팸} \mid \text{대출, 금리인하, 파격상품}) = \frac{P(\text{대출, 금리인하, 파격상품} \mid \text{스팸})P(\text{스팸})}{P(\text{대출, 금리인하, 파격상품})}$$

$$= \frac{0.48 \times 0.5}{0.240063} = 0.999974$$

대출, 금리인하, 파격상품이라는 단어가 메일에 있을 때 해당 메일이 스팸일 확률은 99.999974퍼센트, 말하자면 거의 100퍼센트라고 말할 수 있다. 여기서 살펴본 예가 극단적인 예일 수 있지만 대출이라는 단어만 들어간 경우보다 스팸으로 의심할 만한 단어가 많이 들어갈수록 더 확신을 가지고 해당 메일을 스팸으로 분류할 수 있음을 알게 됐다.

정 리

1. 베이지안 추론을 통해 확률이 높은 모델, 즉 참일 가능성이 높은 모델을 택하는 것을 모델 선정$^{model\ selection}$이라 한다.

2. 사후 확률 오즈$^{posterior\ odds}$란, 두 가설의 사후 확률을 나눈 값이다. 사후 확률 오즈가 3보다 클 때는 분자의 가설을, 사후 확률 오즈가 $\frac{1}{3}$보다 작을 때는 분모의 가설을 채택한다.

3. 베이지안 스팸 필터란, 베이지안 추론을 사용해 스팸을 필터링하는 것이다. 스팸 메일에 자주 포함되는 단어를 사용해, 각 단어가 메일에 들어갔을 때 해당 메일이 스팸일 확률을 베이지안 확률을 사용해 구한다.

2부

복잡한 추론의 시작

7장 명제 논리, 확률적 프로그래밍의 벽돌?

지금까지 적지 않은 페이지를 할애해서 확률에 대해 살펴봤다. 인공지능 프로그래밍을 할 수 있다는 확률적 프로그래밍을 다룬 책에서 프로그래밍에 대해서는 그다지 언급하지 않으면서, 관련이 없어 보이는 확률에 대해서는 왜 이토록 열심인지 많은 독자가 의문이 들 것이다. 확률을 다룬 1부에서 일부 이야기를 했지만, 확률적 프로그래밍에 좀 더 다가서기 위해 이제는 명제에 대해 이야기해야 할 것 같다. 명제? 확률도 모자라서 중고등학교 시절의 수학과목을 연상시키는 명제에 대해 이야기하겠다고?

사람이 사고하는 방식을 생각해보면, 가정이 있고 그 가정에서 결론을 추론하는 과정이라 할 수 있다. 예를 들어 '당신 앞에 있는 게 자동차라면, 그것은 주행할 수 있다.'라는 문장이 있다고 하자. 이 문장을 정확히 분석하려면 명제에 대해 정의를 해야 하나, 일단 명제라는 엄밀한 정의를 하지 않고도 이 문장을 듣는 순간 당신은, 당신 앞에 있는 게 자동차라면 그건 달릴 수 있다는 생각을 떠올렸을 것이다.

앞에서 든 예처럼, 문명사회와 고립되어 산 사람이 아니라면, 당신 앞에 차가 있고, 차라는 건 도로 위를 달리는 물건이기 때문에, 보고 있는 물건이 도로 위를 달릴 수 있다는 결론을 도출할 수 있다. 그러나 만약 보고 있는 게 자동차는 맞는데 엔진이 고장 났을 수도 있다는 사실을 추가적으로 알게 된다면, 당신은 보고 있는 자동차가 길 위를 정상적으로 달리지 못할 수 있다고 생각할 것이다. 말하자면 차가 달릴 것이라는 확신이 백 퍼센트에서 영 퍼센트에 가까운 값으로 될 것이다.

명제란 참과 거짓을 구분할 수 있는 문장을 말한다. 명제는 인공지능을 구성하는 논리의 기본 단위다. 말하자면 '당신 앞에 있는 건 자동차다.'는 명제다. 그것이 자동차라면 명제가 참일 것이고 자동차가 아니라면 거짓일 것이기 때문이다. 아울러 '자동차는 달릴 수 있다.'도 명제다. 자동차가 달리는 건 분명한 사실이고, 따라서 이 명제는 참과 거짓을 구분할 수 있기 때문이다. '당신 앞에 … 수 있다.'는 문장은 가정도 참이기 때문에 결론도 참일 것이란 추론을 할 수 있다. 하지만 그 자동차의 엔진이 고장 날 가능성이 반반이라는 사실을 알게 된다면, 당신이 보고 있는 '그것'은 과연 달릴 수 있다, 없다로, 말하자면 참과 거짓으로 판단을 내릴 수 있을까?

이야기하고 싶은 바는, 명제와 명제를 사용한 논리적 추론만으로 사람들의 사고방식을 모델링하는 데 한계가 있다는 것이다. 앞의 문장에 대해 아직 동의하지 못하거나 그 의미가 명확하지 않은 독자를 위해 다른 예를 한 가지 들겠다. 우선 아래에 있는 명제를 살펴보자.

채식주의자는 평화주의자다.
군인은 평화주의자가 아니다.

위의 명제가 모두 참이라고 가정해보자. 만약 철수가 채식주의자라고 한다면, 위의 명제에서 철수는 평화주의자란 결론을 얻을 수 있다. 앞에서 예를 든 철수가 군인이라고 해보자. 그렇다면 철수는 평화주의자가 아니라는 결론도 얻을 수 있다. 즉 단순히 참과 거짓을 가지고 판단하는 명제를 사용한다면, 채식주의자이면서 군인인 철수는 평화주의자인지 평화주의자가 아닌지 판단할 수 없게 된다.

현실에서는 이런 모순적인 상황이 매일같이 일어난다. 즉 채식주의자이면서 군인인 철수가 평화주의자일 수도 있고 평화주의자가 아닐 수도 있는 상황 말이다. 이걸 참과 거짓의 잣대로만 판단하려면 절대 판단할 수 없는 사태가 벌어진다. 이런 이유로 확률이 인공지능 개발에 개입하게 됐다. 특히 주관적 확률의 경우 자연현상을 포함해 믿음을 표현할 수 있는 수단이다.

즉 참과 거짓이 아닌 0과 1 사이에 있는 값으로 어떤 상황을 표현한다. 채식주의자면서 군인인 철수가 평화주의자일 수 있는 확률이 0.5보다 크다면, 우리는 잠정적으로 철수는 평화주의자라 가정할 수 있다. 말하자면 참과 거짓이라는 양극단의 세계에 빠지지 않고, 그런대로 현실을 판단하고 행동할 수 있는 기준을 얻을 수 있다는 뜻이다. 물론 평화주의자라고 잠정적으로 생각했던 철수가 전쟁 지지 집회를 연다면, 우리는 이 사실을 기반으로 철수가 평화주의자일 확률을 다시 조정할 수도 있다. 이런 이유로 명확한 논리로 무장해야 하는 인공지능 세계에 불확실한 확률이 등장했다.

확률을 사용해 불확실한 세상을 정확히 표현하고 그로부터 의미 있는 추론을 도출할 수 있지만, 그래도 인공지능을 이루는 근간은 논리이고 명제다. 기초가 튼튼해야 흔들리지 않고 실력을 쌓을 수 있다는 걸 이 책을 읽는 독자들은 모두 알 것이다. 2부의 첫 장으로 명제를 들고 나온 이유도 여기에 있다. 따라서 이번 장에서는 확률적 프로그래밍에 한 발 더 다가서기 위해 명제를 다뤄보겠다. 아울러 다음 장에서는 이 명제와 확률이 어떤 식으로 결합되는지 감으로만 느껴왔던 것을 명확하게 정의하는 시간을 갖겠다.

명제proposition는 앞에서 이야기했듯이 참과 거짓을 구분할 수 있는 문장이나 수식을 말한다. 예를 들어 '1 더하기 1은 3이다.'는 명제일까? 당연히 명제다. 1 더하기 1은 2가 되기 때문에, 이 명제는 거짓임을 누구나 알 수 있다. '대한민국의 수도는 서울이다.'는 명제일까? 당연히 명제다. 우리나라 수도는 서울임을 누구나 알기에. 그렇다면 'x + 1 = 2'는 명제일까? 명제 같기도 하고 아닌 것 같기도 하다. x가 1이면 참인 명제이고, x가 2라면 거짓인 명제다. 즉 x 값에 따라서 명제의 참과 거짓이 바뀌기 때문에, 이것은 명제가 아니다. 명제라 할 수 있는 건, 앞에서 이야기했듯이 그 자체로 참과 거짓이 구분 가능해야 한다.

'1 더하기 1은 3이다.'처럼 명제를 계속해서 부르는 건 쓰는 사람은 피곤하고 읽는 사람은 지루하다. 따라서 명제를 간단하게 소문자 알파벳으로 대체한다. 그래서 '1 더하기 1은 3이다.'라고 한 번 쓰고 나서, '이 명제를 p라 하자.'라고 말하면, 그 다음부터 피곤하게 이 명제를 길게 쓰거나 지루하게 다 읽지 않아도 된다.

진리 값은 참이나 거짓을 가리키는 값이다. 우리말로 참이나 거짓이 되고, 알파벳으로 표현하면 True를 나타내는 T와, False를 나타내는 F를 많이 사용한다. 물론 컴퓨터는 0과 1밖에 모르기 때문에 참을 표현할 때는 1을, 거짓을 나타낼 때는 0을 사용할 때도 있다. 명제 p가 가질 수 있는 진리 값들을 표 형태로 나타낼 수 있는데 이를 진리표라 하고, 명제 p에 대한 진리표를 작성하면 다음과 같다.

명제	p
진리 값	T
	F

하나의 명제만 가지고서는 우리가 원하는 논리의 조합을 만들어낼 수 없다. 따라서 명제 2개 이상을 결합해 나타내는 방법이 필요한데, 이것이 바로 논리 연산자다. 논리 연산자는 대표적으로 부정, 논리곱, 논리합이 있다. 이렇게 쓰고 보니 확률에서 사건을 다룰 때 여사건, 곱사건, 합사건을 다룬 게 기억날 것이다. 확률과 비슷하게 명제에서 논리 연산자를 사용해 다양한 명제를 표현할 수 있다.

부정은 말 그대로 명제를 부정하는 것이다. '1 더하기 1은 3이다.'라는 명제를 부정하면 '1 더하기 1은 3이 아니다.'가 된다. '1 더하기 1은 3이다.'란 명제를 p라고 쓰면, 이 명제의 부정은 ~p로 표현한다. 명제 p가 거짓이기 때문에 명제 p의 부정인 ~p는 참이 된다. 즉 '1 더하기 1은 3이 아니다.'이다. 거짓인 명제를 부정하면 참이 되고, 참인 명제를 부정하면 거짓인 명제가 된다. 이를 진리표로 표현하면 다음과 같다.

명제	p	~p
진리 값	T	F
	F	T

다음으로 논리곱을 알아보자. 논리곱이란 명제 p와 q가 모두 참일 때만 참이되는 명제다. 확률에서 곱사건을 구할 때와 비슷하다. 곱사건이란 두 사건이 동시에 일어나는 사건을 뜻한다. 즉 공통되는 것을 찾는다는 측면에서 곱사건과 논리곱은 비슷하다. 따라서 논리곱을 사용해 두 명제를 결합할 때는 '그리고'나 '~이고'라는 의미가 추가된다. 예를 들어 '대한민국의 수도는 서울이다.'와 '미국의 수도는 워싱턴이다.'라는 두 명제를 논리곱을 사용해 결합하면 '대한민국의 수도는 서울이고, 미국의 수도는 워싱턴이다.'로 쓸 수 있다. 이것을 기호로 간단히 나타내면 '∧'를 사용해 p ∧ q라 쓸 수 있다.

'대한민국의 수도는 서울이다.'란 명제 p가 참이고, '미국의 수도는 워싱턴이다.'란 명제 q도 참이다. 즉 두 명제가 모두 참이기 때문에 p ∧ q도 참이 된다. 이상의 결과를 진리표로 나타내자면 다음과 같다. 표에서 보듯이 p와 q를 섞어서 가능한 조합은 총 4개이며, 이 중에서 모두 참인 경우만 p ∧ q가 참이 된다.

명제	p	q	p ∧ q
진리 값	T	T	T
	T	F	F
	F	T	F
	F	F	F

논리곱을 알아봤으니 이제는 논리합에 대해 알아보자. 논리합은 명제 p와 q 중에서 하나라도 참이 되면 참이 되는 명제다. 확률에서 알아봤던 것처럼, 논리합은 합사건과 비슷하다. 합사건의 경우 두 사건 중 하나라도 일어나는 사건을 이야기했기 때문이다. 따라서 논리합을 사용해 두 명제를 결합할 때는 '또는'이나 '~이거나'라는 의미가 새로 만들어지는 명제에 추가된다.

'철수는 선생님이다.'라는 명제를 p라 하고 '철수는 학생이다.'라는 명제를 q라 하자. 이 두 명제를 논리합으로 결합하면 '철수는 선생님이거나 철수는 학생이다.'가 된다. 논리합의 경우 기호로 간단히 나타내면 $p \lor q$로 쓸 수 있다. 논리합의 정의에 따라서 철수가 적어도 선생님이거나 학생이라면 이 명제는 참이 되는 것이다. 논리곱과 마찬가지로 진리표로 나타내면 가능한 조합은 총 네 가지이며, 이 중에서 두 명제 중 하나라도 참인 경우 논리합은 참이 된다.

명제	p	q	$p \lor q$
진리 값	T	T	T
	T	F	T
	F	T	T
	F	F	F

앞에서 살펴본 논리 연산자 등을 사용해 새롭게 만들어지는 명제를 합성 명제라고 한다. 합성 명제의 진리 값은 명제를 구성하는 각 명제의 진리 값과 논리 연산자에 의해 결정된다. 사칙연산을 계산하기 위해 사칙연산이 수행되는 순서가 필요하다. 사칙연산과 마찬가지로 논리 연산자에 의해 명제가 결합되고 그 진리 값을 정확하게 구하기 위해서는 각 연산자의 우선순위가 필요하다. 우선순위가 가장 높은 것은 부정(~)이고, 그 다음으로 논리곱과 논리합의 순서다.

합성 명제는 합성 명제가 가질 수 있는 진리 값에 따라서 항진명제, 모순명제, 사건명제로 나뉜다. 항진명제는 늘 참이 명제다. 쉽게 말해서 '세상에는 착한 사람이 있거나 세상에는 착하지 않은 사람이 있다.'라는 명제가 항진명제다. 이건 상식적으로 생각해도 당연한 이야기다. 항진명제를 만드는 방법은 간단한데, 앞에서 든 항진명제에 그 힌트가 담겨 있다. '세상에는 착한 사람이 있다.'란 명제를 p라 한다면, 예에서 든 항진명제는 p ∨ ~p로 쓸 수 있다.

앞에서 예를 든 항진명제의 진위 여부를 진리 값으로 살펴본다면 p가 거짓이라면 ~p가 참이 된다. 따라서 논리합의 정의에 따라서 p ∨ ~p는 참이 된다. 반대로 p가 참이라면 ~p는 거짓이 되지만, 논리합의 정의에 따라서 p ∨ ~p는 참이 된다. 말하자면 항진명제는 그 구조상 항진명제를 이루는 개별 명제의 진위에 관계없이 늘 참이 되는 셈이다.

항진명제와 달리 모순명제는 늘 거짓이 되는 명제다. 예를 들면 '이 물감은 흰색이고 이 물감은 흰색이 아니다.'라는 명제가 모순명제에 해당한다. 모순명제도 상식적으로 생각해보면 늘 거짓이 된다. 앞에서 든 예처럼, 물감이 흰색이면서 흰색이 아닐 수 없기 때문이다. '이 물감은 흰색이다.'를 명제 p라 한다면, 앞에서 든 모순명제는 p ∧ ~p로 쓸 수 있다.

모순명제의 진위 여부를 진리 값으로 살펴보자. 명제 p가 참이라면 ~p는 거짓이 된다. 논리곱의 정의에 따라서 두 명제가 모두 참이 아니라면 논리곱은 거짓이 된다. 따라서 모순명제 p ∧ ~p는 거짓이 된다. 반대로 명제 p가 거짓이라면 ~p는 참이 되므로 마찬가지로 논리곱으로 이루어진 모순명제 p ∧ ~p는 거짓이 된다. 모순명제도 항진명제와 마찬가지로 합성 명제를 이루는 단위 명제의 진위에 관계없이, 모순명제의 구조적 특성으로 늘 거짓이 된다.

마지막으로 살펴볼 합성 명제는 사건명제다. 사건명제는 사건명제를 이루는 개별 명제에 따라서 진위 여부가 달라지는 명제다. 이 말이 약간 이상하게 느껴지는 독자도 있을 것이다. 명제란 참과 거짓으로 판단할 수 있는 것이기 때문에, 진위 여부가 달라지지 않기 때문이다. 이 문장이 이상하게 느껴지는 독자를 위해 좀 더 설명하겠다. 어떤 문장이 있다고 해보자. 이 문장은 아직 참과 거짓으로 판단하지 않았지만, 판단을 하면 이 문장은 참과 거짓 중 하나가 된다고 해보자. 그렇다면 이 문장은 명제라고 할 수 있다.

이게 무슨 소리인가 싶은 독자를 위해 다시 예를 하나 들어보자. '대한민국의 수도는 서울이다.'라는 문장이 있다고 하자. 앞에서 처음부터 이 문장을 명제라고 정의했다. 하지만 이번에는 그냥 문장이라고 하자. 이 문장을 읽고 해석할 수 있는 사람이라면 이 문장의 참과 거짓을 구분할 수 있다. 따라서 이 문장을 읽은 사람이 이 문장은 참인 명제라 이야기할 것이다. 하지만 'x 더하기 1은 2이다.'란 문장은, 이 문장을 읽는 것만으로 이 문장의 진위 여부를 단정 지을 수 없다. 왜? x가 무슨 값인지 누군가는 정의해줘야 하기 때문이다.

항진명제나 모순명제는 각각을 이루는 문장이 명제라 한다면, 각 명제의 진위 여부에 관계없이 늘 참이 되거나 늘 거짓이 되는 명제다. 따라서 개별 명제의 진위는 중요하지 않다는 뜻이다. 하지만 'x 더하기 1은 2이다.'라는 문장을 사용해 항진명제나 모순명제를 이루는 형식의 합성 명제를 만들었다고 하더라도, 누군가 x의 값을 정의하기 전에는 명제가 되지 않기 때문에, 이런 문장을 가지고 명제를 만든다 하더라도 항진명제나 모순명제의 진리 값을 정할 수 없다.

항진명제나 모순명제는 그 성질상 늘 참이고 늘 거짓인 명제다. 이런 명제가 실생활에서 도움이 될까? 이 글을 읽는 대다수의 독자는 프로그램을 작성해본 경험이 있을 것이다. 내 경험담을 하나 들려주겠다. 고객이 내가 개발한 소프트웨어를 수정해달라는 요청을 했다. 프로젝트 막바지여서 요구사항을 반영하면 일정이 초과될 것 같았다. 나는 고객에게 고치는 데 시간이 필요하다는 걸 설명했다. 내 설명을 들은 고객은 이렇게 말했다.

"저도 프로그램을 짜봐서 아는데요. if 문하고 for 문 몇 개 쓰면 고칠 수 있는 것 아닌가요?"

고객의 단순함에 나는 적지 않게 당황했다. 물론 프로그램을 작성해본 사람이라면 if 문이나 for 문의 중요성에 대해 누구나 공감할 것이다. 하지만 그렇다고 if나 for 문이 전부는 아니다. 그 고객의 주장처럼 if가 프로그램의 전부는 아니지만 if는 프로그램을 작성할 때 꼭 필요하다. if란 입력과 상황에서 이런 경우도 있고 저런 경우도 있다는 뜻이다. 즉 그때그때 조건이 달라진다는 의미인데, 항진명제나 모순명제는 세상이 두 쪽이 나도 늘 참이고 거짓이기 때문에, 프로그램을 작성할 때 그다지 유용하지 않다. 따라서 합성 명제 중 항진명제와 모순명제를 제외하고 진위 여부가 늘 고정되지 않은 사건명제가 의미가 있다.

이번 장에서 마지막으로 살펴볼 것은 조건명제다. '핸드폰을 떨어트리면 핸드폰이 고장 난다.'라는 명제가 있다고 해보자. 이 명제는 '핸드폰을 떨어트린다.'와 '핸드폰이 고장 난다.'라는 두 문장이 결합된 것이다. 여기서 굳이 명제라고 쓰지 않은 이유는 참과 거짓을 논하기 전임을 밝혀두기 위해서다. 두 문장은 '~라면'으로 결합되어 있는 것으로, 앞 문장은 조건에, 뒷 문장은 결론에 해당한다. 이처럼 조건과 결론으로 결합된 명제를 조건명제라 한다. '핸드폰을 떨어트린다.'를 명제 p라고, '핸드폰이 고장 난다.'를 명제 q라고 하면, 조건명제는 → 기호를 사용해 p → q라고 간단히 표기할 수 있다.

만약에 '핸드폰을 떨어트리면 핸드폰이 고장 난다.'라는 조건명제가 참이라고 해보자. 그렇다면 핸드폰을 떨어트리면 핸드폰이 고장 나는 건 분명하다. 즉 핸드폰을 고장내려면 핸드폰을 떨어트리는 것만으로 '충분'하다. 하지만 누군가가 당신에게 고장 난 핸드폰을 줬을 때, 이 핸드폰이 떨어져서 고장 났다고 단정할 수 있을까? 물론 눈으로 봤을 때 액정에 금이 가고 모서리가 깨졌다면 핸드폰이 떨어져서 고장 났다고 생각할 수 있지만, 외관에 이상이 없는데 핸드폰이 고장 났다면 핸드폰이 떨어져서 고장 났다고 단정 지을 수 없다.

말하자면 핸드폰이 고장 날 가능성은 매우 많다. 물에 빠트려서 고장이 날 수도 있고 충전기가 과전류를 통과시켜서 망가질 수도 있다. 핸드폰을 떨어트리지 않아도 핸드폰은 고장 날 수 있다. 즉 핸드폰이 고장 난 것만 봐서는 핸드폰을 떨어트렸는지 파악하는 데 충분하지 않다. 하지만 핸드폰을 떨어트렸는지 확인하려면 일단 고장이 났는지는 봐야 한다. 그래서 핸드폰이 고장 난 것은 핸드폰을 떨어트렸는지 알기 위한 '필요조건'이라 한다.

핸드폰을 떨어트렸고 핸드폰이 고장 난 경우는 특별히 p ⇒ q라 쓰고 앞에서 설명했듯이 p는 q이기 위한 충분조건 혹은 q는 p이기 위한 필요조건이라고 말한다. 이 경우는 왜 특별대우를 할까? 조건명제는 인과관계를 표현한 게 아니다. 성냥으로 종이에 불을 붙이면 불이 나는 것보다 까마귀 날자 배 떨어지는 것에 가깝다. 따라서 p → q라 쓰면 이 경우는 p는 일개 가정에 불과하다는 뜻이다. 하지만 조건에 해당하는 명제도 참이고 결론도 참이라면, 이 조건명제는 인과관계는 아닐 수 있지만 거기서 의미를 찾을 수 있다는 뜻이다.

조건명제의 현실적인 예를 하나 더 살펴보면서 이번 장을 마쳐보자. '눈이 오면 내 집 앞을 쓴다.'라는 조건명제가 있다. 이 명제는 '눈이 온다.'와 '내 집 앞을 쓴다.'로 나누어 쓸 수 있다. '눈이 온다.'를 명제 p라 두고 '내 집 앞을 쓴다.'를 명제 q라 쓰자. 눈이 온다면 내 집 앞을 쓰는 것은 당연하다. 내 집 앞 눈을 치우지 않아 행인이 넘어지면 큰일이 난다. 물론 이런 이유가 아니더라도 통행의 편의를 위해 눈이 오면 눈을 치우는 게 좋다. 조건명제의 관점으로 살펴보면 p가 참이고 q도 참인 셈이다.

하지만 눈이 오지 않아도 내 집 앞을 쓸 수 있다. 쓰는 대상이 눈이 아닌 먼지가 되지만 말이다. 즉 조건이 참이 아니더라도 결론이 참일 수 있다는 뜻이다. 따라서 조건명제는 조건에 관계없이 결론이 참이면 참이 될 수 있다. 정리하자면 p가 참이든 거짓이든 상관없이 q가 참이면 조건명제는 참이 된다. 마지막으로 살펴볼 경우는 눈이 오지 않으면 내 집 앞을 쓸지 않는 것이다. 이건 상식적으로 생각해보면 타당하다. 물론 눈이 안 와도 내 집 앞을 쓰는 경우도 있지만, 이건 이미 살펴봤다. 말하자면 이 경우는 조건이 거짓이면 결론도 거짓인 셈이다. 이 경우 조건명제는 참이다. 이상의 경우를 정리해서 조건명제의 진리표를 쓰면 다음과 같은 결론을 얻을 수 있다.

명제	p	q	p → q
진리 값	T	T	T
	T	F	F
	F	T	T
	F	F	T

정 리

1. 참과 거짓을 구분할 수 있는 문장이나 수식을 명제라 한다. 예: 서울은 대한민국의 수도다. 1 더하기 1은 3이다.

2. 논리 연산자로는 부정, 논리곱, 논리합이 있다.

3. 부정이란 명제를 부정하는 것으로, 명제의 진리 값이 참이면 부정은 거짓이, 명제의 진리 값이 거짓이면 참이 된다.

4. 논리곱은, 두 명제가 있을 때 두 명제가 모두 참인 경우 참이 된다.

5. 논리합은, 두 명제가 있을 때 두 명제 중 적어도 하나가 참인 경우 참이 된다.

6. 합성 명제란, 논리 연산자로 결합된 명제다.

7. 합성 명제로는 항진명제, 모순명제, 사건명제가 있다.

8. 항진명제란, 명제를 구성하는 명제의 진위 여부에 관계없이 늘 참이 되는 명제다.

9. 모순명제란, 명제를 구성하는 명제의 진위 여부에 관계없이 늘 거짓이 되는 명제다.

10. 사건명제란, 명제를 이루는 개별 명제의 진위 여부에 따라서 진위가 달라지는 명제다.

11. 조건명제란 '~라면'으로 결합되는 합성 명제로, 조건과 결론으로 구성되는 명제다.

8<small>장</small> 확률, 명제를 만나다!

이번 장은 1부의 확률과 2부에서 다룬 명제 논리를 엮는 시간이다. 누구나 그렇지만 개인적으로 좋은 영화라고 평가하는 건, 얽힌 실타래처럼 꼬여 있던 소재들이 어느 순간에 질서정연한 퍼즐 조각처럼 맞아떨어지는 줄거리를 가진 영화다. 사실 이 책도 개인적으로 좋아하는 영화처럼 각 장에서 풀어놓은 소재들이 확률적 프로그래밍이라는 틀 안에서 딱딱 맞아떨어지게 쓰려고 노력했다. 어쩌면 이번 장이 재미있는 영화에서 중요한 실마리의 의미가 파헤쳐지는 순간이라 생각한다. 아무쪼록 독자들도 내 기대처럼 그렇게 느끼기 바라며 8장을 시작하겠다.

철수가 있다. 철수는 나와 이 글을 읽는 독자들의 친구다. 철수와 오랜만에 저녁 약속을 잡았다. 약속한 식당에서 친구 철수를 기다리고 있다. 문을 열고 들어오는 철수와 당신은 손인사를 건넨다. 자리에 앉은 철수가 갑자기 심한 기침을 한다. 그 모습을 본 당신은 철수의 건강이 걱정된다. 평소에 담배를 많이 피우고 환절기면 감기에 잘 걸린다는 게 기억난 당신은, 머릿속에 이런 생각이 떠오른다.

'철수가 감기에 걸렸거나 담배를 피운다면, 기침을 한다.'

7장에서 명제 논리를 배운 당신은 이를 다음과 같이 명제로 표현할 수 있다는 생각이 들었다.

감기 ∨ 담배 ⇒ 기침

오호, 이런 논리합을 사용해 조건명제를 구성한 당신은 이 책을 읽기 잘했다는 생각이 들었다. 조건명제를 만들었으니 이 명제의 진리 값을 조사해보자. 진리 값을 살펴보려면 진리표가 필요하다는 사실을 당신은 잘 안다. 7장에서 배운 내용을 활용해 진리표를 구해보자. '감기에 걸렸다.', '담배를 피운다.', '기침을 한다.'라는 각 명제의 참과 거짓을 조합해 진리표를 만들어야 하기 때문에 가능한 조합은 총 여덟 가지다. 다음과 같은 진리표가 가능하다.

명제	감기	담배	기침
진리 값	T	T	T
	T	T	F
	T	F	T
	T	F	F
	F	T	T
	F	T	F
	F	F	T
	F	F	F

용어 하나를 정의하고 가자. 세계world라는 것이다. 우리가 사는 세계가 아니라, 명제가 존재하는 세계다. 세계는 명제의 특정 값의 조합을 뜻한다. 철수에 대한 조건명제가 가질 수 있는 세계는 총 여덟 가지다. 쉽게 말해서 감기에도 걸리고 담배도 피우며 기침도 하는 세상이 있다. 위의 표에서 감기, 담배, 기침이 각각 참인 행이 바로 여기에 해당한다. 감기에 걸리지 않고 담배도 피우지 않으며 기

침도 하지 않는 세상도 있다. 위의 진리표에서는 감기, 담배 기침이 각각 거짓인 행이 이 경우다. 세계를 사용해 위의 진리표를 표시하면 다음과 같다.

세계	감기	담배	기침
w1	T	T	T
w2	T	T	F
w3	T	F	T
w4	T	F	F
w5	F	T	T
w6	F	T	F
w7	F	F	T
w8	F	F	F

다시 정리하자면 감기에도 걸리고 담배도 피우고 기침도 하는 세상은 w1이다. 이에 반해 감기도 안 걸리고 담배도 안 피우고 기침도 안 하는 세상은 w8이다. 이런 식으로 정리하면 앞서 이야기했듯이 조건명제가 성립할 수 있는 세계는 총 8개다. 세계라는 개념도 정리했으니 각 세계가 실재로 가능할 수 있는지 명제 논리 관점에서 살펴보자. 우선 w1은 어떨까? 감기에도 걸리고 담배도 피우니 기침을 하는 건 당연하다.

w2는 감기도 걸렸고 담배도 피운다. 하지만 기침은 하지 않는다. 이건 명제 논리 관점에서 보면 결론이 거짓이기 때문에 가능하지 않다. w3은 어떨까? 감기는 걸렸지만 담배는 피우지 않는다. 조건을 이루는 두 명제가 논리합으로 연결되기 때문에 둘 중 하나라도 참이면 조건은 참이 된다. 따라서 조건도 참이고 결론도 참이기 때문에 w3은 가능한 세계다. w4는 w3과 조건은 동일하고, 결론만 거짓으로 다르다. 조건은 참이지만 결론이 거짓이기 때문에 w4는 거짓이 된다.

w5는 감기는 걸리지 않았지만 담배는 피우고, 기침을 한다. 따라서 조건도

참이고 결론도 참이기 때문에, w5는 가능하다. w6은 w5와 조건은 같지만 결론이 거짓으로 다르다. 조건이 참이고 결론이 거짓이기 때문에 가능하지 않다. w7은 감기에 걸리지 않았고 담배도 피우지 않기 때문에 조건은 거짓이지만, 결론이 참이기 때문에 가능하다. 마지막으로, w8은 조건도 거짓이고 결론도 거짓이다. 감기도 걸리지 않고 담배도 안 피우니 당연히 기침을 하지 않는다. 따라서 w8도 가능하다. 이상의 결과를 정리해서 진리표를 갱신하면 다음의 결과를 얻을 수 있다.

세계	감기	담배	기침	가능 여부
w1	T	T	T	Yes
w2	T	T	F	No
w3	T	F	T	Yes
w4	T	F	F	No
w5	F	T	T	Yes
w6	F	T	F	No
w7	F	F	T	Yes
w8	F	F	F	Yes

위의 표를 찬찬히 살펴보면 이상과 현실이 맞지 않는 것을 찾을 수 있다. 7장에서 조건명제는 조건이 참이고 결론이 거짓이면 그 조건명제는 거짓이 된다고 했다. 물론 명제 논리 측면에서 바라보면 맞다. 이 경우에 해당하는 게 위의 표에서 w2이다. 감기에 걸리고 담배를 피우는데 기침을 하지 않는 경우다. 즉 이 경우는 명제 논리 측면에서 보면 조건은 참이고 결론은 거짓이기 때문에 이 조건명제 자체는 거짓이 된다.

논리는 그런데 현실에서도 과연 그럴까? 우리가 생각하기에는 감기와 흡연이 기침의 원인이라 단정 지었지만, 철수가 아닌 희철이는 감기에 걸렸고 담배도 피우지만 특이하다 보니 기침을 하지 않을 수도 있다. 이런 경우가 희철이에 한

정된 경우, 예를 들어 감기에 걸렸고 담배를 피우는 사람이 한 100명 정도 되는데, 그중 희철이만 유일하게 기침을 하지 않는다고 하더라도, 위의 진리표에 있는 것처럼 흡연하고 감기에 걸린 사람은 기침을 하지 않는다고 말하는 건 거짓이라고 말할 수 없다. 담배를 피우고 감기에 걸린 백 명 중에 한 명인 희철이는 기침을 하지 않기 때문이다.

정리하자면 우리는 오랜만에 만난 철수가 기침을 하는 이유를 알아내기 위해, 감기에 걸리거나 담배를 피운다면 기침을 한다는 조건명제를 만들었다. 이것은 일종의 모델과 같다. 그런데 이 조건명제를 사용해 그 원인을 찾아보면 세상이 참과 거짓으로 딱 구분되는 것처럼 보인다. 하지만 세상은 그렇지 않다. 세상에는 참인 것 같으면서 거짓이고 거짓인 줄 알았는데 참인 경우가 많다.

이런 세상을 애매모호한 글로 표현해 현실을 모사할 수는 있겠지만, 그 현실을 컴퓨터에게 이해시키거나 프로그래밍하기는 더 힘들다. 모호한 세상이지만 그 모호함을 수학적으로 다룰 수 있는 도구가 필요하다. 모호함을 다루는 도구라…… 어디서 많이 들어본 말 같지 않은가?

바로 1부에서 그렇게 다루었던 확률의 특성과 일치한다. 반드시 일어나는 일은 1, 즉 100퍼센트로 표현하고 전혀 일어나지 않은 일은 0퍼센트로 표시하며, 그 사이에 있는 적당한 확실성과 모호함은 0과 1 사이의 값으로 나타낸다. 하지만 우리의 논리를 표현하는 데는 명제 논리만 한 것이 없다. 그렇다고 참과 거짓의 잣대로 세상을 판단하는 명제 논리로는 복잡다단한 세상을 표현하기가 힘들다. 따라서 명제 논리와 확률은 서로를 보완할 수 있다.

명제 논리에 참과 거짓을 들이대는 대신, 그 명제가 일어날 믿음을 수치화한 확률 값을 부여한 것, 바로 주관적 확률을 사용해 명제의 가능성을 표현하는 방법을 사용하면 어떨까? 앞에서 알아본 표에서 가능 여부 대신에, 그 명제가 일어날 가능성을 나타낸 확률을 부여해보자. 이 확률은 다양한 방법으로 구할 수 있지만, 일단 상식적인 수준에서 이런 값이 가능하지 않을까라고 가정한 것이다.

세계	감기	담배	기침	확률
w1	T	T	T	0.1620
w2	T	T	F	0.0010
w3	T	F	T	0.0560
w4	T	F	F	0.0240
w5	F	T	T	0.0190
w6	F	T	F	0.0180
w7	F	F	T	0.0001
w8	F	F	F	0.7199

확률의 정의에 따라서 w1~w8이 발생할 확률을 더하면 반드시 1이 돼야 한다. 독자 여러분도 위의 표에서 맨 오른쪽 열에 있는 확률을 모두 더하면 1이 됨을 직접 확인해보기 바란다. w2의 경우를 다시 살펴보자. 조건이 참이지만 결론은 거짓인 이 경우, 명제 논리로 살펴보면 일어날 가능성이 없는, 즉 진리 값이 거짓인 경우였다.

하지만 현실에서는 감기도 걸리고 담배도 피우지만 기침을 하지 않는 경우도 있다. 우리의 또 다른 친구 희철이처럼 말이다. 친구 중에 유일하게 감기도 걸리고 담배도 피우지만 기침을 하지 않는 것을 확률로 표현하면 아마도 매우 작은 값을 부여하는 게 이치에 맞을 듯하다. 따라서 w2의 확률은 0.001로, 천 명 중 한 명 정도가 감기에 걸리고 담배도 피우는데 기침을 하지 않는다고 정했다. 어떤가? 명제 논리로 절대 이런 일은 벌어질 수 없다고 단정 짓는 것보다 좀 더 현실적이지 않은가!

w1과 w8을 비교해보자. w1은 감기에 걸리고 담배도 피우는데 기침을 하는 경우다. 이에 반해서 w8은 감기도 걸리지 않고 담배도 안 피우며 기침을 하지 않는 경우다. 진리 값으로 보면 w1이나 w8이 모두 참이다. 즉 모두 발생하는 일이란 뜻이다. 하지만 확률을 살펴보면 달라진다. w1의 경우 확률은 0.1620이고, w8

의 경우 확률은 0.7199이다. 즉 확률은 일어날 가능성이 더 많다는 뜻이므로 w8의 경우가 w1보다 더 자주 일어난다는 뜻이다. 이게 어떤 의미가 있을까?

환절기가 아니라면 일반적으로 감기에 걸리지 않은 사람이 감기에 걸린 사람보다 많다. 따라서 확률적으로 본다면 건강하고 담배도 피우지 않는 사람이라면 기침을 하지 않을 확률이, 감기에 걸리고 담배를 피는 사람이 기침을 할 확률보다는 클 것이다. 이런 미묘한 차이는 확률을 사용하지 않으면 수학적으로 표현할 수 없는 부분이다. 확률과 명제가 결합했을 때 어떤 장점을 얻을 수 있는지는 이 정도로 살펴보고, 확률이 부여된 진리표를 사용하여 1부에서 배운 확률 개념을 활용해 좀 더 심오한 명제와 확률의 랑데부에 대해 알아보자.

이상의 진리표에서 P(감기)는 어떻게 될까? 혹시 잊은 독자를 위해 설명하자면 P(감기)는 감기에 걸릴 확률을 말한다. 이 확률을 구하기 위해 감기가 참인 세상의 확률 값들을 모두 더하면 된다. 갑자기 점프를 하면 어려워할 독자들을 위해 좀 더 상세히 설명하겠다. 우리의 관심 대상은 감기에 걸린 사람들이다. 그런데 감기에 걸린 사람들 중에는 담배를 피우는 사람도 있고 안 피우는 사람도 있다. 아울러 기침을 하는 사람도 있고 멀쩡한 사람도 있다.

기준이 감기에 걸렸냐 아니냐이기 때문에 흡연 유무와 기침 여부는 관심 대상이 아니란 뜻이다. 따라서 감기에 걸린 사람들의 확률을 구하려면 확률이 부여된 진리표에서 감기 열^{column}이 참인 세상들의 합사건을 구하면 된다. 합사건이란 2개 이상의 사건이 있을 때 적어도 하나의 사건이 일어날 사건이다. 많은 독자가 기억하겠지만 합사건을 구하는 공식은 $P(W \cup B) = P(W) + P(B) - P(W, B)$, 이렇게 된다. 이 공식을 확장해 우리가 궁금해하는 P(감기)를 구해보자.

감기 열이 참인 세상을 살펴보면 w1, w2, w3, w4이다. 즉 다음 표에서 회색으로 칠한 행이 감기가 참인 사건이라는 뜻이다. 생각해보면 w1, …, w8은 상호배타적이다. 상호배타적이라는 의미는 w1 세상이 있는 경우 w2가 존재할 수 없다는 뜻이다. 따라서 P(w1, w2)는 0이다. 마찬가지로 w2와 w3 사이도 상호배타적이기 때문에 P(w2, w3)도 0이다. 이런 식으로 생각해보면 w1~w4 사이에는 곱사건이란 존재하지 않는다. 지금까지는 2개의 사건에 대한 합사건의 공식만 다뤘는데, 우리가 구하고 싶은 합사건은 사건이 4개인 경우다. 즉 $P(w1 \cup w2 \cup w3 \cup w4)$이다. 이 합사건을 구하려면 4개의 합사건에 대한 공식이 필요하다!

세계	감기	담배	기침	확률
w1	T	T	T	0.1620
w2	T	T	F	0.0010
w3	T	F	T	0.0560
w4	T	F	F	0.0240
w5	F	T	T	0.0190
w6	F	T	F	0.0180
w7	F	F	T	0.0001
w8	F	F	F	0.7199

4개의 합사건을 구하는 일반적인 공식은 그다지 어렵지 않지만, 이 책의 취지에 맞지 않기 때문에 설명하지 않겠다. 궁금한 독자는 직접 찾아보기 바란다. 그래도 다행인 것은 앞에서 살펴봤듯이 각 세계는 상호배타적이기 때문에 곱사건이 모두 0이 된다. 2개의 사건에 대한 합사건을 구하는 공식에서 보면, 곱사건이 0인 경우 두 사건의 합사건을 구하기 위해서는 각 확률을 더하면 된다. 따라서 곱사건이 없는 4개의 사건에 대한 합사건도 마찬가지로 각 확률을 더하기만 하면 된다는 걸 직관적으로 파악할 수 있다!

$$P(감기) = P(w1) + P(w2) + P(w3) + P(w4)$$
$$= 0.1620 + 0.0010 + 0.0560 + 0.0240 = 0.2430$$

그렇다면 감기에 걸리지 않을 확률은 어떻게 될까? 감기에 걸렸을 때를 계산한 것처럼 감기에 걸리지 않은 행들의 합사건을 구하면 된다. 이 방법 말고 다른 방법은 없을까? 확률은 그 특성상 어떤 사건이 발생할 확률과 그 사건이 발생하지 않을 사건(여사건)을 더하면 반드시 1이 나와야 한다. 이것을 이용하면 다음과 같이 쓸 수 있다.

$$P(감기) + P(\sim감기) = 1$$

감기에 걸릴 확률과 감기에 걸리지 않을 확률을 더하면, 즉 두 사건의 경우의 수를 구해보면 전체 표본 공간에 해당하므로, 두 확률을 더한 값은 1이 된다. 위의 식에서 P(감기)를 우변으로 넘기면 감기에 걸리지 않을 확률을 다음처럼 구할 수 있다.

$$P(\sim감기) = 1 - P(감기) = 1 - 0.2430 = 0.7570$$

지금까지 감기에 걸릴 확률과 감기에 안 걸릴 확률을 구한 경험을 살려서 담배를 피울 확률, 담배를 피우지 않을 확률, 감기에 걸리거나 담배를 피울 확률, 감기에 걸리고 담배도 피울 확률을 다음처럼 구할 수 있다.

$$\begin{aligned}
P(담배) &= P(w1) + P(w2) + P(w5) + P(w6) \\
&= 0.1620 + 0.0010 + 0.0190 + 0.0180 = 0.2 \\
P(\sim담배) &= 1 - P(담배) = 1 - 0.2 = 0.8 \\
P(감기 \cup 담배) &= P(w1) + P(w2) + P(w3) + P(w4) + P(w5) + P(w6) \\
&= 0.1620 + 0.0010 + 0.0560 + 0.0240 + 0.0190 + 0.0180 = 0.280 \\
P(감기, 담배) &= P(w1) + P(w2) = 0.1620 + 0.0010 = 0.1630
\end{aligned}$$

확률로서 각 세계가 발생할 가능성을 나타내니 진리 값을 사용해 참과 거짓을 이용한 경우보다 더 많은 정보를 표현할 수 있다는 걸 알 수 있다. 즉 담배를 피우지 않을 확률이 담배를 피울 확률보다 높다는 정보를 통해 비흡연자일 가능성이 높다는 것 등을 파악할 수 있다.

다시 이번 장을 시작하게 해준 우리의 친구 철수의 이야기로 돌아가 보자. 우리는 철수가 기침하는 모습을 보고 평소 철수의 흡연 습관과 감기에 걸린 게 아닌가라는 생각을 했다. 이런 생각을 기반으로 '철수가 감기에 걸렸거나 담배를 피운다면, 기침을 심하게 한다.'는 조건명제를 생각해냈다. 그런데 조건명제를 만들고 나서 조건명제만으로는 뭔가 더 유용한 정보를 얻기가 힘들다는 걸 깨닫고, 명제에 확률을 결합하는 위대한 진보를 이뤘다. 자, 그렇다면 명제와 확률을 결합함으로써 어떤 새로운 정보를 더 얻어낼 수 있을까?

사실 우리는 철수가 감기에 걸렸는지, 지금도 여전히 담배를 피우는지는 모른다. 단지 철수가 기침을 하는 모습을 보고 나서 철수가 감기에 걸렸거나 담배를 여전히 피우는 게 아닐까라는 추측을 한 것이다. 그렇다면 우리의 판단이 옳은지 그른지를 판단하기 위해서는 기침하는 모습을 봤을 때 감기에 걸렸을 가능성과 흡연을 했을 가능성을 알아야 하지 않을까? 왠지 쓰고 보니 조건부 확률의 냄새가 난다.

즉 기침을 하는 사건이 주어졌을 때 감기에 걸릴 조건부 확률을 구하면 우리의 믿음이 얼마나 확실한 것이지 알 수 있다는 뜻이다. 이것을 기호로 나타내면 P(감기 | 기침)이 된다. 조건부 확률은 어떻게 구했더라? 조건부 확률을 구하는 방법을 다시 간단히 살펴보자. 조건부 확률을 구하기 위해서 주어진 사건을 사용해 표본 공간을 축소하고 축소된 표본 공간에서 관심이 있는 사건이 일어날 경우의 수를 구해서 축소된 표본 공간의 개수로 나눴다. 이야기는 긴데 4장에서 다룬 공식을 사용해 P(감기 | 기침)을 다음과 같이 쓸 수 있다.

$$P(감기 \mid 기침) = \frac{P(감기, 기침)}{P(기침)}$$

이 조건부 확률을 구하기 위해 표본 공간을 기침을 하는 경우로 축소해야 한다. 기침이 참인 경우를 진리표에서 찾아보면 진리표에서 회색으로 표시한 행이 된다. 기침을 하는 표본 공간 속에서 감기에 걸린 세계를 찾아내면 된다. 기침이 참인 세계는 w1, w3, w5, w7이고, 이 중에서 감기에도 걸린 세계는 w1, w3이다.

세계	감기	담배	기침	확률
w1	T	T	T	0.1620
w2	T	T	F	0.0010
w3	T	F	T	0.0560
w4	T	F	F	0.0240
w5	F	T	T	0.0190
w6	F	T	F	0.0180
w7	F	F	T	0.0001
w8	F	F	F	0.7199

진리표에서 찾은 세계를 사용해 조건부 확률을 구하면 다음과 같다.

$$P(감기, 기침) = P(w1) + P(w3) = 0.1620 + 0.0560 = 0.218$$

$$P(기침) = P(w1) + P(w3) + P(w5) + P(w7)$$
$$= 0.1620 + 0.0560 + 0.0190 + 0.0001 = 0.2371$$

$$P(감기 \mid 기침) = \frac{P(감기, 기침)}{P(기침)} = \frac{0.218}{0.2371} = 0.919$$

P(감기 | 기침)은 0.919를 얻었다. 이게 뜻하는 바는 무엇일까? 앞에서 감기에 걸릴 확률 P(감기)는 0.243이라는 결과를 얻었다. 즉 아무런 정보 없이 우리가 철수를 만났다면 철수가 감기에 걸렸을 확률은 약 24퍼센트라는 뜻이다. 하지만 자리에 앉자마자 철수가 기침하는 모습을 목격했다면, 우리는 철수가 감기에 걸렸을 확률은 약 92퍼센트라고 말할 수 있다.

정리하자면 '철수가 감기에 걸렸거나 담배를 피운다면, 기침을 심하게 한다.'라는 조건명제, 일종의 모델을 가지고 추론을 했을 때, 우리는 조건부 확률을 통해 철수가 감기에 걸렸을 가능성이 매우 높다고 판단할 수 있다는 뜻이다. 여기서 다시 한 번 베이지안 확률의 실용성을 알 수 있다.

즉 현실에서도 사람들은 베이지안과 비슷하게 추론을 하기 때문이다. 오랜만에 본 철수를 우리는 밑도 끝도 없이 감기에 걸렸다고 생각할 수 없다. 철수가 기침하는 모습을 보고 나면, 아 철수가 감기에 걸렸을 가능성이 있구나 하고 생각하게 된다. 즉 증거를 보고 나서 우리의 믿음을 수정하는 셈이기 때문이다. 마지막으로, 몇 가지 확률을 구하면서 확률과 명제의 랑데부를 소개한 이번 장을 끝내겠다.

기침을 하는 철수에게 아직도 담배를 피우는지 물었다. 철수는 담배 값이 너무 올랐을 때부터 금연을 했다고 한다. 이 이야기를 듣자, 우리는 철수가 기침을 하는 주요 원인 후보였던 흡연이 없어졌음을 알았다. 자, 그렇다면 이 경우 기침을 하는 이유가 감기일 확률은 어떻게 될까? 이 사실을 확인하려면 P(감기 | 기침, ~담배)를 구해야 한다.

$$P(감기 \mid 기침, \sim담배) = \frac{P(감기, 기침, \sim담배)}{P(기침, \sim담배)}$$

$$P(기침, \sim담배) = P(w3) + P(w7) = 0.0560 + 0.0001 = 0.0561$$

$$P(감기, 기침, \sim담배) = P(w3) = 0.0560$$

$$P(감기 \mid 기침, \sim담배) = \frac{P(감기, 기침, \sim담배)}{P(기침, \sim담배)} = \frac{0.0560}{0.0561} = 0.998$$

처음에 철수가 기침을 하는 모습을 보고 감기에 걸렸을 가능성을 추정했을 때 약 92퍼센트였다. 그러고 나서 추가적으로 철수가 금연한 사실을 알게 되어, 기침의 주요 원인 후보였던 흡연을 후보군에서 제외할 수 있게 됐다. 따라서 철

수의 기침의 원인은 감기라고 확신할 수 있게 됐다. 즉 P(감기 | 기침, ~담배) 확률이 거의 100퍼센트로, 감기라는 증거만을 가지고 확률을 구했을 때보다 훨씬 커졌기 때문이다.

정 리

1. 세계란, 진리표상의 각 명제가 존재하는 것을 의미한다.

2. 확률과 명제를 결합함으로써 각각을 따로 사용할 때보다 더 풍부한 표현과 정보를 얻을 수 있다.

9장 이제 추론이란 걸 해보자, 베이지안 네트워크 소개

8장에서 우리는 오랜만에 친구 철수를 만났다. 철수가 기침하는 모습을 보고 진리표와 베이지안 확률을 사용해 철수가 감기에 걸렸을 가능성이 높다는 결론을 얻었다. 진리표를 만들기 위해 '감기에 걸렸다.', '담배를 핀다.', '기침을 한다.'라는 명제를 도출하고, 이렇게 도출된 명제의 진리 값을 조합했다. 명제 3개를 조합했기 때문에 총 여덟 가지의 세계가 나왔다. 만약 고려해야 하는 명제의 개수가 10개라면 진리표의 행의 개수는 1,024가 될 것이다(2의 10승이기 때문이다). 즉 고려해야 하는 명제의 개수가 늘어나면 진리표의 크기도 엄청나게 커진다는 뜻이다.

철수의 예에서 기침의 원인으로 감기와 흡연을 지목했는데, 덕분에 조건명제, 즉 모델이 매우 간단했다. 하지만 우리가 사는 세상은 이렇게 간단한 모델로 설명되지 않을 때가 더 많다. 한 가지 예를 들어보자. 대학생인 희수는 확률개론 기말고사 점수를 보고 놀랐다. 100점을 맞을 것이라고 생각했는데 90점이 나왔기 때문이다. 열심히 공부했기 때문에 100점을 확신해서, 더욱 성적이 이상하다는 생각이 들었다.

혹시 교수님이 채점을 맞게 했지만 성적 관리 시스템에 점수를 잘못 입력하신 게 아닐까 싶었지만, 평소에 교수님이 무척 꼼꼼하시다는 사실을 떠올리자 그럴 가능성이 낮다는 생각이 들었다. 갑자기 마지막 문제를 풀고 나서 검산을 하지 않은 게 생각났다. 혹시 마지막 문제가 틀린 게 아닐까라는 의심이 들었다. 하지만 과탑인 철수하고 마지막 문제의 답을 맞춰본 기억이 났다. 철수하고 답을 맞춰봤을 때 분명히 철수하고 같은 답을 썼다는 걸 확인한 것 같다.

답안지를 제출할 때 답안지를 찍은 스테이플러 철심이 꽉 찍히지 않은 게 떠올랐다. 마지막 문제를 푼 답안지가 분실된 건 아닌지 의심이 들었다. 희수의 머릿속은 복잡했다. 더 이상 고민해봤자 원인이 무엇인지 알 수 없을 것 같았다. 결국 교수님하고 면담해서 성적이 왜 이렇게 나왔는지 확인해야겠다는 결론을 얻었다.

희수와 같은 경험을 한 독자가 분명히 있을 것이다. 희수는 자신이 예상한 점수가 나오지 않자 여러 가지 원인에 대해 확률적으로 가능성을 판단하려고 했다. 사고 과정에서 사용된 명제나 사건이 매우 많다. 생각이 꼬리에 꼬리를 물고 일어나기 때문이다. 사용된 명제가 많기 때문에 진리표를 사용해 표현하면 진리표가 무척 커진다. 이렇게 되면, 원인과 결과가 눈에 잘 들어오지도 않는다. 자, 그렇다면 다양한 원인과 결과를 두고 추론을 해야 할 때는 어떤 표현 방법을 사용하면 좋을까?

바로 베이지안 네트워크를 사용하면 된다. 베이지안 네트워크란 특정 상황에 대한 지식을 원인과 결과의 형태로 표기하는 그래프다. 베이지안 네트워크는 명제에 해당하는 것을 노드^{node}(원 모양)로 표시하고 그 명제를 대표하는 이름을 부여한다. 이 이름을 변수라고 부르기도 한다. 노드로 변수를 표시한 다음, 원인이 되는 명제에서 결론이 되는 명제로 선^{edge}을 긋는다. 이렇게 원인과 결과를 모두 연결하고 나면 베이지안 네트워크가 완성된다.

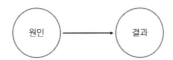

원인과 결과를 연결할 때 반드시 방향이 한쪽 방향으로만 연결돼야 한다. 원인이 되는 명제에서 결과가 되는 노드로 선이 나갔는데, 반대로 결과가 되는 명제에서 원인이 되는 명제로 선이 다시 들어가면 안 된다. 원인에서 결과로 선이 그어지고, 원인이 결론이 되고 결론이 원인이 되지 않아야 하기 때문에, 베이지안 네트워크를 방향성 비순환 그래프$^{DAG, Directed Acyclic Graph}$라고 한다. 베이지안 네트워크를 사용해 희수의 점수에 대한 추론을 그려보면 다음과 같다.

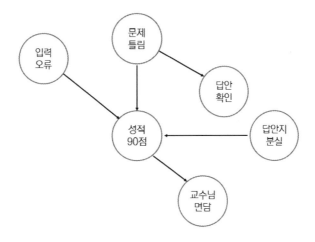

확실히 말로 쓰는 것보다 생각의 흐름을 베이지안 네트워크로 정리하니 눈에 더 잘 들어온다. 희수가 생각에 사용했던 명제를 사용해 진리표를 작성한다고 하자. 희수가 사용한 명제는 '입력에 오류가 있다.', '문제가 틀렸다.', '철수에게 답안을 확인했다.', '성적이 90점이다.', '답안지를 분실했다.', '교수님과 면담한다.'이고 총 6개다. 명제 6개를 사용해 진리표를 작성한다면 진리표의 행의 개수는 64가 된다. 굳이 여기서 이 진리표를 작성하지는 않겠지만, 진리표를 보지 않더라도 베이지안 네트워크가 희수의 생각을 일목요연하게 보여주는 데 더 효과적임을 알 수 있다.

하지만 그래프로 표현한 것만으로 베이지안 네트워크를 그렸다고 할 수 없다. 각 노드가 발생할 수 있는 확률도 같이 표기해야 한다. 노드가 의미하는 명제가 발생할 수 있는 확률을 수학적으로 계산하기 위해서다. 우선 희수의 베이지안 네트워크에서 입력 오류 노드의 확률을 살펴보자. 희수는 교수님이 매우 꼼꼼하시기 때문에 성적 관리 시스템에 데이터를 잘못 입력할 확률이 매우 낮다고 생각했다. 따라서 '입력 오류' 노드의 확률은 다음과 같을 것이다.

입력 오류	P(입력 오류)
T	0.001
F	0.999

교수님과 면담을 해야 하는 노드의 확률은 어떻게 될까? 이 노드의 확률은 원인에 해당하는 '성적이 90점이다.'의 진리 값에 영향을 받는다. 즉 '성적이 90점이다.'라는 사건이 주어졌을 때 '교수님과 면담한다.'는 사건이 발생할 확률을 구하는 것이기 때문에, 조건부 확률을 사용해 나타낼 수 있다. 즉 성적이 90점이라면 희수는 교수님과 반드시 면담을 할 것이다. 따라서 이 경우는 확률이 매우 높을 것이다. 반대로 성적이 90점이 아니라면, 즉 100점이라면 교수님과 면담을 할 필요가 없기 때문에 이 확률은 매우 낮을 것이다. 이 상황을 확률을 부여한 진리표로 나타내면 다음처럼 된다(베이지안 네트워크에서의 확률은 이후의 장에서 다시 다룬다. 여기서는 간단한 소개로 마무리하겠다).

성적 90점	교수님 면담	P(교수님 면담 | 성적 90점)
T	T	0.99
T	F	0.01
F	T	0.001
F	F	0.999

이상의 결과를 정리하면, 베이지안 네트워크를 사용할 경우 원인과 결과를 직관적인 그래프로 나타내기 때문에 진리표보다 이해가 쉽다. 여기서 그치는 것이 아니라 각 노드가 발생할 수 있는 확률을 부여함으로써 정량적으로 각 노드의 확률을 계산할 수 있다. 베이지안 네트워크를 사용하면 이 두 가지 정도의 이득만 있을까? 아니다. 베이지안 네트워크를 사용하면 궁극적으로 이 책에서 확률적 프로그램을 통해 하고 싶은 인공지능을 구현할 수도 있다. 바로 추론 말이다. 그렇다면 베이지안 네트워크를 사용해 어떻게 추론을 할 수 있을까? 한 가지 예를 들어 그 방법을 살펴보자.

당신 집에는 도난경보기가 설치되어 있다. 이 도난경보기는 도둑이 집에 침입했을 경우 작동을 하는데, 불행하게도 오작동하는 경우가 있다. 예를 들어 지진이 난 경우 도둑이 침입한 걸로 오인해서 도난경보기가 작동할 때가 있다. 여행을 가거나 집에서 멀리 떨어져 있는 경우, 도난경보기가 울리면 이웃집에 사는 철수가 전화를 해줄 때가 있다. 집을 비웠을 때 철수가 전화로 도난경보기가 작동했다고 알려줬다. 그렇다면 과연 도난경보기는 도둑이 침입해서 작동했을까, 아니면 지진 때문에 발생했을까?

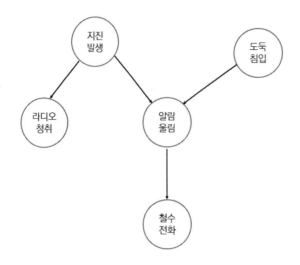

　도난경보기가 오작동할 때도 있다는 걸 알기 때문에 단순히 철수가 전화로 알려준 사실만으로는 도둑이 침입했는지 알 수 없다. 만약 철수가 경보 사실을 알려줄 때 라디오를 통해 집 근처에서 지진이 발생했다는 걸 듣게 된다면 우리는 도난경보기가 도둑의 침입 때문에 발생한 게 아니라고 결론을 내릴 수도 있다. 도난경보기 사례를 베이지안 네트워크로 그려보자. 여러분도 시험 삼아서 도난경보기 사례를 베이지안 네트워크로 표기해보자.

　이렇게 베이지안 네트워크를 그리고 나면 다양한 추론을 해볼 수 있다. 이런 경우는 어떨까? 철수가 전화를 했을 때 도둑이 침입했다고 단정 지을 수 있을까? 물론 베이지안 네트워크를 사용하면 이런 추론을 할 수 있다. 철수가 전화를 한 사건이 주어졌을 때 도둑이 침입할 조건부 확률을 구하면 된다. 물론 어떻게 구하는지도 중요하지만 구체적으로 이것을 구하는 방법은 다음에 알아보고, 여기서는 구할 수 있다고 가정하자. 앞에서 설명한 조건부 확률 P(도둑 침입 | 철수 전화)를 구한 다음, 이 값이 일정 기준 값을 초과한다면, 우리는 철수가 전화했을 때 도둑이 침입했다고 생각할 수 있다.

이런 추론을 진단^{diagnostic}이라 한다. 증거를 두고 그 원인을 추론하기 때문이다. 이와는 반대로 도둑이 침입했을 때 철수가 전화를 할지 안 할지 알 수 있을까? 물론 이것도 가능하다. 이 경우는 도둑이 침입한 사건이 주어졌을 때 철수가 전화할 조건부 확률을 구하면 된다. 즉 P(철수 전화 | 도둑 침입)을 구한 뒤 이 값이 일정 기준 값을 초과한다면, 마찬가지로 도둑이 침입했을 때 충실한 친구 철수가 전화할 것이라고 생각할 수 있다. 이런 추론은 원인이 주어졌을 때 그 결과를 예측하기 때문에 인과^{casual}라 부른다.

알람이 울리는 경우는 언제일까? 지진이 일어나거나 도둑이 침입했을 때만이다. 그렇다면 알람이 울렸을 때 도둑이 침입한 게 이유라고 판단하려면 어떻게 해야 할까? 단순히 생각나는 건 처음에 살펴본 진단을 활용하면 될 것 같다. 즉 알람이 울린 사건이 주어졌을 때 도둑이 침입할 조건부 확률을 구하면 된다. 사건의 결과로부터 그 원인을 추론해야 하기 때문이다. 그렇다면 P(도둑 침입 | 알람 울림)만 알면 될까? 아니다. 왜 그럴까?

알람이 울린 경우는 지진이 그 원인일 수도 있다. 따라서 지진이 발생했는지 안 했는지 알아야 한다. 조건부 확률을 구할 때 단순히 알람이 울린 경우만 살펴서는 안 되고, 지진이 발생했을 때도 같이 살펴야 한다. 말하자면 알람 울림과 지진 발생이 동시에 일어난 경우, 즉 알람 울림과 지진 발생의 곱사건이 주어졌을 때 도둑이 침입할 확률을 구하면 된다. P(도둑 침입 | 알람 울림, ~지진 발생)이란 확률 말이다. 이렇게 두 가지 원인에 의해 결과가 발생했을 때, 그 원인을 추론하는 경우를 교차인과^{intercausal}라 한다. 물론 일반적으로 인과나 진단, 교차인과를 혼용해 사용하는 경우도 있다.

마지막 예를 살펴보면서 이번 장을 마치겠다. 만약 라디오를 통해 집 근처에서 지진이 발생했다는 소식을 접했다고 하자. 그렇다면 과연 우리는 철수에게서 전화를 받을까? 베이지안 네트워크를 통해 한 번 살펴보자. 지진이 발생했기 때문에 도난경보기가 오작동할 가능성이 매우 높다. 따라서 도난경보기가 울리는 소리를 들은 철수는 친절하게도 전화를 걸어 그 사실을 알려줄 것이다. 정말로 그럴까? 물론 각 노드에 확률을 부여하지 않아서 정확한 건 아니지만, 다른 정보를 알기 전까지 그럴 가능성이 매우 높다.

만약 위의 상황에서 도난경보기가 울리지 않았다는 사실을 어찌어찌하여 알게 됐다면, 철수에게서 전화를 받게 될까? 당연히 오지 않는다. 이 경우에는 라디오에서 강진이 발생했다고 속보로 알려준다 하더라도 단순히 경보기가 울렸기 때문에 철수에게서 전화가 올 것이라고 단정 지을 수 없다. 즉 도난경보기가 울리지 않았다는 사실을 알고 있을 때(혹은 주어졌을 때), 라디오에서 알려준 지진이 발생했다는 사실은 철수에게서 전화가 올 확률에 영향을 미치지 않는다. 이런 경우를 조건부 독립conditionally independent이라 한다.

이번 장에서는 조건부 독립에 대해 살펴보지 않겠다. 다음 장에서 다룰 주제이기 때문이다. 조건부 독립이라는 단어의 정확한 개념을 잡지 않더라도, 지금 살펴본 예제의 의미를 살펴보는 데 큰 어려움이 없다. 베이지안 네트워크를 사용해 추론을 하는 경우, 원인과 결과의 연쇄 속에서 한 노드의 값이 알려져 있다면 추론 과정이 달라진다는 걸 알 수 있다. 위에서 살펴본 것처럼 알람이 울렸다는 사실을 알지 못하면 우리는 무작정 라디오를 듣고 철수가 전화할 것이라고 생각할 것이다.

하지만 어떻게 알게 됐는지 모르지만, 어쨌든 알람이 울리지 않았다는 사실을 알고 있다면, 우리는 라디오에서 지진 소식을 들었다 하더라도 철수에게서 전화가 올 것이라고 생각하지 않을 것이다. 베이지안 네트워크를 사용하는 이유는 다양하지만, 앞에서 살펴본 것처럼 우리가 가진 사전 지식을 바탕으로 추론을 하기 위해서다. 우리가 궁금해하는 추론의 결과는, 우리가 하려는 추론의 인과관계 속에서 어떤 지식을 갖고 있느냐에 따라서 그 결과가 달라진다.

말하자면 지진이 발생했다는 소식을 듣고 철수에게 전화를 받을 가능성을 점치는 것과, 이런 추론 속에서 알람이 울리지 않았다는 사실을 알게 됐을 때 철수가 전화를 할 가능성은 다르다는 뜻이다. 즉 베이지안 네트워크를 사용해 추론을 하려면, 어떤 차이에 의해 이런 현상이 벌어지는지 알아야 한다. 자, 다음 장에서 이 부분을 자세히 다뤄보겠다.

정 리

1. 베이지안 네트워크는 두 명제를 방향이 있는 선으로 연결한, 방향성 비순환 그래프다.

2. 베이지안 네트워크를 사용해 인과나 진단, 교차인과의 추론을 할 수 있다.

10장

복잡한 네트워크를 단순하게, 베이지안 네트워크의 독립성

9장에서 베이지안 네트워크의 개요를 살펴볼 때, 조건부 독립에 대해서는 이번 장에서 다루겠다고 말했다. 자, 베이지안 네트워트는 잠시 잊고 조건부 확률을 먼저 다뤄보자. 앞서 4장에서 독립 사건을 다뤘던 기억이 날 것이다. 주사위와 동전을 동시에 던졌을 때, 주사위에서 1의 눈을 얻는 사건을 A라 하고 동전에서 앞면이 나오는 사건을 B라 하면, 두 사건은 동시에 일어나지만 서로에게 영향을 주지 않는다. 이런 경우 두 사건은 독립적이라고 했다. 식으로 나타내면 다음과 같이 쓸 수 있다.

$$P(A \mid B) = P(A) \text{ 혹은 } P(B \mid A) = P(B)$$

그렇다면 조건부 독립이란 무엇일까? 도난 경보기 사례에서처럼 알람이 발생했다는 사실을 알기 전까지 라디오에서 지진이 났다는 소식은 철수에게서 전화가 올 가능성을 매우 높였다. 하지만 알람이 울리지 않았다는 사실을 안 순간, 라디오의 지진 소식과 철수 전화와의 상관관계는 전혀 없어졌다. 알람이 울리지 않았다는 조건이 주어지면, 라디오의 지진 소식과 철수의 전화는 서로 독립적이 된다. 따라서 말 그대로 어떤 조건이 주어지면 서로 독립이 될 때를 조건부 독립이라 한다. 이 경우를 식으로 나타내면 다음과 같다.

P(철수 전화 | ~알람, 라디오 소식) = P(철수 전화 | ~알람)

알람이 울렸는지 안 울렸는지에 따라서 라디오 소식의 영향도가 달라졌다. 말하자면 철수에게 전화를 받을 확률은 알람 여부에 따라서 기타 원인에 영향을 받거나 받지 않는다고 할 수 있다. 조건부 확률이 베이지안 네트워크에서 어떤 영향을 주는지 명확히 하기 위해 희수의 성적 예를 다시 살펴보자.

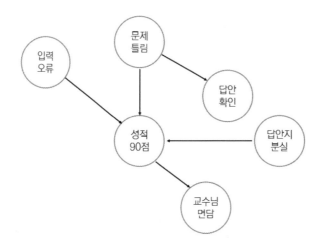

희수가 입력에 오류가 있었다는 사실을 알게 됐을 때, 교수님과 면담을 할 가능성은 어떻게 될까? 희수의 베이지안 네트워크에서 확인할 수 있듯이, 교수님과 면담할 가능성이 높을 것이다. 물론 이 값을 정량적으로 어떻게 계산할지 아직 모르겠지만, 베이지안 네트워크에서 보면 입력에 오류가 있으면 90점을 받을 것이고, 그렇다면 교수님과 면담을 해야 한다는 인과를 확인할 수 있기 때문이다. 하지만 희수의 성적이 90점이 아니라 100점이라면 어떻게 될까?

물론 희수가 자신의 성적을 입력할 때 오류가 발생했고 그 때문에 자신의 점수가 100점이 아닌 90점이 될 수 있다는 걸 안다 하더라도, 희수가 무척 도덕적이고 올바르지 않다면 교수님을 찾아가지 않을 것이다. 물론 이건 현실적인 예다. 이런 현실적인 해석을 하지 않더라도, 네트워크만 놓고 보면 입력에 오류가 발생했다 하더라도 점수가 100점이라면 성적 때문에 교수님과 면담을 하지 않을 것이다.

도난 경보기와 희수의 성적 사례에서 살펴봤듯이, 베이지안 네트워크를 사용해 추론을 할 때, 중요한 것은 조건부 독립 여부를 따지는 것이다. 즉 베이지안 네트워크상의 노드 A와 노드 B가 서로 조건부 독립이라면, 노드 A를 사용해 추론을 할 때, 노드 B를 고려하지 않아도 된다는 뜻이다. 와우, 감동적이지 않은가? 사실 이 부분에서 바로 감동을 받지 않더라도, 이 책을 집중해서 읽지 않았다는 뜻은 아니다. 나도 이 부분을 이해하는 데 적지 않은 시간이 필요했기 때문이다.

이 책은 기초 지식을 다루기 때문에, 여기서 다루는 베이지안 네트워크는 무척 간단하다. 하지만 현실에서 사용하는 베이지안 네트워크는 이 책에서 다루는 예제와 비교할 수 없을 만큼 상당히 복잡하다. 그런 베이지안 네트워크를 사용해 추론을 한다면, 무척 복잡할 것이다. 도로가 거미줄처럼 복잡하게 얽힌 낯선 나라의 도시에서, 손바닥만 한 지도를 사용해 목적지를 찾는 것과 비슷하다.

그런 상황에서 길을 쉽게 찾으려면 어떻게 해야 할까? 누군가의 도움을 받아, 필요 없는 도로는 지워버리면 무척 좋을 것이다. 베이지안 네트워크에서 조건부 독립은, 지도에서 필요 없는 길을 지우는 것과 비슷하다. 내가 관심을 두는 노드와 조건부 독립인 노드를 모두 지워버리면, 아무리 복잡한 베이지안 네트워크라도 원하는 추론의 결과를 쉽게 얻을 것이다. 바로 이 점이 조건부 독립의 감동적인 부분이다. 어떤가? 이제 감동의 물결이 밀려오지 않는가?

자, 조건부 독립의 중요성은 이쯤으로 정리하고, 베이지안 네트워크에서의 조건부 독립에 대해 더 살펴보자. 조건부 독립을 자세히 살펴보려면 몇 가지 용어를 정의해야 한다. 우선 부모^{parent}부터 정의하자. 부모란 베이지안 네트워크 내 원인 노드와 결과 노드 중에서 어떤 결과가 있을 때 그 결과를 유발하는 원인을 부모 노드라 할 수 있다. 희수의 베이지안 네트워크에서 '성적 90점'의 부모는 '입력 오류', '문제 틀림', '답안지 분실'이다. 다음은 자손^{descendant}이다. 자손은 어떤 노드를 원인으로 볼 때, 그 노드가 원인이 되어 발생하는 것을 자손이라 할 수 있다. 희수의 베이지안 네트워크에서 '성적 90점'을 놓고 보면, '교수님 면담'이 '성적 90점'의 자손이 된다. 마지막으로 정의할 것은 비자손^{non-descendat}이다. 비자손은 어떤 노드를 놓고 보았을 때, 그 노드 자체, 부모, 자손을 제외한 모든 노드를 비자손이라 할 수 있다. 희수의 베이지안 네트워크에서 '성적 90점'의 비자손은 '답안 확인'이 된다.

베이지안 네트워크에서 부모, 자손, 비자손과 조건부 독립은 무슨 관계가 있을까? 결과부터 말하자면, 부모가 주어져 있을 때 자신의 노드와 비자손은 서로 조건부 독립이 된다. 이게 무슨 소리일까? 라디오에서 지진이 발생했다는 것을 들었을 때, 철수가 전화를 하는 경우를 다시 살펴보자. 철수가 전화를 한다는 노드의 부모는 알람이 울린다는 것이다. 라디오에서 지진이 발생했다는 것은, 철수가 전화를 한다는 노드 입장에서 보면 비자손이다. 철수가 전화를 한다는 노드의 부모도 아니고 그렇다고 자손도 아니기 때문이다.

전화를 한다는 노드 입장에서 보자. 부모인 알람이 울린다가 정해져 있지 않다면, 즉 그 값을 모른다면 라디오에서 지진 소식을 알려준다는 비자손의 영향을 받는다. 하지만 알람이 울리지 않았다는 사실을 안 순간, 말하자면 부모 노드가 정해진다면, 철수가 전화를 한다는 노드는 라디오에서 지진이 발생했다는 비자손에 영향을 받지 않는다. 즉 부모 노드가 정해진 경우, 철수가 전화를 한다는 노드와 비자손인 라디오의 소식은 조건부 독립이 된다.

희수의 베이지안 네트워크에서 살펴본 예도 마찬가지다. 교수님과 면담을 한다는 노드의 부모 노드는 성적이 90점이다. 입력 오류는, 교수님과 면담을 한다는 노드 입장에서 비자손이다. 성적이 90점인지 아닌지가 정해지지 않는다면, 입력 오류에 의해 교수님과 면담한다는 가능성이 달라졌다. 하지만 교수님과 면담을 하는 노드의 부모인 성적 90점이 정해진다면, 입력 오류가 발생했느냐 하지 않았느냐에 관계없이 교수님과 면담 여부가 결정된다.

따라서 교수님과 면담을 한다는 노드의 부모인 성적 90점이 정해지면, 교수님과 면담을 한다는 것과 입력 오류는 조건부 독립이 된다. 다시 말해, 부모가 정해지면 자손과 비자손은 조건부 독립이 된다는 뜻이다. 이상을 정리해서 어떤 노드 V가 있을 때, 부모가 정해지면 V 노드와 V 노드의 비자손은 조건부 독립이라는 것을 다음과 같이 표현할 수 있다.

I(V, 부모(V), 비자손(V))

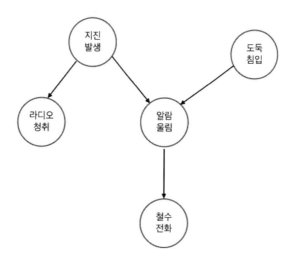

알람 울림의 베이지안 네트워크를 두고 다시 살펴보자. 철수가 전화를 한다는 것을 V라고 둔다면, 위의 식을 사용해 철수가 전화를 한다는 부모 노드와 비자손을 다음과 같이 표현할 수 있다.

I(철수 전화, 알람 울림, {라디오 청취, 지진 발생, 도둑 침입})

베이지안 네트워크상에서 위처럼 부모가 주어졌을 때 비자손과 자신이 조건부 독립이 되는 것을 마르코비안 가정^{Markovian assumption}이라 한다. 마르코비안 가정을 사용해 알람 울림의 베이지안 네트워크에서 각 노드를 표현하면 다음과 같다 (마르코비안 가정에 대해서는 뒤에서 살펴볼 기회가 있다).

I(철수 전화, 알람 울림, {라디오 청취, 지진 발생, 도둑 침입})

I(라디오 청취, 지진 발생, {알람 울림, 도둑 침입, 철수 전화})

I(알람 울림, {지진 발생, 도둑 침입}, 라디오 청취)

I(도둑 침입, φ, {지진 발생, 라디오 청취})

I(지진 발생, φ, 도둑 침입)

도둑 침입과 지진 발생의 경우 부모가 없기 때문에, 비자손과 조건부 독립이 아닌 그냥 독립이 된다. 말장난처럼 들리지만 실제로 부모가 없기 때문에 부모의 영향을 받지 않는다. 따라서 조건부 독립을 결정 짓는 사건이 없기 때문에 도둑 침입과 지진 발생은 비자손과 조건에 관계없이 독립이 된다. 마르코비안 가정을 사용하면 베이지안 네트워크상의 서로 조건부 독립인 노드를 기계적으로 찾아낼 수 있지만, 베이지안 네트워크에 있는 모든 조건부 독립을 찾아내기란 쉽지 않다.

따라서 크고 복잡한 베이지안 네트워크에 있는 조건부 독립 상황을 효율적으로 찾아내는 알고리즘이 필요하다. 다행스럽게도 머리 좋은 분들이 이 질문에 대한 해법을 이미 찾아냈다. 바로 디세퍼레이션^{D-seperation}이다. 디세퍼레이션에서 'D'가 의미하는 것은 의존^{dependence}이다. 따라서 디세퍼레이션을 우리말로 그대로 옮기면 의존 분리다. 말하자면 디세퍼레이션이란 베이지안 네트워크에 있는 의존성과 조건부 독립을 분리하겠다는 뜻이다.

디세퍼레이션을 쉽게 이해하려면 베이지안 네트워크에서 노드를 밸브로, 모서리를 파이프로 생각하는 게 좋다. 예를 들어 어떤 베이지안 네트워크에서 A → B → C의 형태로 노드가 있고 노드가 서로 연결되어 있다고 하자. 인과관계로 이 형태를 해석하자면 A는 B의 원인이고, B는 C의 원인인 셈이다. 따라서 A는 C의 원인이라고 할 수 있다. 이 경우 A와 C는 영향을 주고받기 때문에 의존관계인 셈이다.

노드를 밸브라고 생각하고 모서리를 파이프라고 가정하자고 했다. 만약 A를 통해 물을 흘려보낸다고 해보자. 밸브 B가 열려 있다면 A를 통해 흘러간 물이 B를 지나 C에 도달할 것이다. 파이프를 통해 흘러간 물을 일종의 의존성이라고 생각해보면, 물이 흘러가는 노드, 즉 밸브는 서로 의존관계라고 생각할 수 있다. 만약 밸브 B가 닫혀 있다고 한다면, A를 통해 흘러간 물은 C에 도달하지 못할 것이다. A에서 출발한 물이 B에 막혀 C에 전달되지 못하기 때문에, A와 C의 의존관계가 성립하지 않는다고 볼 수 있다.

그렇다면 베이지안 네트워크에서 노드에 해당하는 밸브가 닫혀 있다는 건 무슨 의미일까? B에 해당하는 명제나 명제 변수의 값이 정해져 있다는 뜻이다. 앞에서 든 예에서 A를 지진 발생, B를 알람 울림, C를 철수 전화로 놓고 본다면, 알람이 울렸는지 안 울렸는지 모르는 경우 B의 밸브가 열려 있는 것으로 생각할 수 있다. 값이 정해지지 않았기 때문에 라디오 청취가 철수 전화에 영향을 줄 수 있다.

하지만 알람이 울리지 않았다는 걸 알고 있다면, 즉 밸브 B가 닫혀 있는 경우에는 지진이 발생했다는 소식이 A에서 시작해 파이프를 타고 밸브 B 때문에 철수가 전화를 하는 노드 C에 전달이 되지 않는다. 따라서 B가 닫혀 있는 경우 A의 정보가 C에 영향을 주지 않기에, A와 C는 조건부 독립(B가 주어진 상태에서의 조건부 독립)이 된다. 디세퍼레이션은 이런 밸브 역할을 하는 노드를 파악하는 게 핵심이다.

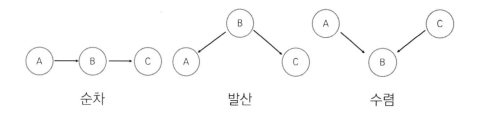

| 순차 | 발산 | 수렴 |

디세퍼레이션을 어떻게 수행하는지가 이번 장에서 설명하려는 궁극의 목표이지만, 이를 위해서는 우선 밸브 역할을 하는 노드는 어떤 게 있는지 살펴봐야한다. 앞에서 설명한 A → B → C 형태의 것을 순차 밸브$^{\text{sequential valve}}$라고 한다. '순차'라는 단어에서 알 수 있듯이, 정보에 해당하는 물이 순차적으로 흘러간다. 순차에서 밸브 역할을 하는 것은 한가운데 있는 노드 B이다.

다음으로 알아볼 밸브는 발산 밸브$^{\text{divergent valve}}$다. 베이지안 네트워크에서 발산 밸브는 A ← B → C의 형태다. 발산 밸브는 B가 A와 C의 공통 원인이 된다. 즉 B가 공통 원인이고 A와 C가 공통 원인의 결과인 셈이다. 알람 울림 베이지안 네트워크에서 지진이 발생하면, 라디오에서 지진 소식을 듣고 알람이 울릴 가능성이 있었다. 즉 라디오 청취 ← 지진 발생 → 알람 울림의 형태가 된다. 이 경우도 순차 밸브처럼 발산 밸브에서 노드 B가 밸브 역할을 한다.

노드 B의 값이 정해져 있으면 노드 A는 노드 C에 영향을 주지 않으며 그 반대의 경우도 마찬가지다. 알람이 울렸다는 사실은 알지만 지진이 발생했는지 안했는지 알지 못한다고 해보자. 이 경우 알람이 울렸다는 사실은 라디오에서 지진이 발생했다는 소식을 들을 확률을 계산하는 데 영향을 준다. 하지만 지진이 발생했는지 안 했는지 어느 하나의 경우로 정해져 버리면, 라디오에서 지진이 났다고 듣든 안 듣든, 우리는 지진 발생 여부에 따라서 알람이 울릴 가능성을 판단하게 된다.

그 반대도 마찬가지다. 지진이 발생하거나 발생하지 않았다고 알게 되면, 알람의 울림 여부는 라디오에서 지진 발생 여부를 들을 가능성에 영향을 주지 않는다. 따라서 발산 밸브에서도 순차 밸브와 마찬가지로 밸브 역할을 하는 노드 B가 닫힌 경우, 노드 A와 C는 조건부 독립이 된다.

마지막으로 살펴볼 밸브는 수렴 밸브다. 수렴 밸브$^{convergent\ valve}$는 A → B ← C의 형태다. 수렴 밸브는 B가 공통 결과다. 즉 A와 C가 원인이고 두 원인에서 영향을 받는 결과는 공통으로 B인 셈이다. A와 C는 언제 조건부 독립일까? 순차 밸브나 발산 밸브처럼 노드 B가 정해졌을 때, A와 C는 조건부 독립이 될까? 아니다. 반대로 B가 정해지지 않을 때, A와 C는 조건부 독립이 된다. 왠지 직관에 반대되는 느낌이 들지 않는가? 맞다. 처음에 나도 이 부분을 이해하는 게 쉽지 않았다. 자, 심오한 수렴 밸브의 조건부 독립에 대해 살펴보자.

자동차 시동에 관한 예를 하나 살펴보자. 자동차에 앉아서 시동을 걸려고 하니 시동이 걸리지 않았다. 왜 그럴까? 곰곰이 생각해보니 블랙박스 때문에 배터리가 방전된 것 같기도 하다. 문득 엊그제 주유 경고등이 들어온 것도 생각났다. 배터리 문제일까? 아니면 기름이 부족해서일까? 이 경우를 그려보면, 배터리 방전 → 시동 걸리지 않음 ← 기름 부족이 된다. 따라서 수렴 밸브의 형태라 할 수 있다.

발산 밸브나 순차 밸브의 상황처럼, 노드 B에 해당하는 시동이 걸리지 않는 상황이 참이라 해보자. 앞에서 살펴봤듯이 밸브 역할을 하는 노드의 값이 정해진 경우라면, 노드 A와 C는 조건부 독립이 될 것 같은데 그렇지 않다. 왜 그럴까? 베이지안 네트워크를 떠나서 상식적인 수준에서 생각해보자. 만약 시동이 걸리지 않는다고 하자. 주유 경고등에 불이 들어와 있지 않음을 확인한다면(현실에서는 주유 경고등이 들어와도 최소 거리는 운전이 가능하지만, 여기서는 운전이 불가능하다고 가정하자), 결국 배터리 상태는 어떻다는 뜻일까?

바로 방전 상태를 뜻한다. 반대로 배터리의 전압을 어찌어찌 측정해서 배터리가 완전히 충전됐을 때 전압임을 알았다고 하자. 그렇다면 배터리는 문제가 없다는 뜻이다. 그런데 시동이 걸리지 않는다면 바로 기름이 없다는 의미다. 즉 수럼 밸브는 발산 밸브나 순차 밸브와는 달리 밸브의 값이 정해지면 다른 노드들이 조건부 독립이 아니라, 서로 의존관계에 놓인다.

이번에는 밸브의 값이 정해지지 않았다고 해보자. 주유 경고등이 들어왔기 때문에 일단 연료가 없다는 사실을 알았다 하더라도, 시동이 걸릴지 안 걸릴지 모르기 때문에, 배터리가 방전이 되든 완충이 되든 알 수 있는 방법이 없다. 말하자면 밸브의 값이 정해지지 않을 때, 배터리와 기름은 조건부 독립이 된다는 뜻이다. 이렇게 해서 베이지안 네트워크에서 디세퍼레이션을 사용해 독립성을 다룰 기초 준비는 모두 끝났다.

그렇다면 디세퍼레이션이란 뭘까? 디세퍼레이션을 조금 딱딱하게 정의하면 다음과 같다. 베이지안 네트워크에 노드 A, B, C가 있을 때, A에서 C로 연결되는 경로나 C에서 A로 연결되는 모든 경로를 노드 B로 표현되는 밸브가 하나라도 막는다면(닫혀 있다면), A와 C는 주어진 B에 의해 조건부 독립이 된다. 최대한 쉽게 쓴다고 했는데, 그 의미가 잘 전달됐는지 모르겠다.

사실 정의는 어려운 것 같은데, 그 의미는 이미 밸브를 다루면서 모두 전달됐다. 베이지안 네트워크에서 노드 간의 인과관계는 수렴, 발산, 순차 밸브 중 하나다. 만약 어떤 베이지안 네트워크가 A, B, C 노드로만 구성된다면 이들 간의 관계는 수렴, 발산, 순차 밸브 중 하나이며, 밸브가 닫혀 있는 경우 A와 C는 조건부 독립인 셈이다. 어떤가? 간단하지 않은가? 물론 노드가 3개인 경우는 이처럼 쉬운데, 노드가 여러 개라면 어떻게 될까?

예를 들어 다음 그림과 같은 베이지안 네트워크가 있다고 해보자. 여기서 노드 B의 값만을 안다고 할 때, D와 E는 조건부 독립이라고 할 수 있을까? 디세퍼레이션을 사용해 노드 D와 E의 조건부 독립 여부를 살펴보자. 디세퍼레이션의 정의에 의해, 조건부 독립을 따지기 위해서는 D와 E 사이에 어떤 경로가 있는지 알아야 한다.

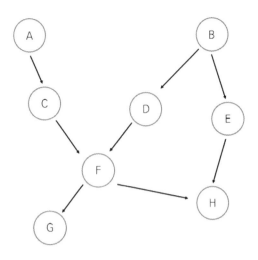

다음 그림처럼 D와 E 사이에는 두 가지 경로가 있다. 경로 1은 노드 B를 포함하는 경로로서, 발산 밸브(D ← B → E) 1개로 구성되어 있다. 경로 2는 노드 F와 H를 포함하는 경로로서, 순차 밸브(D → F → H) 1개와 수렴 밸브(F → H ← E) 1개로 구성되어 있다. 우선 경로 1에 대해 살펴보자. 경로 1에서 노드 B의 값이 주어져 있다고 했다. 발산 밸브의 경우 밸브의 해당 노드 값이 정해진 경우 밸브가 닫힌 것이다. 따라서 경로 1은 노드 B에 의해 막혀 있다.

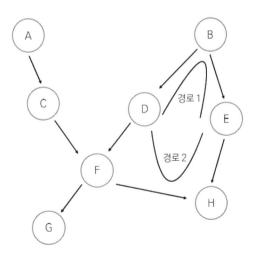

이번에는 경로 2를 살펴보자. 우선 순차 밸브에서 밸브 역할을 하는 노드 F의 값은 정해지지 않았다. 순차 밸브의 경우 밸브 역할을 하는 노드의 값이 정해지지 않으면 밸브가 열려 있는 것이다. 경로 2에서 남은 것은 수렴 밸브다. 수렴 밸브의 역할을 하는 것은 노드 H이다. 수렴 밸브의 경우 값이 정해지지 않아야 밸브가 닫혔다고 볼 수 있다. 앞에서 노드 B를 제외하고 기타 노드들은 정해지지 않았다고 했다. 노드 H의 값이 정해지지 않았으므로 수렴 밸브는 닫혔다고 볼 수 있다.

경로 2를 구성하는 밸브는 순차 밸브와 수렴 밸브다. 비록 순차 밸브는 열려 있지만 수렴 밸브가 닫혀 있기 때문에 노드 D와 E를 잇는 경로 2도 닫혔다고 볼 수 있다. 정리하자면 경로 1도 닫혀 있고 경로 2도 닫혀 있기 때문에, 우리는 노드 B만 주어진다면 노드 D와 E는 조건부 독립이라 할 수 있다. 말로 써서 다소 장황하지만 디세퍼레이션을 사용하면 조건부 독립 여부를 복잡한 베이지안 네트워크에서도 기계적으로 적용할 수 있다. 즉 알고리즘을 사용해 구현하기가 용이하고 상당히 효과적이라는 뜻이다.

알람 울림의 베이지안 네트워크를 사용해 디세퍼레이션을 살펴보면서, 이번 장을 마무리하자. 베이지안 네트워크에서 다른 노드가 주어지지 않았다고 가정하자. 이때 라디오 청취 노드와 철수 전화 노드는 조건부 독립일까? 디세퍼레이션을 사용해 조건부 독립 여부를 살펴보려면, 두 노드 사이에 어떤 경로가 있는지 먼저 알아야 한다. 다음 그림에서 보면 라디오 청취 노드와 철수 전화 노드 사이에는 경로 하나만 있는 걸 알 수 있다.

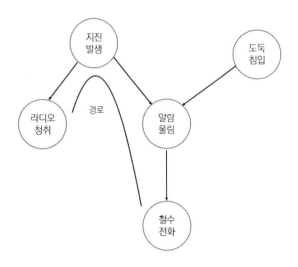

이 경로는 발산 밸브 1개와 순차 밸브 1개로 구성되어 있다. 발산 밸브와 순차 밸브가 닫히려면, 밸브에 해당하는 노드가 닫혀 있어야 한다. 그러나 앞에서 베이지안 네트워크의 모든 노드가 정해지지 않았다고 했다. 따라서 밸브에 해당하는 모든 노드가 닫혀 있지 않기 때문에, 라디오 청취에서 철수 전화로 이어지는 경로는 닫혀 있지 않다. 그러므로 라디오 청취와 철수 전화는 조건부 독립이 아니다. 말하자면 라디오에서 지진이 발생했다는 소식을 듣는다면, 철수에게서 전화를 받을 가능성이 있다는 뜻이다.

이번에는 지진 발생 노드가 정해져 있다고 해보자. 이 경우에는 발산 밸브의 해당 노드 값이 정해져 있기 때문에, 발산 밸브는 닫혀 있는 셈이다. 물론 순차 밸브의 밸브 노드인 알람 울림이 정해져 있지 않아도, 이미 발산 밸브가 정해져 있기 때문에 라디오 청취와 철수 전화 노드 사이의 경로는 닫히게 된다. 따라서 지진 발생 노드가 정해져 있다면 라디오 청취와 철수 전화는 조건부 독립이 된다.

정 리

1. 베이지안 네트워크상에서 부모가 주어졌을 때 비자손과 자신과 조건부 독립이 되는 것을 마르코비안 가정이라 한다.

2. 베이지안 네트워크에서 노드 A, B, C가 있을 때, A에서 C로 연결되는 경로나 C에서 A로 연결되는 모든 경로를 노드 B로 표현되는 밸브가 하나라도 막는다면(닫혀 있다면), A와 C는 주어진 B에 의해 조건부 독립이 된다. 이것을 디세퍼레이션이라 한다.

11장 베이지안 네트워크 확률

10장에서 베이지안 네트워크에서 독립성이란 어떤 의미이고, 이 독립성을 어떻게 테스트하는지 살펴봤다. 중요한 내용이기는 한데, 마르코비안 가정이나 디세퍼레이션 같은 것을 안다는 게 어떤 의미인지 잘 와 닿지 않을 수도 있다. 이런 독립성에 대한 느낌이 오지 않더라도, 11장에서 베이지안 네트워크에서 확률을 어떻게 구하는지 배워보면 감을 잡을 수 있을 것이다.

9장에서 베이지안 네트워크를 처음 소개하면서 각 노드의 확률을 나타내는 방법을 살펴봤다. 기본적으로 베이지안 네트워크에서 각 노드의 확률은 조건부 확률표CPT, conditional probability table를 사용해 표현한다. 지금부터 간단한 예제를 통해, 조건부 확률표를 사용해 베이지안 네트워크의 확률을 표현하는 방법을 알아보자.

다음 그림이 나타내는 베이지안 네트워크는 여름에 젖은 잔디나 도로를 보고, 비가 내리거나 스프링클러가 작동했는지를 추론하기 위한 것이다. 물론 젖은 도로를 보고 여름인지 아닌지를 판단하는 데 사용할 수 있는 베이지안 네트워크이기도 하다. 우선 각 노드의 확률을 부여하는 일부터 시작해보자.

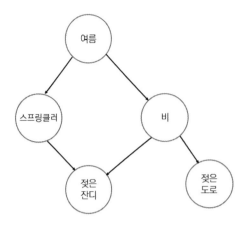

여름 여부를 판단하는 노드의 확률을 부여해보자. 가장 쉬운 확률 부여 방법은, 1년은 사계절로 구성됐기 때문에 여름인 경우 0.3을 부여하고 여름이 아닌 경우 0.7를 부여하는 방법이 있다. 물론 그냥 여름인지 아닌지 잘 모르겠으니 여름인 경우도 0.5를, 여름인 아닌 경우도 0.5를 부여하는 방법도 있다. 여기서는 사계절을 기준으로 확률을 부여하겠다. 이상을 정리해 확률표로 나타내면 다음과 같다.

여름	P(여름)
T	0.3
F	0.7

다음은 스프링클러의 작동 여부를 나타내는 노드의 확률이다. 지금부터 조건부 확률표가 등장하니, 주의해서 읽기를 바란다. 비가 많이 내리는 지역인 경우 여름이라면 스프링클러가 작동하는 경우가 매우 드물 것이다. 따라서 여름이 아니라면, 즉 비가 많이 내리지 않는 시즌이라면 스프링클러가 작동하는 경우가 흔할 것이다.

반대로 여름인데 비가 많이 내리지 않는 지역이라면, 여름인 경우 스프링클러가 작동할 확률이 높을 것이고 그 외 시즌에서는 확률이 낮을 것이다. 정리하자면, 스프링클러의 작동 여부는 여름이냐 아니냐에 영향을 받는다는 뜻이다. 이게 무슨 의미일까? 그렇다. 바로 조건부 확률을 사용해야 한다는 뜻이다.

스프링클러의 작동 확률을 구하려면 여름인지 아닌지가 주어져야 하기 때문에, 조건부 확률을 사용해 나타내야 한다. 베이지안 네트워크에서 부모를 갖고 있는 노드는 자신의 확률을 나타낼 때 반드시 조건부 확률을 사용해 표현해야 한다. 이런 이유로 베이지안 네트워크에서 노드의 확률을 표현할 때 조건부 확률표를 사용한다. 따라서 스프링클러의 작동 여부를 확률로 나타내면 다음과 같다.

여름	스프링클러	P(스프링클러 | 여름)
T	T	0.1
T	F	0.9
F	T	0.6
F	F	0.4

베이지안 네트워크에서 조건부 확률표를 표현할 때 반드시 부모의 모든 상태가 표현돼야 한다. 위의 표에서 보듯이 여름 노드의 값인 참과 거짓이 모두 표시됐다. 아울러 각 부모의 상태별로 자신의 모든 상태도 표기돼야 한다. 즉 여름이 참인 경우 스프링클러는 참과 거짓을 갖고, 여름이 거짓인 경우에도 스프링클러는 참과 거짓을 모두 갖는다. 마지막으로 잊지 말아야 하는 점은, 부모의 상태별로 확률의 합이 반드시 1이 되어야 한다는 것이다.

위의 표에서 볼 수 있듯이 여름이 참일 때 스프링클러는 참과 거짓을 갖고, 각각의 확률은 0.1과 0.9였다. 여름일 때 스프링클러가 갖는 확률을 모두 더하면 1이 된다. 마찬가지로 여름이 거짓일 때 스프링클러가 참과 거짓이 될 확률은 각각 0.6과 0.4이고, 이 값을 모두 더하면 1이 된다. 왜 이렇게 될까?

앞에서 이야기했지만 스프링클러의 상태는 전적으로 부모의 상태, 여름인지 아닌지에 영향을 받는다. 따라서 여름이 정해지고 나서 스프링클러의 작동 여부를 판단할 수 있기 때문이다. 여름이라면 그 안에서 스프링클러 작동 여부의 확률을 판단하고, 확률의 기본 원리에 따라서 참인 사건과 거짓인 사건, 즉 어떤 사건의 여사건의 합은 항상 1이 돼야 한다. 그렇다면 부모가 둘이라면 어떻게 될까?

바로 잔디가 젖었는지 젖지 않았는지를 판단하는 노드의 경우가 된다. 부모가 둘이어서 고려해야 하는 부모가 둘이 된다는 점만 제외하면 스프링클러 노드와 동일하다. 부모가 하나일 때와 마찬가지로 조건부 확률표에는 부모의 모든 상태가 표현돼야 한다. 단, 부모가 하나일 때와 다른 점은 부모가 둘이기 때문에 부모들의 상태를 조합한 것들이 모두 표현돼야 한다는 것이다.

스프링클러	비	젖은 잔디	P(젖은 잔디 | 스프링클러, 비)
T	T	T	0.9
T	T	F	0.1
T	F	T	0.8
T	F	F	0.2
F	T	T	0.7
F	T	F	0.3
F	F	T	0.0
F	F	F	1.0

위의 표는 젖은 잔디 노드에 대한 조건부 확률표다. 표에서 보듯이 부모 노드에 해당하는 스프링클러와 비 노드에 대한 상태들의 조합이 모두 표현됐다. 스프링클러와 비에 대한 진리 값의 조합은 (참, 참) (참, 거짓), (거짓, 참) (거짓, 거짓)인데 이것들이 모두 표시됐다. 부모 노드의 상태에 따라서 자신의 상태가 모두 표기돼야 하거나, 부모 노드의 상태별로 확률의 합이 1이 돼야 하는 것은 부모 노

드가 하나일 때와 모두 동일하다.

정리하자면, 부모 노드가 2개 이상일 때는 2개와 동일한 방법으로 노드의 조건부 확률표를 만들 수 있다. 비와 젖은 도로는 부모가 하나일 때 노드의 조건부 확률표를 작성하는 것과 동일하기 때문에 설명을 생략하겠다. 이상을 정리해서 베이지안 네트워크에 조건부 확률표를 표시할 수 있다. 그 결과는 다음 그림과 같다.

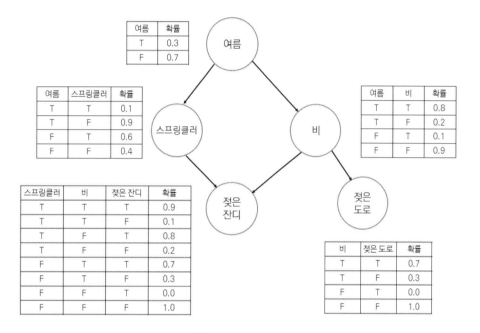

이런 확률을 구할 수 있을까? 여름이고 스프링클러가 작동하지 않으며 비는 오고 잔디는 젖지 않았으며 도로는 젖었을 때의 확률 말이다. 말로 쓰고 보니 무척이나 장황하지만 요약하자면 P(여름, ~스프링클러, 비, ~젖은 잔디, 젖은 도로) 확률을 말한다. 쉬운 것 같으면서도 어려워 보이는데, 조건부 확률을 잘 활용하면 비교적 쉽게 구할 수 있다.

식이 길어지기 때문에 여름은 S, 스프링클러는 C, 비는 R, 젖은 잔디는 G, 젖은 도로는 P로 나타내자. 자! P(S, ~C, R, ~G, P)를 조건부 확률을 사용해 어떻게 나타낼 수 있을까? 이유는 차차 설명하고, 일단 조건부 확률을 사용해 구하고자 하는 확률을 나타내면 다음과 같다.

$$P(S, \sim C, R, \sim G, P) = P(\sim G \mid S, \sim C, R, P)P(S, \sim C, R, P)$$

이렇게 되는 이유는 6장에서 알아봤다. 그때 기억을 되살리는 의미에서 다시 한 번 살펴보자. 왜 이렇게 쓸 수 있을까? 식 우변의 P(S, ~C, R, P)를 양변에 나눠서 정리하면 다음과 같다.

$$P(\sim G \mid S, \sim C, R, P) = \frac{P(S, \sim C, R, \sim G, P)}{P(S, \sim C, R, P)}$$

베이지안 확률, 즉 조건부 확률을 변형해서 우리가 구하려는 확률의 형태로 나타낸 것임을 알 수 있다. 우리가 구하려는 확률이 어떻게 베이지안 확률에서 왔는지 확인했으므로 계속해서 우리가 알고 싶은 확률을 구해보자. P(~G | S, ~C, R, P)의 핵심은 잔디가 젖지 않을 확률을 나타낸 것이다. 젖은 잔디에 영향을 주는 것은 스프링클러나 비이기 때문에 이 확률은 다음처럼 간단히 정리할 수 있다.

$$P(\sim G \mid S, \sim C, R, P) = P(\sim G \mid \sim C, R)$$

왜 그럴까? 10장에서 살펴봤듯이 마르코비안 가정에 의해 부모 노드가 정해지는 경우 어떤 노드는 비자손 노드와는 조건부 독립이 된다. 앞 장의 내용이 잘 기억나지 않는 독자를 위해 다시 한 번 설명을 하겠다. 젖은 잔디에 영향을 주는 부모는 스프링클러와 비다. 우리가 구하려는 확률에서는 스프링클러는 작동하지 않고 비는 내리는 것으로 부모 노드가 이미 정해졌다. 따라서 베이지안 네트워크에서 이 경우의 확률은 젖은 잔디의 CPT를 보면 0.7로 정해진다. 즉 여름이든 가

을이든, 도로가 젖어 있든 말라 있든, 이런 비자손의 확률은 우리가 관심을 두고 있는 젖은 잔디에 영향을 줄 수 없다.

마르코비안 가정을 사용하지 않고 디세퍼레이션을 사용해 생각해볼 수도 있다. 젖은 잔디와 여름 사이에는 경로가 2개 있는데, 이 두 경로 모두 순차 밸브로 구성되어 있다. 순차 밸브에 해당하는 스프링클러와 비의 값이 정해져 있기 때문에, 각 순차 밸브는 모두 닫혀 있는 셈이다. 따라서 젖은 잔디와 여름 사이의 모든 경로는 닫혀 있기 때문에, 젖은 잔디와 여름은 조건부 독립이다. 젖은 잔디와 젖은 도로 사이에도 디세퍼레이션을 적용하면, 조건부 독립이라는 결론을 얻는다.

베이지안 네트워크의 독립성을 통해, 젖은 잔디는 여름과 젖은 도로의 조건부 독립이 된다. 우리가 구하려는 확률을 다시 정리하면 다음처럼 쓸 수 있다.

$$P(S, \sim C, R, \sim G, P) = P(\sim G \mid \sim C, R)P(S, \sim C, R, P)$$

이제 어떻게 해야 할까? 아마 눈치챈 독자도 있을 것이다. 우리가 제일 먼저 손을 본 노드는 베이지안 네트워크에서 가장 아래에 있는 노드 중 젖은 잔디였다. 젖은 잔디를 중심으로 조건부 확률을 사용해 식을 정리했다. 이 논리라면 다음 타깃은 바로 젖은 도로다. 자, 그렇다면 젖은 도로를 조건부 확률을 사용해 나타내보자.

$$P(S, \sim C, R, \sim G, P) = P(\sim G \mid \sim C, R)P(P \mid S, \sim C, R)P(S, \sim C, R)$$

다음으로 뭘 해야 할까? 당연히 다음 타깃은 $P(P \mid S, \sim C, R)$이다. 젖은 도로에 영향을 주는 건 부모인 비뿐이기 때문에 $P(P \mid S, \sim C, R) = P(P \mid R)$로 쓸 수 있다. 즉 젖은 도로는 스프링클러나 여름에 조건부 독립이 된다. 부모인 비의 값이 정해져 있기 때문이다. 다음 과정은 굳이 설명하지 않아도 기계적으로 변형하면 된다는 걸 깨달았을 것이다. 스프링클러 노드를 조건부 확률로 쓰고, 조건부 독립 여부를 따져서 조건부 확률을 정리하고, 그 다음엔 비 노드, 마지막으로 여름 노드를 손보면 된다. 이상의 남은 과정을 정리하면 다음과 같다.

$$
\begin{aligned}
P(S, \sim\!C, R, \sim\!G, P) &= P(\sim\!G \mid \sim\!C, R)P(P \mid R)P(S, \sim\!C, R) \\
&= P(\sim\!G \mid \sim\!C, R)P(P \mid R)P(\sim\!C \mid S, R)P(S, R) \\
&= P(\sim\!G \mid \sim\!C, R)P(P \mid R)P(\sim\!C \mid S)P(S, R) \\
&= P(\sim\!G \mid \sim\!C, R)P(P \mid R)P(\sim\!C \mid S)P(R \mid S)P(S)
\end{aligned}
$$

이상으로, 우리가 알고 싶었던 여름이고 스프링클러가 작동하지 않으며 비는 오고 잔디는 젖지 않았으며 도로는 젖었을 때의 확률 $P(S, \sim\!C, R, \sim\!G, P)$는 $P(\sim\!G \mid \sim\!C, R)P(P \mid R)P(\sim\!C \mid S)P(R \mid S)P(S)$라는 형태로 정리됨을 알게 됐다. 얻은 결론을 찬찬히 살펴보니 어떤 규칙이 보인다. 모든 베이지안 네트워크의 노드 값이 정해진 경우, 각 노드가 일어날 곱사건은 각 노드의 CPT 값을 찾아서 곱하면 된다는 것 말이다.

$P(S, \sim\!C, R, \sim\!G, P) = P(\sim\!G \mid \sim\!C, R)P(P \mid R)P(\sim\!C \mid S)P(R \mid S)P(S)$일 때, $P(\sim\!G \mid \sim\!C, R)$은 스프링클러가 작동하지 않고 비가 올 때 잔디가 젖지 않을 확률이고, $P(P \mid R)$은 비가 올 때 도로가 젖을 확률이 된다. 말하자면 각 노드의 CPT를 곱한 값이 된다. 자, 그렇다면 우리가 구하려는 확률은 어떻게 될까? 식에 베이지안 네트워크에서 구한 값을 넣어보자.

$$
\begin{aligned}
P(S, \sim\!C, R, \sim\!G, P) &= P(\sim\!G \mid \sim\!C, R)P(P \mid R)P(\sim\!C \mid S)P(R \mid S)P(S) \\
&= 0.3 \times 0.7 \times 0.9 \times 0.8 \times 0.3 \\
&= 0.04536
\end{aligned}
$$

4.5퍼센트 정도의 값이다. 상당히 작은 값인데 이게 어떤 의미가 있는지는 해석의 영역이기 때문에 답을 하지 않겠다. 아무튼 스프링클러가 작동하지 않고 비가 오며 잔디가 젖지 않고 비가 오고 도로가 젖을 확률은 베이지안 네트워크를

통해 구할 수 있다는 점이 중요하다.

이번 장의 목적은 베이지안 네트워크를 사용해 확률을 구하는 방법을 알아보는 것이다. 그렇다 하더라도 지금까지 베이지안 네트워크를 왜 사용하는지 고민하지 않고 무작정 확률을 구한 측면이 있는 듯하다. 쉬어 가는 의미로 이런 확률을 구하는 게 무슨 의미가 있는지 다시 한 번 되짚어보겠다. 베이지안 네트워크를 처음 소개하는 장에서 베이지안 네트워크를 사용하면 추론을 할 수 있다고 했다.

이런 추론으로 크게 진단, 인과, 교차인과가 있다고 말했다. 교차인과는 일단 접어두고, 진단과 인과를 사용해 베이지안 네트워크에서 확률을 구하는 것의 의미를 살펴보겠다. 진단은 증거를 두고 그 원인에 대해 추론하는 것을 말하고, 인과는 원인이 주어졌을 때 그 결과를 예측하는 것이라 했다. 다음 그림은 겨울에 영하일 때 눈이 올 가능성을 추론하기 위해 작성한 베이지안 네트워크다. 이 베이지안 네트워크를 사용해 추론 개념을 다시 살펴보자.

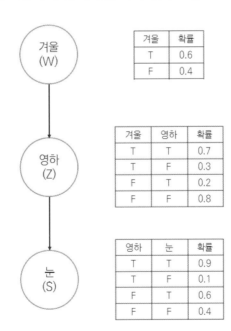

겨울	확률
T	0.6
F	0.4

겨울	영하	확률
T	T	0.7
T	F	0.3
F	T	0.2
F	F	0.8

영하	눈	확률
T	T	0.9
T	F	0.1
F	T	0.6
F	F	0.4

눈이 내린 것을 보고 겨울일지 아닐지를 추론한다면, 눈이 내렸다는 증거를 두고 원인을 살피기 때문에 이 경우는 진단에 해당한다. 반대로 지금 시즌이 겨울이라 하고 집 밖에 있는 도로에 눈이 쌓일 가능성을 추론해본다면, 원인을 두고 그 결과를 점치기 때문에 인과라 할 수 있다. 진단의 경우는 P(겨울 | 눈)을 구해서 이 값이 기준 값을 초과하는 경우 지금 계절이 겨울이라고 생각할 수 있으며, 인과의 경우 P(눈 | 겨울)을 구해서 마찬가지로 이 확률이 기준치를 초과할 때 집 밖의 도로가 눈에 쌓여 있을 것이라고 추론할 수 있다.

복잡해 보이는 베이지안 네트워크든 간단한 베이지안 네트워크든 일단 노드를 그리고, 노드 사이에 인과관계를 부여한 뒤 조건부 확률표를 만들면, 우리는 이것들을 사용해 진단을 하거나 추론을 할 수 있다는 뜻이다. 어떻게? 확률을 구해서 말이다. 이런 이유로 우리는 베이지안 네트워크를 사용해 힘들게 확률을 구한 것이다. 자, 그렇다면 정말로 겨울이라면 도로에 눈이 쌓여 있을 확률은 어떻게 될까? 식으로 쓰자면 다음과 같다.

$$P(눈 | 겨울) = P(S | W) = \frac{P(S, W)}{P(W)}$$

결국 조건부 확률을 구하는 문제이기 때문에, 베이지안 정리에 따라서 확률을 풀어 썼다. 겨울일 때 눈이 내릴 확률을 구하기 위해 P(W)와 P(S, W)를 알면 된다. P(W)의 경우 베이지안 네트워크에 있는 겨울 노드의 CPT를 통해 그 값을 알 수 있다. 바로 P(W) = 0.6이다. 그렇다면 P(S, W)는 어떻게 구할 수 있을까? 이 확률을 구하기 위해 앞에서 전체 베이지안 네트워크에서 노드의 값이 주어졌을 때, 즉 베이지안 전체 노드의 곱사건을 구하는 방법을 살펴봤다. P(S, W)를 베이지안 네트워크를 구성하는 노드의 합사건으로 나타내면 다음과 같다.

$$P(S, W) = P(S, W, Z) + P(S, W, \sim Z)$$

우리가 관심을 두는 것은 겨울과 눈이 내린 노드다. 즉 영하인지 아닌지는 관심이 아니다. 관심이 아니라는 표현이 직접적으로 와 닿지 않는다면, 겨울이고 눈이 내리는 세상만을 고려할 때, 그 세상에는 영하인 세상도 있고 영하가 아닌 세상도 포함된다. 따라서 겨울이고 눈이 내린 세상에는 영하와 영하가 아닌 세상 모두가 포함된다고 할 수 있다.

영하 여부의 세상은 모두 포함되기 때문에, 관심을 보일 이유가 없다. 따라서 관심이 아니라는 표현도 괜찮다. 이렇게 모든 노드의 곱사건으로 우리가 관심을 보이는 노드의 곱사건을 구할 수 있다. 베이지안 네트워크 내 모든 노드의 곱사건은 앞에서 각 노드의 CPT의 곱으로 표현할 수 있다는 걸 알았다. 이것을 적용해 앞의 공식을 노드의 조건부 확률로 나타내면 다음과 같다.

$$P(S, W) = P(W)P(Z \mid W)P(S \mid Z) + P(W)P(\sim Z \mid W)P(S \mid \sim Z)$$
$$= 0.6 \times 0.7 \times 0.9 + 0.6 \times 0.3 \times 0.6$$
$$= 0.378 + 0.108$$
$$= 0.486$$

이상에서 구한 P(W)와 P(S, W)를 사용해 P(S | W)를 구하면 다음과 같다.

$$P(S \mid W) = \frac{P(S, W)}{P(W)} = \frac{0.478}{0.6} = 0.81$$

겨울이라면 눈이 올 확률은 81퍼센트 정도 된다는 뜻이다. 그렇다면 눈이 온다면 겨울일 확률은 어떻게 될까? 이제 어느 정도 감을 잡은 독자들이 많을 것이라 생각한다. 이 또한 다음처럼 베이지안 정리를 사용해 나타낼 수 있다.

$$P(W \mid S) = \frac{P(W, S)}{P(S)}$$

다행히도 이미 P(W, S)는 앞에서 구해놨다. 따라서 눈이 올 확률 P(S)만 구하면 된다. 이 확률은 어떻게 구할까? P(W, S)를 구했듯이 베이지안 네트워크 내 모든 노드의 곱사건을 활용해 얻을 수 있다. P(S)를 베이지안 네트워크의 곱사건을 사용해 다시 나타내면 다음과 같다.

$$P(S) = P(S, W, Z) + P(S, W, {\sim}Z) + P(S, {\sim}W, Z) + P(S, {\sim}W, {\sim}Z)$$
$$= P(W)P(Z \mid W)P(S \mid Z) + P(W)P({\sim}Z \mid W)P(S \mid {\sim}Z)$$
$$+ P({\sim}W)P(Z \mid {\sim}W)P(S \mid Z) + P({\sim}W)P({\sim}Z \mid {\sim}W)P(S \mid {\sim}Z)$$

관심 여부로 설명을 하자면 우리가 관심 있는 것은 눈이 내리느냐이다. 따라서 겨울과 영하 여부는 관심 대상이 아니기 때문에, 눈이 내리는 것만 고정하고 겨울과 영하 여부만 바꿔서 전체적으로 곱사건을 구성하면 된다. 이상의 식에 각 노드의 조건부 확률을 넣어서 계산하면 된다. 그 결과는 다음과 같다.

$$P(S) = P(W)P(Z \mid W)P(S \mid Z) + P(W)P({\sim}Z \mid W)P(S \mid {\sim}Z)$$
$$+ P({\sim}W)P(Z \mid {\sim}W)P(S \mid Z) + P({\sim}W)P({\sim}Z \mid {\sim}W)P(S \mid {\sim}Z)$$
$$= 0.6 \times 0.7 \times 0.9 + 0.6 \times 0.3 \times 0.6 + 0.4 \times 0.2 \times 0.9 + 0.4 \times 0.8 \times 0.6$$
$$= 0.378 + 0.108 + 0.072 + 0.192$$
$$= 0.75$$

이상에서 구한 P(S)와 P(W, S)를 사용해 P(W | S)를 구하면 다음과 같다.

$$P(W \mid S) = \frac{P(W, S)}{P(S)} = \frac{0.486}{0.75} = 0.648$$

눈이 올 때 겨울일 확률은 65퍼센트 정도 된다. 지금까지 살펴본 강설 여부 베이지안 네트워크는 무척 간단한 예제였지만, 살펴봤듯이 확률을 구할 때 계산량은 적지 않았다. 눈치챈 독자들도 있겠지만, 일반적으로 베이지안 네트워크에서 어떤 확률, 단순하게 하나의 노드 값만이 정해진 경우나 조건부 확률 등을 구할 때는 베이지안 네트워크 내 노드의 조건부 확률을 이용해야 한다. 즉 노드가 많아질수록 곱셈의 양이 무척 많아진다는 뜻이다.

베이지안 네트워크에서 확률을 구하는 문제는 NP 하드이기 때문에, 이것을 쉽게 구하는 알고리즘은 없다. 베이지안 네트워크가 커지는 경우 정확한 확률 값을 구하기보다 근사치를 구하는 알고리즘을 많이 사용한다. 이런 알고리즘에 대한 설명은 이 책의 목적에 맞지 않는다. 그런 알고리즘을 구현하는 것은, 확률적 프로그래밍을 어떻게 구현하느냐의 문제이기 때문이다. 따라서 베이지안 네트워크에서 확률을 구하는 방법에 대해서는 설명하지 않고, 관심 있는 독자들의 숙제로 남겨두겠다.

강설 여부 베이지안 네트워크에서 봤듯이 간단한 확률을 구하는 건 상당히 소모적인 작업이다. 이런 확률을 구해주는 도구가 있으면 좋을 듯하다. 따라서 2부의 나머지 장에서는 베이지안 네트워크와 관련된 도구를 알아보고, 베이지안 네트워크를 활용하는 예제를 살펴보겠다.

정 리

1. 베이지안 네트워크에서 각 노드의 확률은 조건부 확률표[CPT, conditional probability table]를 사용해 표현한다.

2. 복잡해 보이는 베이지안 네트워크든 간단한 베이지안 네트워크든 일단 노드를 그리고, 노드 사이에 인과관계를 부여한 뒤 조건부 확률표를 만들면, 이것들을 사용해 진단을 하거나 추론을 할 수 있다.

12장

Samlam을 사용한
베이지안 네트워크 활용

11장에서 살펴봐서 알겠지만 베이지안 네트워크를 사용해 수작업으로 확률을 계산한다는 건 쉽지 않은 일이다. 노드 몇 개로 구성된 경우도 그 연산량이 만만치 않은데, 노드가 수십 개라면 쉽지 않다는 걸 직감할 것이다. 당연히 도구를 사용한다면 쉽게 계산할 수 있다. 12장에서는 공개 도구인 SamIam을 사용해 베이지안 네트워크를 구성하고 각 노드의 확률을 구하는 방법을 살펴보겠다.

SamIam은 http://reasoning.cs.ucla.edu/samiam/에서 메일과 이름, 소속을 입력하면 무료로 내려받을 수 있다. 자바 기반의 소프트웨어이기 때문에 기본적으로 자바를 실행할 수 있는 환경이 컴퓨터에 설치돼야 한다. 내 경우 맥을 사용하기 때문에 여기서는 맥 버전을 기준으로 설명하겠지만, PC 버전과 리눅스 버전도 있으니 홈페이지에서 자신에게 맞는 버전을 찾아 설치하기 바란다. 설치 방법과 실행 방법은 홈페이지를 참조하는 것으로 한다.

SamIam을 실행하면 다음과 같은 화면이 뜰 것이다.

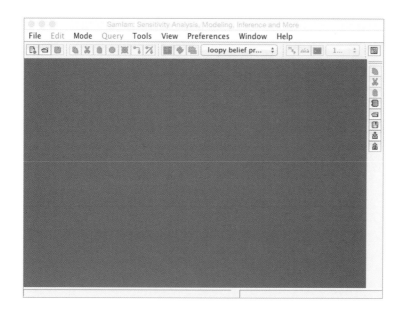

메뉴에서 File ▶ New를 선택하면 새로운 베이지안 네트워크를 모델링할 수 있는 에디터 창이 다음과 같이 활성화된다.

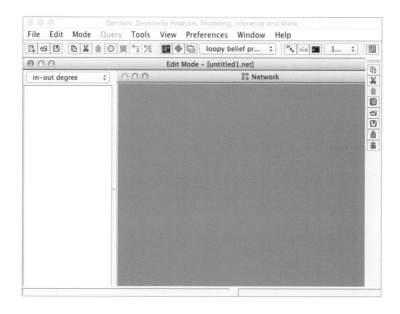

가장 먼저 할 일은 네트워크 노드를 생성하는 일이다. 우선 앞 장에서 살펴본 겨울에 영하일 때 눈이 내릴 확률의 베이지안 네트워크를 모델링해보겠다. 이 베이지안 네트워크를 모델링하려면 3개의 노드가 필요하다. 우선 겨울 여부를 나타내는 노드부터 만들어보자. 노드를 만들기 위해 메뉴에서 Edit ❯ Add Node를 선택한다. 선택을 한 뒤 편집 영역에 노드를 둘 곳을 클릭한다. 클릭을 하면 다음 그림처럼 노드가 만들어진 모습을 확인할 수 있다.

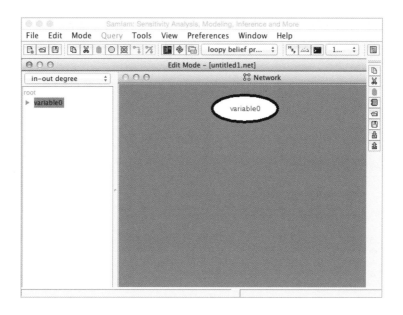

새로운 노드가 만들어졌기 때문에 다음으로 할 일은 노드의 이름, 상태, 확률을 부여하는 작업이다. 새로 만들어진 노드를 더블클릭하면 다음 창이 활성화된다. 우선 한글은 지원이 안 된다. 따라서 영어로 입력을 해야 한다. 우선 노드의 식별자와 이름을 입력한다. Identifier[식별자]에 winter라고 입력하자. 식별자는 노드를 구분하는 수단이기 때문에 노드마다 다른 값을 입력해야 한다. Name[이름]은 베이지안 네트워크에서 보이는 값으로, 여타 노드와 중복돼도 괜찮다. 여기서는 이름에 Winter라고 입력하자.

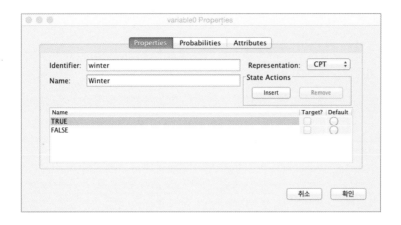

다음으로 노드가 가질 수 있는 상태를 입력한다. 최초에 더블클릭해서 창이 생성됐을 때 state0, state1이라고 되어 있다. 각각을 위의 그림처럼 TRUE와 FALSE로 수정한다. 식별자, 입력, 상태 입력이 다 됐다면 다이얼로그 상단의 Probabilities를 클릭한다.

이제 노드의 확률을 입력해보자. 겨울인 경우 0.6, 겨울이 아닌 경우엔 0.4를 입력해야 한다. 따라서 다이얼로그 창에 있는 테이블에서 TRUE에 0.6을, FALSE에 0.4를 입력하고 나서 **확인** 버튼을 클릭하자. 다이얼로그 창이 사라지고 노드 이름이 Winter로 바뀐 모습을 확인할 수 있다.

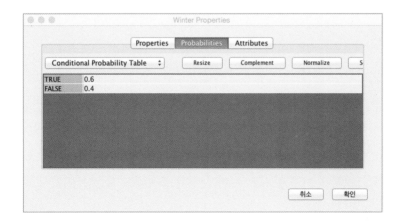

영하 노드를 겨울 노드처럼 만들어보자. 식별자로 zero, 이름으로 Zero를 입력한다. 상태는 겨울과 동일하게 TRUE와 FALSE를 입력한다. 일단 확률을 입력하지 않고 **확인** 버튼을 클릭해서 창을 닫자. 창을 닫고 나면 편집 창에 영하 노드가 다음처럼 만들어진 모습을 확인할 수 있다.

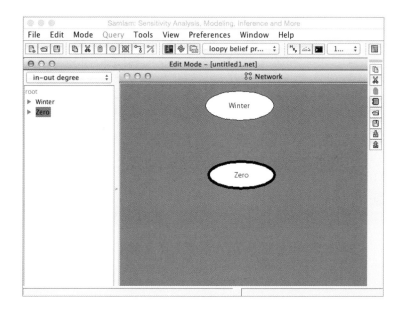

영하 노드를 완성하려면 확률을 입력해야 한다. 하지만 겨울 노드와 다른 점이 있다. 겨울 노드는 부모 노드가 없다. 하지만 영하 노드는 겨울 노드를 부모로 갖는다. 즉 영하 노드는 겨울 노드와 달리 부모 노드가 있기 때문에 조건부 확률 형태로 입력을 해야 한다. 조건부 확률 형태로 확률을 입력하려면 부모 노드를 표시해야 한다. 자, 이 작업을 해보자. 메뉴에서 **Edit ❯ Add Edge**를 선택한다. 그러고 나서 겨울 노드를 클릭한 다음 영하 노드를 클릭하면 된다. 이 작업이 끝나면 다음 그림처럼 겨울 노드에서 영하 노드로 연결되는 모서리가 생성된 모습을 확인할 수 있다.

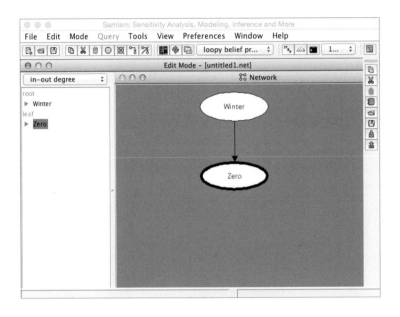

영하 노드를 더블클릭하자. 상단의 Probabilities를 클릭하면 다음 그림처럼 확률을 입력하는 테이블이 겨울과는 다름을 확인할 수 있다. 겨울의 상태에 따라서 확률이 달라지는 조건부 확률이기 때문이다. 겨울이 참일 때 확률과 겨울이 거짓일 때 기준으로 각 확률을 입력하면 된다. 즉 겨울일 때 영하일 확률은 0.7, 영하가 아닐 확률은 0.3을 입력하고, 겨울이 아닐 때 영하일 확률은 0.2, 영하가

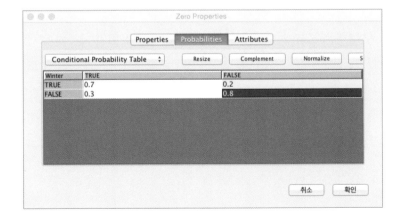

아닐 확률은 **0.8**을 입력하면 된다. 입력을 끝내고 나서 **확인** 버튼을 클릭하자.

앞에서 살펴본 방법을 사용해 눈 노드에 대한 식별, 이름, 상태, 확률을 입력하고 나면 베이지안 네트워크가 아래처럼 생성된다. 자, 확률을 구할 모든 준비를 끝마친 셈이다.

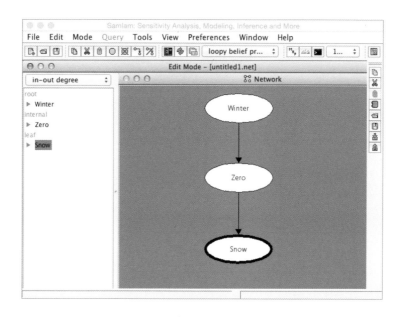

SamIam은 두 가지 모드가 있는데, 하나는 지금까지 설명한 편집^{Edit} 모드이고 다른 하나는 쿼리^{Query} 모드다. 쿼리 모드는 편집 모드에서 생성한 베이지안 네트워크를 사용해서 궁금해하는 정보를 조회할 수 있기 때문에 쿼리 모드란 이름이 붙었다. 지금까지 만든 겨울철 베이지안 네트워크를 사용해 "눈이 온다면 겨울이라고 할 수 있는가?"라는 질문에 답을 달 수 있다. 지금까지 살펴봤듯이 P(겨울 | 눈)을 구해서 이 값이 기준 값을 초과한다면 겨울이라고 판단할 수 있는 것이다. 쿼리 모드로 전환하기 위해 메뉴에서 **Mode > Query Mode**를 선택한다. 쿼리 모드로 전환하면 다음과 같이 편집 창이 편집 모드와 달라진 모습을 확인할 수 있다.

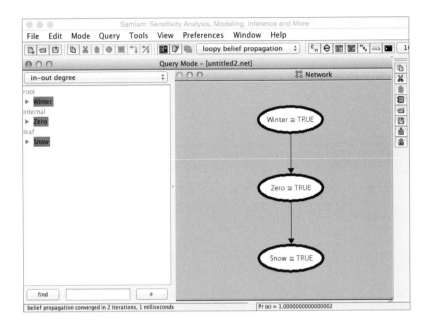

쿼리 조건이 달라짐에 따라서 각 노드의 확률을 조회하기 위해 각 노드의 확률을 모니터링할 수 있는 창을 띄워야 한다. 메뉴에서 Mode > Show monitors > Show All을 선택한다. 다음과 같이 각 노드의 확률을 조회할 수 있는 확률 조회 창이 생성된 모습을 확인할 수 있다. 이 확률 조회 창을 해석하는 방법에 대해 알아보자. Winter 노드의 경우를 보자. 겨울이 참일 확률은 60퍼센트, 거짓일 확률은 40퍼센트란 뜻이다. 그렇다면 온도가 영하일 확률은 어떻게 될까? 영하일 확률은 50퍼센트, 영하가 아닐 확률은 50퍼센트가 된다. 자, 그렇다면 겨울일 때 눈이 올 확률은 어떻게 될까?

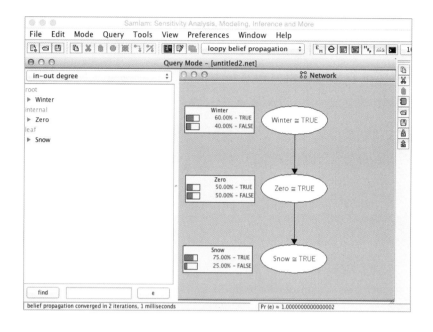

겨울일 때 눈이 올 확률 P(Snow | Winter)를 구하는 방법을 알아보자. 편집 창의 오른쪽은 트리 창으로서, 각 노드의 값을 선택할 수 있다. 트리 창에서 Winter를 클릭하면 Winter의 상태 값인 TRUE와 FALSE가 나오는데, 이 상태 중 TRUE를 선택하자. 선택을 하면 트리 창에서 Winter와 Winter의 상태인 TRUE가 붉은색으로 표시된다. 아울러 편집 창에 있는 Winter 노드도 붉은색으로 표시되며 확률 조회 창의 값이 변한다. 아무것도 선택하지 않았을 때 Winter 노드가 참일 확률은 60퍼센트이고 거짓일 확률은 40퍼센트이지만, 트리 창에서 TRUE를 선택하면 Winter 노드가 참일 확률은 100퍼센트, 거짓일 확률은 0퍼센트로 바뀐다.

이것은 곰곰이 생각해보면 당연한 결과인데, Winter 노드가 가질 수 있는 상태는 참과 거짓이다. 우리는 참인 상태라고 선택함으로써 거짓일 가능성을 없앤 것이다. 따라서 결과적으로 참일 확률은 당연히 100퍼센트가 되고 거짓일 확률은 0퍼센트가 된다. Winter 노드의 상태를 참으로 고정하면 Zero, Snow 노드의 확률이 변한다는 사실을 확인할 수 있다. 우리의 관심 대상인 Snow 노드를 살펴보자.

앞에서 아무것도 선택하지 않았을 때 Snow가 참일 확률은 75퍼센트이고 거짓일 확률은 25퍼센트였다. 하지만 겨울을 참으로 고정하자, Snow가 참일 확률은 81퍼센트로, 거짓일 확률은 19퍼센트로 변경됐다. 겨울이 참으로 고정됐을 눈노드가 참일 확률, 즉 겨울일 때 눈이 올 확률 $P(Snow \mid Winter)$가 81퍼센트란 뜻이다. 앞 장에서 손으로 계산했을 때의 확률과 같은 값임을 확인할 수 있다(11장을 참고하자). 그렇다면 눈이 올 때 겨울일 확률은 어떻게 될까?

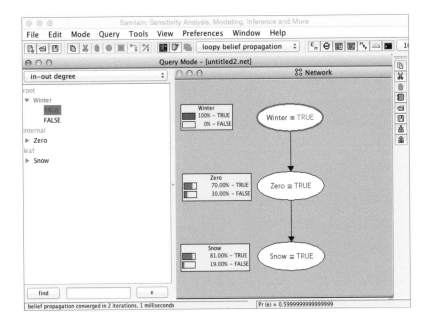

눈이 올 때 겨울일 확률도 쉽게 구할 수 있다. 우선 트리 창에서 선택한 Winter의 TRUE 상태를 다시 클릭해서 아무것도 선택하지 않은 상태로 만든다. 그런 다음, 트리 창에서 Snow를 클릭하고 Snow의 상태 중 TRUE를 클릭한다. 이렇게 하면 앞에서 Winter의 TRUE 상태를 클릭했을 때와 같은 현상이 벌어진다. 트리 창에서 Snow와 Snow의 TRUE 상태가 붉은색으로 변하고, 편집 창에서 Snow 노드의 확률 조회 창 값이 참일 때 100퍼센트, 거짓일 때 0퍼센트로 변한다.

눈이 올 때 겨울일 확률은 이제 쉽게 구할 수 있다. 편집 창에서 Winter 노드의 TRUE일 때 확률을 살펴보면 된다. 값은 64.8퍼센트다. 이 값도 앞 장에서 구한 눈이 올 때 겨울일 확률과 동일한 값이다(이 값도 마찬가지로 11장을 참고하자). 어떤가? 이제 쿼리 모드라는 말이 와 닿는가? 우리가 보유한 지식을 사용해 베이지안 네트워크를 작성하고 확률을 부여한 뒤, 조건부 확률의 형태로 질문을 던지면 원하는 답을 얻을 수 있기 때문에, 쿼리 모드라 한다. 실제로 베이지안 네트워크를 사용해 질의를 하고 원하는 답을 찾는 것을 쿼리라 한다.

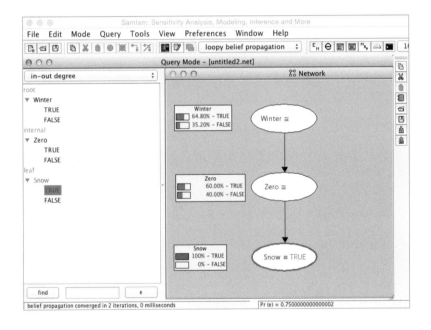

앞 장에서 다룬 스프링클러 예제를 사용해, 지금까지 알아본 베이지안 네트워크의 개념을 좀 더 살펴보자. 스프링클러 예제를 SamIam을 사용해 베이지안 네트워크로 작성한 뒤 쿼리 모드로 변경한다. 변경한 후 확률 조회 창을 띄워보

자. 다음 그림과 같은 결과를 얻을 것이다. 앞 장에서 스프링클러 베이지안 네트워크를 사용해, 여름이고 스프링클러가 작동하지 않으며 비가 내리고 잔디가 젖지 않았으며 도로가 젖어 있을 확률을 구한 것을 기억하는가? 이 확률은 어떻게 구할까?

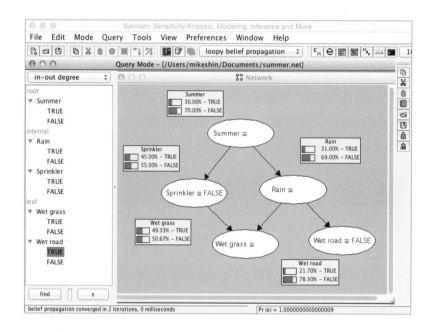

이 책에서는 개념 정의를 최대한 피하려고 한다. 개념이란 어떤 것을 설명하기 위해 사용하면 좋은데, 반대로 개념 정의에 집중하다 보면 이해가 어려워지는 경우가 있다. 개념 정의는 대개 깔끔하게 정리된 형태다. 그런데 사람들은 이렇게 생각하지 않는다. 처음에 잘 이해하기 어려운 내용도 반복해서 듣다 보면, 그제서야 개념 정의의 참뜻을 이해하기 마련이다. 말하자면 이해가 먼저고 그 다음이 개념 정의다. 그런데 많은 이론서가 그 반대로 접근하는 경우가 많다. 개념을 정의하고 그에 맞는 설명을 풀어가다 보니, 이해가 어려워진다.

그래서 이 책에서는 개념 정의를 최대한 자제하고 있다. 이 책을 덮고 다른 책을 읽어본다면 독자들은 이 책에서 이해한 내용을 통해 다른 책에서 정리하는 개념을 쉽게 받아들일 수 있을 것이다. 다소 옆길로 빠졌는데, 이 이야기를 하는 이유는 증거라는 개념을 소개하기 위해서다. 증거라는 개념을 이야기해도, 사전에 충분한 이해가 됐기 때문에 어려워하는 독자가 없을 것이란 생각이 들기 때문이다.

증거는 이미 베이지안 확률을 설명하면서 한 번 이야기한 내용이다. 베이지안 확률은 사전 확률, 가능도, 증거로 구성된다. 증거라는 것은 우리가 명백히 알고 있는 것이다. 앞에서 설명한 겨울 베이지안 네트워크에서, 눈이 온다면 겨울일 확률에서 눈이 온다는 게 바로 증거에 해당한다. 겨울일 때 눈이 올 확률을 구할 때, 겨울이라는 증거를 갖고 있을 때 눈이 올 확률을 구하기 때문에 겨울이 증거에 해당한다.

베이지안 네트워크에서 우리가 알고 있는 것들은 바로 증거에 해당한다는 뜻이다. 다시 우리가 구하려는 확률, 여름이고 스프링클러가 작동하지 않으며 비가 내리고 잔디가 젖지 않았으며 도로가 젖어 있을 확률에서 여름, ~스프링클러, 비, ~젖은 잔디, 젖은 도로가 바로 증거에 해당한다. 따라서 이런 증거가 주어졌을 때 확률을 구하면 된다. 이 확률을 구하기 위해 트리 창에서 각 증거에 해당하는 상태 값을 선택해주어야 한다. 상태 값을 선택하고 나면 편집 창은 다음과 같아진다.

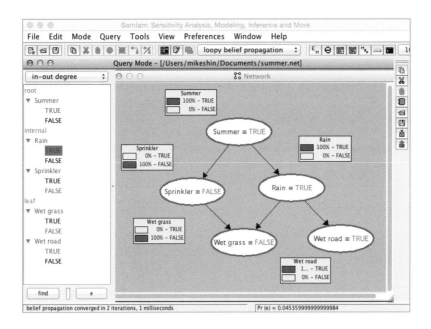

　　메뉴에서 Tools ＞ Recursive Conditioning, Pr(e) Only를 선택하면 다음과 같은 다이얼로그 창이 생성된다. 기타 옵션은 그대로 둔 채 하단에 있는 **Run** 버튼을 클릭하면 계산이 끝나고 **Results**라고 표시된 부분에 확률 값 Pr(e)가 출력된다. Pr(e)에서 'e'가 의미하는 것은 증거[evidence]다. 즉 우리가 트리 창에서 선택한 여름, ~스프링클러, 비, ~젖은 잔디, 젖은 도로를 증거로 삼아 확률을 구한 값이다. 계산된 확률 값은 0.04536이다. 이 값은 11장에서 열심히 손으로 구한 값과 동일하다.

만약 다른 노드는 선택하지 않고 스프링클러가 작동할 확률을 구하면 어떻게 될까? 앞에서와 동일한 방법을 사용하면 된다. 트리 창에서 노드의 선택된 상태를 해제하고 스프링클러의 상태만 TRUE로 선택한다. 이후 메뉴에서 Recursive Conditioning, Pr(e) Only 다이얼로그를 생성한 뒤 Run 버튼을 누르면 다음과 같이 0.45의 값이 출력되는 모습을 확인할 수 있다.

만약 이 확률 값을 손으로 계산한다면 어떻게 해야 할까? 우선 아찔한 기분이 든다. 다양한 계산 방법이 있지만 단순하게 생각나는 계산 방법은 복잡하기보다 지루하게 길기 때문이다. 우선 스프링클러가 작동하는 세상의 확률을 구하려면, 각 노드의 모든 경우를 다 조합해야 한다. 말하자면 여름일 때와 여름이 아닐 때, 비가 올 때와 비가 오지 않을 때, 잔디가 젖어 있을 때와 젖어 있지 않을 때, 도로가 젖어 있을 때와 젖어 있지 않을 때를 모두 조합해야 한다. 즉 식으로 쓰자면 다음과 같다.

P(스프링클러) = P(여름, 스프링클러, 비, 젖은 잔디, 젖은 도로)

+ P(여름, 스프링클러, ~비, 젖은 잔디, 젖은 도로)

+ P(여름, 스프링클러, 비, 젖은 잔디, ~젖은 도로)

+ P(여름, 스프링클러, ~비, 젖은 잔디, ~젖은 도로)

+ P(여름, 스프링클러, 비, ~젖은 잔디, 젖은 도로)

+ P(여름, 스프링클러, ~비, ~젖은 잔디, 젖은 도로)

+ P(여름, 스프링클러, 비, ~젖은 잔디, ~젖은 도로)

+ P(여름, 스프링클러, ~비, ~젖은 잔디, ~젖은 도로)

+ P(~여름, 스프링클러, 비, 젖은 잔디, 젖은 도로)

+ P(~여름, 스프링클러, ~비, 젖은 잔디, 젖은 도로)

+ P(~여름, 스프링클러, 비, 젖은 잔디, ~젖은 도로)

+ P(~여름, 스프링클러, ~비, 젖은 잔디, ~젖은 도로)

+ P(~여름, 스프링클러, 비, ~젖은 잔디, 젖은 도로)

+ P(~여름, 스프링클러, ~비, ~젖은 잔디, 젖은 도로)

+ P(~여름, 스프링클러, 비, ~젖은 잔디, ~젖은 도로)

+ P(~여름, 스프링클러, ~비, ~젖은 잔디, ~젖은 도로)

이상의 식을 다시 각 노드의 조건부 확률 값으로 치환해서 열심히 곱셈과 덧셈을 하면 0.45라는 값을 얻을 것이다. 물론 이런 식으로 계산을 통해 확률을 구할 수도 있지만 도구를 사용하는 편이 훨씬 효율적이다. 주어진 베이지안 네트워크를 사용해 확률을 계산하는 방법은 다양하다. 하지만 이 책의 범위를 다소 벗어나므로 어떤 방식으로 이런 확률을 계산하는지는 본문에서 설명하지 않고, 관심 있는 독자들의 몫으로 남겨두겠다. 마지막으로, 베이지안 네트워크의 독립성에 대해 살펴보면서 이번 장을 끝내겠다.

스프링클러 베이지안 네트워크에서 Rain 노드와 Sprinkler 노드가 서로 조건부 독립이 되기 위해 어떤 조건을 만족시켜야 할까? 마르코비안 가정을 사용할 수도 있지만 디세퍼레이션으로 살펴보는 게 가장 보편적이다. 자, 디세퍼레이션 조건을 만족시키려면 어떻게 해야 할까? 두 노드를 연결하는 경로가 밸브로 막혀 있어야 한다. Rain 노드와 Sprinkler 노드 사이에는 2개의 경로가 있다. 하나는 Summer 노드를 통과하는 경로이고, 하나는 Wet grass 노드를 통과하는 경로다.

Summer 노드는 발산 밸브이고, Wet grass는 수렴 밸브다. 기억하는 독자도 있겠지만 발산 밸브가 닫혀 있으려면 상태 값이 정해져야 한다. 이에 반해서 수렴 밸브가 닫혀 있으려면 상태 값이 정해져 있어서는 안 된다. 우선 Summer 노드와 Wet grass 노드의 상태가 정해져 있지 않다고 하자. 이 경우 수렴 밸브는 닫혀 있지만 발산 밸브는 열려 있기 때문에, Rain 노드와 Sprinkler 노드 사이에 모든 경로가 닫혀 있지 않으므로, 디세퍼레이션에 따르면 Rain과 Sprinkler는 조건부 독립이 아니다. 자, 이것을 SamIam 도구로 확인해보자.

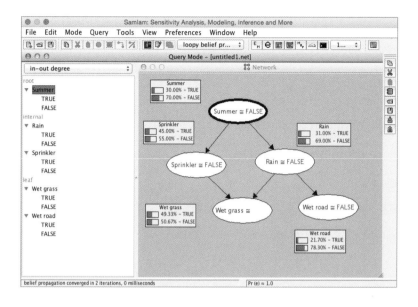

트리 창에서 Sprinkler의 상태를 TRUE로 선택하자. 이때 Rain 노드의 확률 값은 어떻게 되는가? 모니터링 창을 확인하면 참일 경우 확률이 14.67퍼센트, 거짓일 경우 확률이 85.33퍼센트가 된다. 즉 다음 그림과 같다.

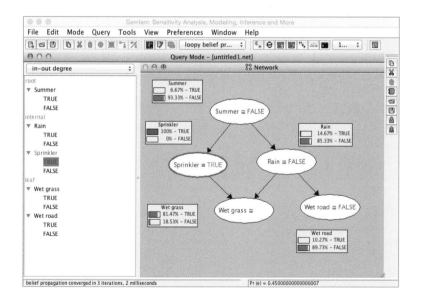

이번에는 트리 창에서 Sprinkler의 상태를 FALSE로 바꿔보자. 이때 Rain 노드의 확률은 어떻게 바뀌는가? 혹시 바뀌지 않는가? 아니다. 다행히도, 바뀐다. 참일 확률은 44.36퍼센트이고, 거짓일 확률은 55.64퍼센트가 된다. 이게 의미하는 바가 무엇일까? Sprinkler와 Rain 노드를 연결하는 경로는 닫혀 있지 않기 때문에, 서로 조건부 독립이 아니다. 서로 조건부 독립이 아니라는 의미는 서로 영향을 준다는 뜻이다. 지금까지 살펴본 것처럼 Sprinkler의 상태가 바뀔 때, Rain 노드의 확률이 영향을 받는다. 여기서 살펴보진 않겠지만 그 반대의 경우도 성립한다.

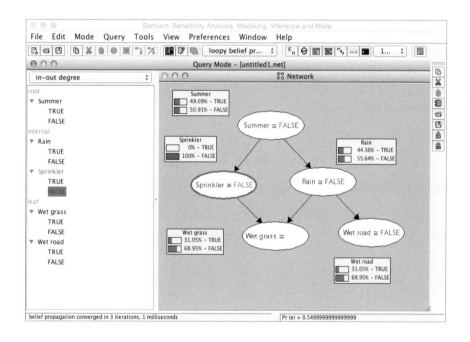

자, 그렇다면 Sprinkler와 Rain 노드를 잇는 모든 밸브를 닫아보자. 모든 밸브를 닫으려면 Summer 노드의 상태를 TRUE나 FALSE로 트리 창에서 지정하면 된다. Wet grass는 수렴 밸브이기 때문에 상태를 지정하지 않아야 밸브가 닫힌다. 여기서는 Summer 노드를 TRUE로 선택하겠다.

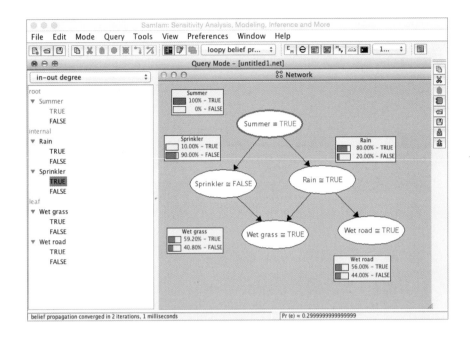

자, 이제 Sprinkler의 상태를 TRUE와 FALSE로 번갈아 바꾸면서 Rain 노드의 확률을 살펴보자. Sprinkler의 상태가 바뀔 때마다 Rain 노드의 확률이 바뀌는가? 아니다. 바뀌지 않는다. Sprinkler의 노드 상태와 관계없이 Rain이 참일 확률은 80퍼센트, 거짓일 확률은 20퍼센트다. 확률이 바뀌지 않는다는 것은, Rain과 Sprinkler는 서로 조건부 독립이라는 뜻이다. 두 노드를 연결하는 통로의 밸브가 모두 닫혀 있기 때문이다. 이상으로 이번 장을 모두 마치겠다. 다음 장은 베이지안 네트워크의 마지막 편으로, 베이지안 네트워크를 사용한 쿼리에 대해 좀 더 자세히 살펴보겠다.

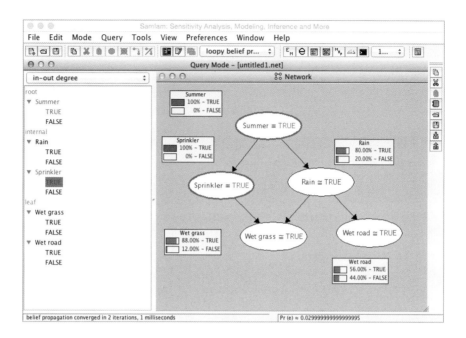

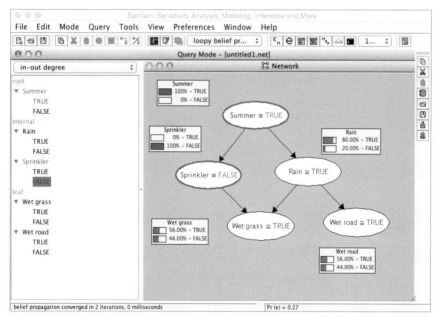

정 리

1. SamIam을 사용하면 복잡한 베이지안 네트워크의 확률을 쉽게 계산할 수 있다.

2. SamIam은 편집 모드와 쿼리 모드로 나뉜다. 편집 모드는 베이지안 네트워크를 작성할 수 있으며, 쿼리 모드는 편집 모드에서 작성한 베이지안 네트워크를 활용해 다양한 확률을 계산할 수 있다.

13장 베이지안 네트워크를 사용한 쿼리

13장에서는 SamIam 프로그램을 사용한 베이지안 네트워크의 쿼리에 대해 좀 더 알아보자. 쿼리란 베이지안 네트워크를 사용해 우리가 원하는 답을 얻기 위해 조건부 확률이나 확률을 구하는 것이라 했다. 이것은 데이터베이스에서 원하는 정보를 찾기 위해 쿼리를 만들어서 데이터베이스를 조회하는 것과 동일하다. 베이지안 네트워크에서 사용할 수 있는 쿼리를 하나씩 살펴보자.

제일 먼저 살펴볼 것은 한계 확률$^{\text{marginal probability}}$이다. 한계 확률이란 이름은 이 책을 통틀어서 처음으로 설명하는 것이지만 이미 오래전부터 한계 확률을 사용해 많은 확률을 계산했다. 스프링클러 베이지안 네트워크를 다룰 때 도구의 편리함을 알기 위해 피곤함을 무릅쓰고 손으로 스프링클러가 작동할 확률을 일일이 계산한 바가 있다. 기억을 되살리는 의미로 스프링클러가 작동할 때 확률을 구하는 식을 다시 써보자.

$$P(\text{스프링클러}) = P(\text{여름, 스프링클러, 비, 젖은 잔디, 젖은 도로})$$
$$+ P(\text{여름, 스프링클러, ~비, 젖은 잔디, 젖은 도로})$$
$$+ P(\text{여름, 스프링클러, 비, 젖은 잔디, ~젖은 도로})$$
$$+ P(\text{여름, 스프링클러, ~비, 젖은 잔디, ~젖은 도로})$$

+ P(여름, 스프링클러, 비, ~젖은 잔디, 젖은 도로)

+ P(여름, 스프링클러, ~비, ~젖은 잔디, 젖은 도로)

+ P(여름, 스프링클러, 비, ~젖은 잔디, ~젖은 도로)

+ P(여름, 스프링클러, ~비, ~젖은 잔디, ~젖은 도로)

+ P(~여름, 스프링클러, 바, 젖은 잔디, 젖은 도로)

+ P(~여름, 스프링클러, ~비, 젖은 잔디, 젖은 도로)

+ P(~여름, 스프링클러, 비, 젖은 잔디, ~젖은 도로)

+ P(~여름, 스프링클러, ~비, 젖은 잔디, ~젖은 도로)

+ P(~여름, 스프링클러, 비, ~젖은 잔디, 젖은 도로)

+ P(~여름, 스프링클러, ~비, ~젖은 잔디, 젖은 도로)

+ P(~여름, 스프링클러, 비, ~젖은 잔디, ~젖은 도로)

+ P(~여름, 스프링클러, ~비, ~젖은 잔디, ~젖은 도로)

이 확률을 구하는 과정을 다시 살펴보자. 스프링클러가 참일 때를 고정해두고 그 밖의 노드들은 모든 조합의 수를 나열했다. 왜 이렇게 할까? 이 부분은 앞의 여러 장에서 반복해 설명한 바가 있지만 다시 한 번 설명하겠다. 설명을 쉽게 하기 위해 여름과 스프링클러로만 베이지안 네트워크가 구성되어 있다고 해보자. 스프링클러가 참일 때 여름의 상태는 참과 거짓, 두 가지를 모두 갖고 있다.

따라서 스프링클러가 참일 확률 P(스프링클러)는 P(스프링클러, 여름) + P(스프링클러, ~여름)으로 쓸 수 있다. 만약 스프링클러, 여름, 비의 노드로 베이지안 네트워크로 구성되어 있다고 해보자. 그렇다면 스프링클러가 참일 확률은 여름과 비를 모두 조합해서 만들어야 한다. 다시 한 번 써보자면, P(스프링클러)는 P(스프링클러, 여름, 비) + P(스프링클러, ~여름, 비) + P(스프링클러, 여름, ~비) + P(스프링클러, ~여름, ~비)로 쓸 수 있다.

한계 확률이란 말 자체에서 그 의미를 파악하기란 쉽지 않지만, 위의 예처럼 관심 대상인 변수를 제외해두고 기타 변수들의 값을 모두 대입해서 구하는 것을 말한다. 한계 확률도 두 종류가 있다. 사전 한계 확률[prior marginal probability]과 사후 한계 확률[posterior marginal probability]이 여기에 속한다.

사전과 사후라는 말을 들은 많은 독자는 어떤 의미로 사전과 사후가 붙었는지 짐작했을 것이다. 사전 한계 확률과 사후 한계 확률에도 조건부 확률의 개념이 접목된다. 사전 한계 확률은 P(스프링클러)의 한계 확률을 구한 것이라면, 여기에 잔디가 젖은 사건이 발생했을 때 스프링클러가 작동했을 한계 확률 P(스프링클러 | 젖은 잔디)가 사후 한계 확률이라 할 수 있다.

SamIam을 사용해 한계 확률을 구해보자. 사실 한계 확률도 이미 11장에서 살펴봤다. 물론 한계 확률이라는 표현을 사용하진 않았지만 말이다. 스프링클러 베이지안 네트워크를 작성한 뒤 쿼리 모드로 변경하고 나서 확률 모니터링 창을 띄웠던 것을 기억하는가? 다음 그림처럼 각 노드의 상태에 부여되는 확률 값이 사전 한계 확률 값이다.

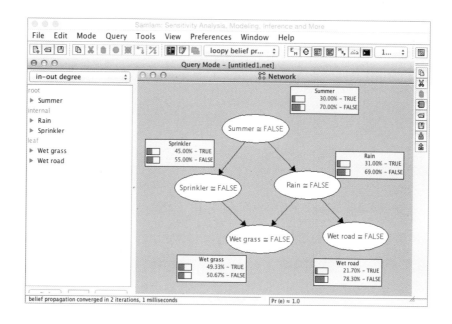

그렇다면 사후 한계 확률은 어떻게 될까? 이 또한 이미 살펴봤다. 트리 창에서 증거에 해당하는 노드의 상태 값을 선택했을 때 각 노드의 확률이 바뀌는데, 이 확률이 바로 사후 한계 확률이다. 예를 들어 스프링클러 베이지안 네트워크에서 젖은 잔디와 젖은 도로가 모두 참일 때의 증거를 가지고 각 노드의 사후 확률을 구한다면, 트리 창에서 Wet grass와 Wet road의 상태를 TRUE로 선택하면 된다. 이때 각 노드의 확률 모니터링 창의 변한 확률 값이 바로 각 노드의 사후 한계 확률이다.

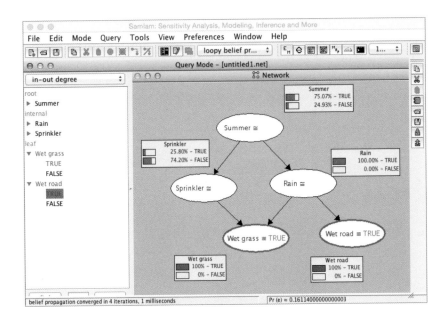

잔디는 젖었고 도로가 젖지 않았다면, 과연 지금은 여름인지 아닌지, 스프링클러는 작동을 했는지, 그리고 비가 내렸는지 안 내렸는지를 알려면 어떻게 해야할까? 즉 베이지안 네트워크에서 증거가 주어졌을 때, 나머지 노드들은 어떤 상태인지를 알고 싶다면 어떤 방법을 취해야 할까? 이것을 알려면 최적합 설명^MPE, Most Probable Explanation을 구하면 된다. 말이 어렵지만, 쉽게 말해서 증거가 주어졌을 때 확률 값이 가장 높도록 나머지 노드들의 상태를 정하면 된다. MPE를 구하기 위해서는 알고리즘을 다음과 같이 **shenoy-shafer**로 선택해야 한다. 여기서 의미하는 알고리즘이란 베이지안 네트워크에서 확률을 구할 때 사용하는 알고리즘이다.

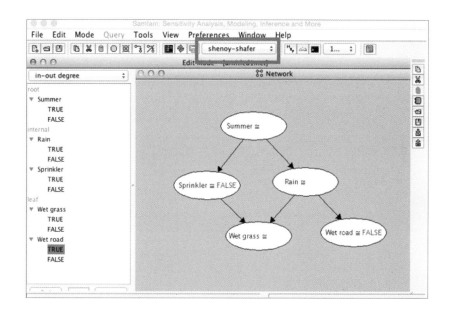

다음으로 트리 창에서 증거를 선택해야 한다. Wet grass와 Wet road를 TRUE로 선택하자. 다음으로 메뉴에서 Query ▶ MPE를 선택하면 다음 그림처럼 MPE 창이 활성화된다. MPE 창에서는 각 노드의 상태와 MPE의 확률을 확인할 수 있다. 우선 확률은 다이얼로그 창의 윗부분에 있는 P(mpe | e) 값을 읽으면 된다. 이 경우에는 약 0.657이 된다. 이때 각 노드의 상태를 보면 Rain은 TRUE, Sprinkler는 FALSE, Summer는 TRUE가 된다. 즉 이것을 해석하자면 잔디와 도로가 젖어 있을 때, 비는 왔고 스프링클러는 작동하지 않았으며 여름이라는 설명이 제일 그럴싸하다는 뜻이다.

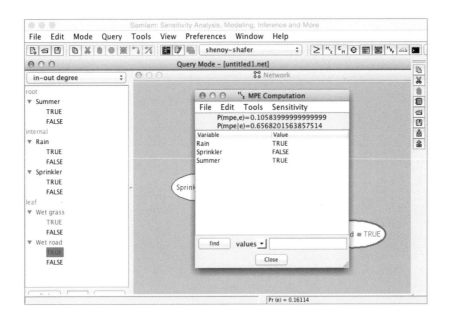

이런 경우도 있을 것이다. 잔디가 젖었고 도로가 젖지 않았을 때, 나머지 노드들의 상태 조합을 통해 가장 그럴싸한 가능성을 추정하는 것이 아니라, 일부 노드들만을 사용해 사후 한계 확률을 가장 크게 하는 조합을 찾아야 하는 경우 말이다. 조금 어려운데, 예를 들어보면 쉽게 이해할 수 있다.

젖은 잔디와 젖은 도로의 증거를 두고 최적합 설명을 찾으면 비가 내리고 스프링클러가 작동하지 않으며 여름인 경우다. 잔디와 도로가 젖었다고 할 때, 비와 스프링클러의 노드 조합만을 사용해(여름 노드는 제외함) 사후 한계 확률을 가장 크게 하는 조합을 찾고 싶을 때도 있다. 이것을 사후 한계 확률을 가장 크게 한다는 뜻으로 최대 사후 가정^{MAP, maximum a posteriori hypothesis}이라 한다. 최적합 설명이나 최대 사후 가정 모두 말도 길고 어렵기 때문에, **MPE**와 **MAP**라는 축약어를 많이 사용한다.

자, 그렇다면 MAP를 SamIam으로 한 번 구해보자. MPE를 구할 때처럼 우선 증거를 트리 창에서 선택해야 한다. 마찬가지로 트리 창에서 Wet grass와 Wet road를 TRUE로 선택하자. 그리고 나서 메뉴에서 **Tools > MAP**를 선택하면, 다음과 같이 MAP 다이얼로그 창이 생성된다. 여기서 MAP를 살펴볼 노드를 선택해야 한다. 이 작업을 하기 위해 다이얼로그 창에서 **Variable Selection Tool**을 선택한다.

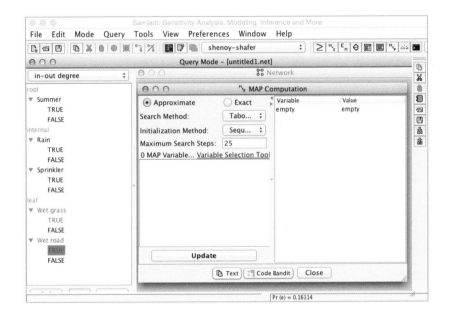

Variable Selection Tool에서 MAP를 살펴볼 노드를 선택하자. 여기서는 Rain과 Sprinkler를 선택하자. 선택을 마친 뒤에 **OK** 버튼을 클릭하자.

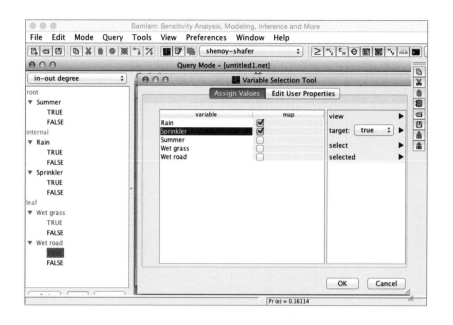

　　MAP 다이얼로그 창에서 **Update**를 클릭하면 선택한 Rain, Sprinkler를 사용해 MAP를 계산한다. MPE와 마찬가지로 확률 값과 각 노드의 상태 조합을 출력한다. 다음 그림처럼 확률은 오른쪽 상단의 P(MAP | e) 값을 읽으면 된다. 이 경우에는 약 0.74 정도가 나왔으며, 상태의 조합은 비는 오고 스프링클러는 작동하지 않는 경우다.

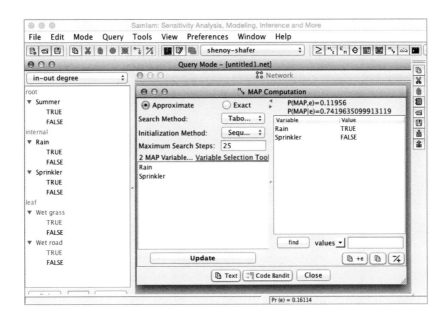

이상으로 SamIam을 사용해 MPE와 MAP를 구하는 방법을 살펴봤다. 다시 정리하자면 MPE는 MAP의 특수한 경우로 볼 수 있다. MAP는 증거가 주어졌을 때, 베이지안 네트워크 중 일부 노드를 선택해서 확률 값을 최대로 하는 상태 값을 찾아내는 것이다. MPE는 증거가 주어졌을 때, 베이지안 네트워크에서 증거를 제외한 나머지 노들의 조합으로 확률 값을 가장 크게 하는 조합을 찾아내는 것이다. 따라서 MAP의 노드 대상을, 증거를 제외한 베이지안 네트워크의 모든 노드로 하면 바로 MPE가 된다.

1. 베이지안 네트워크에서 증거가 주어졌을 때, 나머지 노드들은 어떤 상태인지를 알고 싶다면 최적합 설명[MPE, Most Probable Explanation]을 구하면 된다.

2. 증거가 주어졌을 때 특정 노드의 조합으로 사후 한계 확률을 가장 크게 하는 것을 최대 사후 가정[MAP, maximum a posteriori hypothesis]이라 한다.

14장 확률적 프로그래밍, Church 기초

자, 이렇게 해서 확률적 프로그래밍을 알아볼 준비를 모두 마쳤다. 1부와 2부의 내용을 충실히 읽은 독자들이라면 14장부터 다룰 확률적 프로그래밍이 그다지 어렵지 않을 것이다. 우리가 적지 않은 분량에서 다룬 확률, 명제, 베이지안 이론, 베이지안 네트워크의 내용이 모두 확률적 프로그래밍의 근간을 이루거나 확률적 프로그래밍을 배우는 데 도움을 줄 것이다.

확률적 프로그래밍 위키 사이트인 http://probabilistic-programming.org/wiki/Home을 방문해서 내용을 살펴보면 다양한 종류의 확률적 프로그래밍이 있음을 확인할 수 있다. 대충 헤아려보면 20종에 가까운 확률적 프로그래밍이 있다. 아마도 많은 독자가 이 책을 통해 처음으로 확률적 프로그래밍이라는 용어를 접했을 것이다. 많은 이들에게 낯선 개념이지만, 벌써 20여 종에 달하는 확률적 프로그래밍과 관련된 언어나 시스템이 이 세상에 있다. 이렇게 많은 언어와 시스템이 있지만 아직 대중화가 되지 않았기 때문에 딱히 두각을 나타내는 것도 없다. 프로그래밍 언어와 사람들이 일상에서 사용하는 언어는 공통점이 있는데, 바로 언어를 사용하는 경제적 효용이 클 때 그 언어도 번창한다는 점이다.

영어가 세계 만국어로 쓰이게 된 이유는 다양하겠지만 미국이나, 그전에는 영국이라는 나라의 국력 때문이었다. 프로그래밍 언어도 마찬가지다. 해당 언어를 썼을 때 돌아오는 게 많을 때 프로그래밍 언어는 그 세력을 금세 확장한다. 근래에 가장 좋은 예가 바로 오브젝트C이다. 애플이 아이폰으로 흥하기 전에는 그냥 그런 언어였는데, 지금은 그 위세가 상당하다. 물론 애플에서 Swift를 발표하면서 오브젝트C는 유물이 되겠지만, 이런 Swift의 급성장세도 프로그래밍 언어의 위세와 프로그래머가 언어를 배웠을 때 얻는 경제적 인센티브의 관계를 보여주는 좋은 예라 할 수 있다. 사실, 이런 측면에서 바라보자면 확률적 프로그래밍은 당장 배운다고 해서 뭔가를 얻을 수 있는 건 아니다. 하지만 다가오는 인공지능 시대를 대비해 미리 공부해둔다는 측면에서 본다면, 적은 비용으로 가장 많은 경제적 이익을 얻을 투자를 하는 셈이다.

확률적 프로그래밍의 현재 상황은 춘추전국시대와 비슷하다. 딱히 두각을 나타내는 언어가 없기 때문에, 무엇을 배워야 할지가 막막하다는 게 가장 큰 문제다. 이런 이유로 이 책도 딱히 어떤 확률적 프로그래밍을 깊게 파고 드는 것이 아니라, 확률적 프로그래밍을 배우는 데 필요한 기초 지식을 소개하는 데 그 목적이 있다. 따라서 확률적 프로그래밍의 기본 개념을 가장 잘 소개하는 언어를 선택해서 배우는 게, 이 책의 가장 큰 목적에 맞는다는 생각이다.

여러 확률적 프로그래밍을 두고 고민한 결과, Church를 사용해 확률적 프로그래밍의 기초를 소개하는 게 가장 좋겠다는 결론을 얻었다. 이 책에서는 Church를 사용해 확률적 프로그래밍의 세계를 알아보겠다. Church는 함수형 언어인 Scheme을 기반으로 만들어졌다. 따라서 Church 또한 함수형 언어다. 함수형 언어의 장점이라면 알고리즘을 표현하는 데 군더더기가 없다는 것이다. 함수형 언어는 1936년에 알란조 처치[Alanzo Church]가 고안한 람다 대수를 기반으로 만들어진 언어다. 람다 대수가 수학적인 추상화에 목적을 두었기 때문에, 람다 대수를 기반으로 만들어진 함수형 언어도 수학적 표현, 즉 알고리즘을 나타내는 데 상당히 유용하다. 람다 대수를 기반으로 한 함수형 언어는 1958년 존 매카시[John McCarthy]가 만든 LISP이 최초였으며, Scheme은 LISP을 기반으로 만들어졌다. 아울러 이 책에서 소개하는 Church는 Scheme을 기반으로 만들어졌기 때문에 Scheme과 스타일이 동일하다.

Church라는 이름은 람다 대수를 고안한 알란조 처치에게 경의를 표하는 목적으로 붙여졌다고 한다. 이 책에서 소개하는 Church뿐만이 아니라 확률적 프로그래밍은 기본적으로 프로그래밍이라는 사실은 부정할 수 없다. 확률을 계산하고 이렇게 계산된 확률을 사용해 추론한다는 점은 기존 언어와 다르지만, 프로그래밍이란 사실은 변함이 없다.

"바퀴를 다시 발명하지 마라"는 프로그래밍 분야에서 참 많이 인용되는 말이다. 확률적 프로그래밍을 하기 위해 처음부터 모든 것을 만들 필요가 있을까? 물론 그런 방법도 가능하겠지만, 대개는 프로그래밍을 하는 데 필요한 다양한 것들이 기존 프로그래밍 언어에 포함되어 있다. 따라서 기존 프로그래밍 언어를 그대로 사용해 확률적 프로그래밍을 구현할 수 있다면, 바퀴를 다시 발명하지 마라는 명언을 잘 실천하는 셈이다.

따라서 대개의 확률적 프로그래밍을 다루는 언어들이 기존의 언어를 사용해 확률적 프로그래밍을 구현한다. 어떤 언어가 대세를 이루지 않는 현 상황에서는 자신에게 익숙한 언어를 기반으로 한 확률적 프로그래밍을 배우고 적용하는 것도 좋다. 따라서 이 책에서 Church를 통해 확률적 프로그래밍을 배웠다면, 자신에게 익숙한 언어를 기반으로 확률적 프로그래밍을 적용해볼 수도 있다.

우선 Church를 배우려면 기본적으로 Scheme 문법에 익숙해야 한다. 따라서 14장에서는 Scheme이나 함수형 언어를 잘 모르는 독자들을 위해 함수형 언어를 사용하는 방법 측면에서 Church를 배워보겠다. Church는 웹에서 바로 실행할 수 있는 환경을 제공해준다. 물론 자신의 컴퓨터에 실행환경을 꾸미고 배우는 것도 좋지만, 가볍게 배운다는 측면에서 보면 이런 웹 실행환경은 참 좋다.

https://probmods.org/play-space.html에 접속하면 Church 코드를 입력하

고 바로 그 실행 결과를 확인할 수 있다. 이 책의 모든 코드는 이 사이트에 입력해서 실행하면 그 결과를 확인할 수 있다. 아울러 이 책에서 설명하는 일부 코드는 http://probmods.org 사이트의 코드를 사용했거나 수정해서 사용했음을 알린다. 우선 가장 간단한 코드부터 살펴보자. 바로 1 + 1 = 2이다. 다음 화면은 코드 입력과 그 출력 결과다. 코드를 입력하고 나서, 입력 창의 오른쪽 하단에 마우스를 가져가면 run 버튼이 활성화된다. 이것을 클릭하면 입력 창 아래에 결과가 출력된다.

자, 지금부터 본격적으로 Church에 대해 배워보자. 1을 두 번 더해봤는데, 1을 세 번 더하는 것은 어떻게 할까?

[코드]

```
(+ 1 1 1)
```

[결과]

```
3
```

상당히 직관적인 것 같으면서 독자에 따라서 낯선 느낌이 들 수도 있다. C나 자바 같은 언어에 익숙한 독자들에게는 연산자가 맨 앞에 온다는 게 이상하게 느껴질 수 있다. 하지만 관점을 바꿔서 일반적으로 함수(함수 인자 1, 함수 인자 2, …)라 생각한다면, +도 일종의 함수로 생각할 수 있다. 이렇게 본다면 오히려 Church에서처럼 + 연산자가 맨 앞으로 오는 게 훨씬 일관성이 있어 보인다. 물론 1을 세 번 더하는 것을 다음과 같이 나타낼 수도 있다.

[코드]
```
(+ 1 (+ 1 1))
```
[결과]
```
3
```

---

23 + 2/9 + (2 – 3) * 2는 어떻게 코드로 나타낼까? 덩어리별로 코드를 쓴다고 보면 편하다. 즉 23, 2/9, (2 – 3) * 2를 각각 한 덩어리로 보고 더하기 연산자를 적용한 다음 2/9, (2 – 3) * 2를 코드로 옮기면 된다. 코드는 다음과 같다.

[코드]
```
(+ 23 (/ 2 9) (* (- 2 3) 2))
```
[결과]
```
21.22222222222222
```

그다지 흥미를 유발하지 않는 사칙연산에 대한 이야기는 이쯤에서 마무리하고, 본격적인 프로그래밍에 대해 살펴보자. 프로그래밍의 기본은 변수 선언이다. 변수를 선언하려면, (어떤 프로그래밍이나 그렇듯이) 심볼과 값의 할당이 필요하다. Church에서 변수 선언은 define을 사용해 다음과 같이 한다.

[코드]

```
(define x 1)
x
```

[결과]

```
1
```

　(define x 1) 다음 줄에 x를 쓴 이유는, 이렇게 해야 x 값이 출력되어 확인할 수 있기 때문이다. x에 값을 직접 입력하지 않고 식을 입력해서 그 결과를 할당할 수도 있다. 예를 들어 1 더하기 1을 수행한 뒤 x에 할당하기 위해서는 다음과 같이 코드를 작성하면 된다.

[코드]

```
(define x (+ 1 1))
x
```

[결과]

```
2
```

　만약 코드를 (define x (+ 1 1))에서 (define x '(+ 1 1))로 변경하면 어떻게 될까? 코드가 어떻게 바뀌었는지 잘 보이지 않을 수 있다. 두 번째 괄호 앞에 작은따옴표(')가 붙어 있다는 점에 유념하자.

[코드]

```
(define x '(+ 1 1))
x
```

[결과]

```
(+ 1 1)
```

작은따옴표를 붙이면 식을 해석하지 않고 그대로 둔다. 그래서 (+ 1 1)이 출력된 것이다. 작은따옴표 대신 quote 함수를 사용해도 동일한 결과가 나온다. quote는 함수이기 때문에 반드시 다음과 같이 소괄호를 사용해 함수 앞뒤로 묶어줘야 한다.

[코드]
```
(define x (quote (+ 1 1)))
x
```

[결과]
```
(+ 1 1)
```

만약 define을 사용해 선언한 심볼 앞에 '를 붙이면 어떻게 될까? 코드를 작성해서 돌려보기 전에 추론을 해보자. (define x 1)을 하면 x라는 심볼에 1을 할당한다. 이 상태에서 x를 출력하면 1이 출력된다. 그런데 'x라고 입력하면 1이 출력될까? 당연히 그렇지 않을 것 같다. 심볼에 값을 할당할 때 값 앞에 '를 붙이면 그 값을 그대로 출력한다고 했다. 따라서 심볼에 '를 찍으면, 그 심볼 자체를 출력하지 않을까?

[코드]
```
(define x 1)
'x
```

[결과]
```
x
```

x를 입력했을 때 1이 출력됐으나 위의 코드는 심볼 자체인 x를 출력한다는 사실을 확인할 수 있다. equal? 함수는 인자 2개를 비교해서 그 값이 같을 때는

참을, 다를 때는 거짓을 출력한다. Church에서 참은 #t, 거짓은 #f를 사용해 나타낸다.

[코드]

```
(define x 1)
(define y 1)
(equal? x y)
```

[결과]

```
#t
```

위의 코드에서 심볼 x와 y에 각각 1을 할당했다. 그러고 나서 두 심볼의 값을 비교했기 때문에 그 결과는 참이 나왔다. 심볼 x의 값도 1, 심볼 y의 값도 1이기 때문이다. 그렇다면 두 심볼 자체를 비교할 경우 그 결과는 어떻게 될까?

[코드]

```
(define x 1)
(define y 1)
(equal? 'x 'y)
```

[결과]

```
#f
```

앞에서 심볼 앞에 '를 붙이면 그 심볼을 가리킨다고 했다. 따라서 'x와 'y를 비교하는 경우, 각기 다른 심볼을 가리키기 때문에 다르다는 결과가 나온다. 그렇다면 심볼과 심볼에 할당된 값을 서로 비교하면 어떻게 될까? 당연히 하나는 심볼이고 하나는 그 심볼에 할당된 값이기 때문에 서로 같지 않다는 결과가 나온다. 해당 결과는 다음 코드에서 확인할 수 있다.

[코드]

```
(define x 1)
(equal? 'x x)
```

[결과]

```
#f
```

Church에서는 일련의 값을 할당할 수 있는 특별한 값이 있는데, 바로 리스트다. 리스트는 LISP 스타일의 언어에서는 매우 기본적인 구조체다. Church에서 리스트는 list라는 함수를 사용해 만든다.

[코드]

```
(list 1 2 3 4 5)
```

[결과]

```
(1 2 3 4 5)
```

리스트를 만드는 게 중요한 게 아니라 리스트를 만들어서 다른 곳에서 사용하는 게 중요하다. 리스트를 만든 다음 심볼에 할당해야 한다. 따라서 define 문을 결합하면 리스트를 만들어서 심볼에 할당할 수 있다.

[코드]

```
(define x (list 1 2 3 4 5))
x
```

[결과]

```
(1 2 3 4 5)
```

리스트의 값으로 숫자 대신 문자열을 할당하고 싶을 때는 어떻게 해야 할까? 큰따옴표를 사용해 다음처럼 나타내면 된다.

[코드]

```
(list "Hello" " " "World" "!")
```

[결과]

```
(Hello   World !)
```

리스트를 만들면서 사칙연산을 사용하면 그 결과는 어떻게 될까?

[코드]

```
(list (+ 1 2) 3)
```

[결과]

```
(3 3)
```

define에서처럼 식의 값을 구해서 리스트의 원소로 만든다. 만약 식 자체를 그대로 두고 리스트를 만들고 싶다면 어떻게 해야 할까? define에서처럼 식을 유지하고 싶은 원소 앞에 '를 붙여주면 된다.

[코드]

```
(list '(+ 1 2) 3)
```

[결과]

```
((+ 1 2) 3)
```

'를 붙이면 식 자체가 유지된다는 것은 사칙연산에만 해당하지 않는다. 모든 함수에 동일하게 적용된다. 예를 들어 앞에서 살펴본 코드에서 +를 빼고 list를 넣으면 다음과 같이 입력된 형태대로 그 값이 출력되는 모습을 확인할 수 있다.

[코드]

```
(list '(list 1 2) 3)
```

[결과]

```
((list 1 2) 3)
```

define과 list를 사용해 심볼에 리스트를 할당하는 방법을 살펴봤다. list 함수를 쓰지 않고 define만으로 심볼에 리스트를 할당하는 방법은 없을까? 작은따옴표를 활용하면 가능할 것 같은 예감이 들지 않는가? 이런 생각이 든다면 확실히 프로그래밍에 센스가 있는 독자일 것이다.

[코드]

```
(define x '(1 2 3))
x
```

[결과]

```
(1 2 3)
```

리스트와 관련해서 알아두면 유용한 함수가 몇 가지 있다. 우선 리스트의 인자가 몇 개인지 알려주는 length 함수가 있다.

[코드]

```
(define x '(1 2 3))
(length x)
```

[결과]

```
3
```

다음으로 리스트가 비어 있는지 여부를 알려주는 함수가 있는데, 바로 null?
이다. 리스트가 비어 있으면 true를, 비어 있지 않으면 false를 돌려준다.

[코드 1]

```
(define x '(1 2 3))
(null? x)
```

[결과]

```
#f
```

[코드 2]

```
(define x '())
(null? x)
```

[결과]

```
#t
```

---

first는 주어진 리스트의 첫 번째 요소를 넘겨주는 함수다.

[코드]

```
(define x '(a b c))
(first x)
```

[결과]

```
a
```

---

rest는 주어진 리스트의 첫 번째 요소를 제외한 나머지 요소를 넘겨주는 함
수다.

[코드]

```
(define x '( a b c))
```

```
(rest x)
```

[결과]
```
(b c)
```

apply 함수는 리스트의 각 요소마다 동일한 함수를 적용할 때 유용하다. 예를 들어 (1 2 3 4)라는 리스트가 있을 때 이 리스트의 모든 요소를 더해야 한다면, apply를 사용해 쉽게 처리할 수 있다.

[코드]
```
(define x '(1 2 3 4))
(apply + x)
```

[결과]
```
10
```

작은따옴표를 사용해 리스트를 만드는 경우, 식을 해석하지 않는 작은따옴표의 특징 때문에 재미있는 현상이 일어난다. '(1 2 3 4 5 (6.1 6.2 6.3) 7)이라는 리스트를 만들었을 때 length 함수를 호출해 이 리스트에 몇 개의 요소가 있는지 살펴본다면 얼마의 값을 얻을까? 결과는 9일까?

[코드]
```
(define x  '(1 2 3 4 5 (6.1 6.2 6.3) 7))
(length x)
```

[결과]
```
7
```

결과는 9가 아니라 7이다. 왜 이런 현상이 일어났을까? 작은따옴표는 식을 해석하지 않는다고 했다. 따라서 (6.1 6.2 6.3)을 하나의 덩어리, 즉 요소로 간주하기 때문에 결과가 7이 됐다. 그렇다면 (6.1 6.2 6.3)을 하나의 요소가 아닌 개별 요소로 간주하려면 어떻게 해야 할까? flatten 함수를 쓰면 된다.

[코드]

```
(define x  '(1 2 3 4 5 (6.1 6.2 6.3) 7))
(length (flatten x))
```

[결과]

```
9
```

Church에서 중요한 요소인 리스트를 어느 정도 살펴봤으니, 프로그래밍의 꽃이라 할 수 있는 함수를 만드는 방법을 알아보자. Church에서 함수를 만들려면 lambda라는 기본 요소를 사용한다. 숫자를 입력받아서 두 배로 만드는 함수를 만들어보자.

[코드]

```
(define double (lambda (x) (+ x x)))
(double 2)
```

[결과]

```
4
```

위 선언이 다소 번잡해 보인다면 lambda를 생략하고 함수를 만드는 방법도 있다. 다음 코드는 lambda를 사용하지 않고 double을 정의한 경우다.

[코드]

```
(define (double x) (+ x x))
(double 2)
```

두 코드의 차이는 lambda의 사용 여부에서 따라서 정의가 달라진다는 데 있다. lambda를 사용하지 않으면 함수임을 명시적으로 어떻게든지 나타내야 하기 때문에 함수 이름과 매개변수를 하나의 괄호로 묶어서 표현했다. 표현의 간결함을 추구하는 경우 lambda를 제외하고 함수로 나타내는 경우가 흔하다. 지금은 lambda를 사용해 함수를 정의하는 경우를 자세히 살펴보자. 심볼을 정의하기 위해 define을 사용했다. 함수를 정의하기 위해 이름이 필요하기 때문에 심볼을 할당하는 define을 사용했다. 따라서 define double이라고 씀으로써 함수 이름으로 double을 사용할 수 있다.

다음으로는 lambda를 적어줌으로써 함수를 선언할 것임을 알려준다. 당연히 함수라면 입력 변수가 있어야 한다. double 함수는 숫자 하나만을 입력받기 때문에 (x)를 썼다. 만약 2개의 입력 변수를 받는다면 (x y)라고 쓰면 된다. 함수 이름도 정했고 입력 변수도 받았기 때문에 남은 건 함수의 몸체를 정의하는 일이다. 함수 몸체는 (+ x x)라고 선언하면 된다. 이 부분은 일반적인 내용이다. 그렇다면 두 숫자를 입력받아서 더해주는 함수를 만들어보자.

우선 함수 이름이 필요하다. 함수 이름은 new_add라고 하자. (define new_add)라고 쓰면 된다. 다음으로 지금 정의한 심볼이 함수임을 알려줘야 하기 때문에 lambda를 입력해야 한다. 그렇다면 코드는 (define new_add (lambda))가 된다. 다음으로 입력 변수 2개를 정의해야 한다. 입력 변수를 각각 x와 y라 하자. 입력 변수를 코드에 추가하면 (define new_add (lambda (x y)))가 된다. 이제 남은 것은 함수 몸체다. 두 변수를 입력받아 더해주면 된다. 이건 간단히 (+ x y)를 추가해주면 된다. 이상의 결과를 반영한 코드는 다음과 같다.

```
(define new_add (lambda (x y) (+ x y)))
(new_add 1 2)
```

[결과]

3

이렇게 쓰고 보면 함수형 프로그래밍과 일반 프로그래밍이 그다지 차이가 없는 것 같다. 굳이 함수형 프로그래밍이란 이름을 붙일 필요가 없을 듯하다는 생각이 든다. 그렇다면 함수형 프로그래밍의 진수를 보여줄 수 있는 예제를 한 가지 살펴보겠다. 우선 함수 이름을 twice라고 하자. twice인 이유는 함수를 두 번 호출하기 때문이다. 함수를 두 번 호출한다? 그렇다면 입력 인자로 함수를 받아들여야 한다는 뜻이다.

twice라는 함수가 어떻게 생겼는지는 모르지만, 함수를 두 번 호출할 수 있다는 뜻이다. 어떤 함수든지 twice에 인자로 전달할 수 있기에 함수를 만들어서 사용할 수 있는 유연성이 늘어난다. 예를 들어 앞에서 만든 double이라는 함수를 twice에 전달할 수도 있고, 입력 인자를 받아서 2를 더하는 add_two라는 함수를 만들어 전달할 수도 있다는 뜻이다.

twice라는 함수는 어떻게 만들 수 있을까? 조금 어려워 보이지만 차근히 하나씩 만들어보면 그다지 어렵지 않다. 우선 함수니까 이름이 필요하다. (define twice)라고 써야 한다. 다음으로 함수니까 lambda를 써야 한다. (define twice (lambda)) 그 다음은 당연히 인자다. 그런데 그 인자가 함수를 받으니까 함수를 뜻하는 f를 인자로 넘겨보자. (define twice (lambda (f))) 자, 다음으로 무엇을 해야 할까?

함수의 몸체를 작성해야 한다. 몸체를 작성해야 하니까, 몸체를 작성할 때 ()를 써넣자. 우선은 말이다. (define twice (lambda (f) ())) 함수를 두 번 호출한다면 우선 처음 호출을 해야 한다. 이건 `(f x)`라 쓰면 된다. 여기서 x는 f의 인자다. 두 번 호출하는 건 어떻게 표현할까? `(f x)` 결과를 다시 f의 인자로 넣어주면 된다. `(f x)`의 리턴은 숫자이기 때문에 두 번 호출은 `(f (f x))`로 쓸 수 있다. 이게 함수의 몸체일까? 조금 부족한 부분이 보인다. 어디일까?

인자 x를 한 번도 정의하지 않았다는 점이다. 따라서 x에 대한 정의가 필요하다. 그렇다면 `( (x) (f (f x)))`로 적어서 함수 몸체에 넣어주면 될까? 아니다. 아직도 조금 부족한 부분이 있다. `( (x) (f (f x)))` 이것도 하나의 함수 정의에 해당하기 때문에 `lambda`를 넣어주어야 한다. 바로 `(lambda (x) (f (f x)))`이다. 함수의 몸체가 완성이 됐으니, `(define twice (lambda (f) ()))`와 합체해보자. 합체! 결과는 다음과 같다.

[코드]
```
(define (double x) (+ x x))
(define twice (lambda (f) (lambda (x) (f (f x)))))
((twice double) 2)
```

[결과]
```
8
```

twice를 다시 사용할 수 있다고 했다. 입력 변수를 하나 받아서 2를 더해주는 add_two 함수를 만들어서 double 대신 입력해보자.

[코드]
```
(define (add_two x) (+ x 2))
(define twice (lambda (f) (lambda (x) (f (f x)))))
((twice add_two) 2)
```

[결과]
```
6
```

함수형 프로그래밍에 익숙하지 않으면 뭔가 복잡해 보이는데, 다시 한 번 읽어보고 직접 아이디어를 내서 코딩을 해보면 쉽게 감을 잡을 수 있을 것이다. 물론 이런 식으로 함수의 종류를 바꿔가면서 코딩을 하는 방법은 여타 프로그래밍 언어에서도 가능하다. 다만 함수형 언어는 그걸 쉽게 할 수 있다는 장점이 있다. 이런 식으로 함수에 함수를 넣어서 호출하는 것을 고차 함수^{higher order function}라 한다. Church에는 고차 함수가 많은데, 이런 고차 함수를 사용하면 프로그래밍을 상당히 편하게 할 수 있다.

고차 함수 중 가장 많이 사용하는 것은 map일 것이다. map은 리스트의 요소마다 함수를 적용할 수 있다. 예를 들어 리스트의 요소마다 10보다 크거나 혹은 같거나 작은지를 검사하고 싶다면 map을 사용해 다음과 같이 코드를 작성하면 된다.

[코드]

```
(define check_greater (lambda (x) (> x 10)))
(map check_greater '(11 9 0 -1))
```

[결과]

```
(#t #f #f #f)
```

물론 위의 코드처럼 check_greater라는 심볼로 함수를 정의한 다음 map을 적용해도 된다. 하지만 함수형 프로그래밍을 하는 경우, 계속해서 함수를 사용하지 않는 경우에는 함수 심볼을 정의하지 않고 함수 몸체만 정의해서 사용한다. 이런 경우 함수의 이름이 없다고 해서 익명 함수라고 한다. 익명 함수를 사용해 위의 코드를 다시 쓰면 다음과 같이 된다.

```
(map (lambda (x) (> x 10)) '(11 9 0 -1))
```

[결과]

```
(#t #f #f #f)
```

이상으로 간단하게 Church를 사용해 확률적 프로그래밍을 사용하는 방법을 살펴봤다. 다음 장부터는 Church를 사용해서 2부까지 살펴봤던 확률적 프로그래밍의 기본 요소들을 적용하는 방법을 알아보겠다.

정 리

1. 확률적 프로그래밍 언어인 Church는 함수형 언어인 Scheme을 기반으로 만들어졌다.

2. 변수를 선언하기 위해서는 (어떤 프로그래밍이나 그렇듯이) 심볼과 값의 할당이 필요하다. Church에서 변수 선언은 define을 사용한다.

3. 함수에 함수를 넣어서 호출하는 것을 고차 함수라 한다.

4. 함수 심볼을 정의하지 않고 함수 몸체만 정의해서 사용하는 경우, 함수의 이름이 없다고 해서 익명 함수라고 한다.

15장

Church를 사용한 확률적 프로그래밍 시작, 베이지안 확률

15장에서는 1부의 내용을 Church를 사용해 구현해보는 시간을 갖겠다. 이제는 너무 많이 이야기하고 익혀서 지겨울 테지만 다시 확률 이야기부터 하겠다. 이 책을 처음 열었던 내용은 동전 던지기에 관한 확률이다. 이런 확률을 구하기 위해 고전적 확률, 빈도적 확률, 주관적 확률이라는 개념을 알아봤다. 이런 개념은 다시 살펴보지 않겠지만, 확률적 프로그래밍을 사용해서 동전을 던졌을 때 앞면이나 뒷면이 나올 확률 같은 건 Church를 사용해 구해야 한다. 이런 경우 확률을 어떻게 만들고 구할까?

우선 다음 코드를 실행해보자. 한 번만 실행하는 게 아니라 열 번 정도, 시간이 충분하다면 스무 번 정도 실행하자. 그리고 어떤 결과가 나오는지 잘 살펴보자.

[코드]

```
(flip)
```

[결과]

```
#t  ;혹은  #f
```

독자마다 결과가 다르겠지만, 대체적으로 처음 실행에 #t가 나왔다면 몇 번 실행하고 나면 #f를 얻을 것이다. 물론 반대의 결과를 얻을 수도 있다. flip은 동전 던지기를 했을 때 앞면이나 뒷면이 나오는 경우를 묘사한 함수다. 인자로 #t, 즉 앞면이 나올 확률을 정할 수 있는데 0과 1 사이의 값을 넘기면 된다. 앞면, 즉 #t가 항상 나오게 하려면 1을 주면 되고 항상 #f가 나오게 하려면 0을 주면 된다. 예를 들어 항상 앞면이 나오는 마법의 동전을 만들고 싶다면 다음과 같이 코드를 작성하면 된다.

[코드]

```
(flip 1)
```

[결과]

```
#t
```

인자를 넘겨주지 않으면 0.5가 디폴트로 입력된다. 즉 앞면이 나올 확률도 0.5 이고 뒷면이 나올 확률도 0.5라는 의미다. 정상적인 동전, 즉 앞면이 나올 확률과 뒷면이 나올 확률이 같은 동전을 10번 던졌을 때, 시행 결과는 어떻게 구할 수 있을까? 이것을 하려면 repeat라는 새로운 함수가 필요하다. repeat는 인자로 2개를 받는데, 첫 번째는 시행 횟수이고 두 번째는 시행 횟수만큼 반복 실행할 함수다. 이렇게 시행한 결과를 리스트로 만들어서 돌려준다. 따라서 공평한 동전을 10번 던졌을 때 시행한 결과를 보고 싶다면 다음과 같이 코드를 작성하면 된다.

[코드]

```
(repeat 10 flip)
```

[결과]

```
(#t #t #t #t #f #t #f #t #t #f)
```

많은 독자가 히스토그램을 들어봤을 것이다. 위 코드의 결과는 동전을 열 번 던졌을 때 앞면이 총 7번, 뒷면이 총 3번 나왔다. 사건과 사건을 관측한 횟수를 그려놓은 것을 쉽게 말해 히스토그램이라 한다. 앞면과 뒷면이 나온 시행 결과를 쭉 써놓는 것보다, 히스토그램으로 결과를 표시해놓으면 시행 결과를 한눈에 파악할 수 있어서 좋다. Church에서는 hist 함수를 사용해 히스토그램을 쉽게 그려볼 수 있다. hist 함수는 2개의 인자를 받는다. 첫 번째는 히스토그램을 그릴 리스트, 두 번째는 히스토그램에 붙일 이름이다. 다음은 위의 코드 결과를 히스토그램으로 출력하는 코드다.

[코드]

```
(hist (repeat 10 flip) "주사위 던지기")
```

[결과]

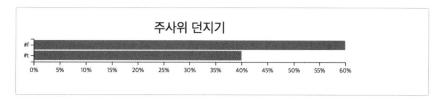

위의 코드에서 히스토그램을 그린 데이터를 만든 함수는 flip이다. flip 함수에 인자를 주지 않으면 앞면과 뒷면이 나올 확률로 0.5를 기본 값으로 하여 출력 값을 만든다고 했다. 앞면과 뒷면이 나올 확률이 동일하다면 히스토그램을 그리면 #f도 50퍼센트의 값이, #t도 50퍼센트의 값이 나와야 한다. 위의 결과는 내 컴퓨터에서 실행한 결과이기 때문에 이 책을 읽는 독자의 결과와는 다를 것이다.

물론 운 좋게 앞면과 뒷면이 나올 확률이 50퍼센트인 독자도 있을 테지만, 대다수의 독자는 그렇지 않을 것이다. run 버튼을 누를 때마다 위의 그래프가 달라질 것이다. 뭐, 앞면과 뒷면이 나올 확률이 몇 번의 시행으로 같은 경우도 있겠지만 대다수가 다를 것이다. 왜 그럴까?

처음에 확률을 다룰 때 확률은 크게 고전적 확률, 빈도적 확률, 주관적 확률이 있다고 했다. 이 세 가지 확률 중 flip에 기본 값으로 설정된 0.5는 일종의 고전적 확률이나 빈도적 확률이다. 고전적 확률의 개념으로 보자면 앞면이나 뒷면이 나올 확률이 정확히 반반이란 뜻이다. 언제? 아주 이상적인 머릿속에서 말이다. 하지만 현실은 그렇지 않다. 한 번의 시행만 한다면, 반드시 앞면이나 뒷면 중 하나만 나오게 된다.

따라서 현실에선 고전적 확률이 적용되지 않는다고 했다. 진짜? 아니다. 바로 이 부분을 메꾸는 게 바로 빈도적 확률이다. 시행 횟수가 무한대로 간다면, 빈도적 확률은 고전적 확률에 가까워진다고 했다. 기억나는 독자도 있겠지만, 이런 이야기를 1부에서 했다. 당시에는 그냥 그럴 것이라는 이야기를 했지 실제로 눈으로 확인하지는 않았다. 자, 그렇다면 정말로 빈도적 확률은 시행 확률이 무한대가 될 때 고전적 확률이 되는지 살펴보자.

앞의 코드에서는 시행 횟수를 10번으로 했다. 즉 이 값을 충분히 큰 수, 예를 들어 100,000 정도로 한다면 그 결과는 어떻게 될까? 물론 무한대 시행은 아니지만 10번과 비교했을 때는 충분히 큰 값이라 할 수 있기에, run 버튼을 누를 때마다 바뀌던 값을 고전적 확률 값으로 수렴해야 하지 않을까?

[코드]

```
(hist (repeat 100000 flip) "주사위 던지기")
```

[결과]

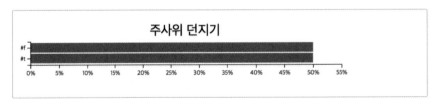

물론 십만 번 정도 실행하더라도 실행할 때마다 결과가 조금씩 달라지지만, 아마도 대다수의 독자들이 앞면이 나올 확률이나 뒷면이 나올 확률이 모두 50퍼센트로 거의 같음을 확인했을 것이다. 그래도 같지 않다고 생각되는 독자가 있다면 위의 코드에서 시행 횟수를 1,000,000이나 10,000,000으로 바꿔서 실행해보자. 물론 시행 횟수가 커질수록 결과를 얻는 시간도 오래 걸릴 것이다. 아무튼 이 시행 횟수를 크게 한다면 빈도적 확률은 고전적 확률에 수렴한다는 사실을 확인할 수 있다.

2장에서 마술사의 동전에 대해 이야기한 것을 기억하는가? 30번을 던져도 한 번도 앞면이 나오지 않았던 동전 말이다. 이 정도까지는 아니지만, 뒷면이 나올 확률이 높은 동전을 한 번 시뮬레이션을 해보면 어떨까? 이 확률을 히스토그램을 사용해 그려보자. 우선 뒷면이 많이 나오는 동전을 back-biased-coin이라고 하겠다. 뒷면에 편향됐다는 의미로 이렇게 써보자.

flip을 사용해 back-biased-coin을 만들려면 우선 (define back-biased-coin)이라고 정의해야 한다. 다음에 함수이기 때문에 lambda를 써야 한다. 그러면 함수는 (define back-biased-coin (lambda))가 된다. 인자는 딱히 주지 않기 때문에 빈 소괄호를 써주면 된다. (define back-biased-coin (lambda ())) 함수 심볼과 인자를 정했기 때문에 마지막으로 함수 몸체를 써주면 된다.

뒷면이 나올 확률을 크게 만들면 되기 때문에 flip에 0.1의 인자를 준다. 즉 앞면이 나올 확률이 10퍼센트이기 때문에 뒷면이 나올 확률은 90퍼센트다. 이 결과를 반영해 코드를 정리하면 다음과 같다(군이 함수를 만드는 과정을 설명하는 이유는 Church에서 함수를 만드는 데 아직 익숙하지 않은 독자가 빨리 적응하도록 도움을 주기 위해서다. 충분한 설명이 됐다고 생각되는 시점부터는 생략하겠다).

[코드]

```
(define back-biased-coin (lambda () (flip 0.1)))
(hist (repeat 100000 back-biased-coin) "뒷면이 잘 나오는 주사위 던지기")
```

[결과]

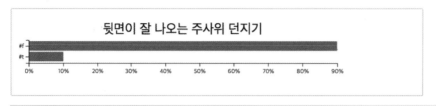

다음으로 베이지안 확률을 구해보자. 독자 중에는 확률의 합사건이나 여사건, 그리고 조건부 확률은 다루지 않느냐는 질문을 던지는 사람도 있을 것이다. 물론 순서상 보자면 확률의 합사건이나 여사건, 조건부 확률을 다룰 시점이다. 하지만 일반적인 사칙연산이기 때문에 Church를 사용해 나타낸다 하더라도 확률적 프로그래밍의 특징을 보여줄 만한 점이 그다지 없다는 생각이 들었다. 이런 이유로 합사건, 여사건 등 확률의 개념을 알고 있다면 사칙연산만으로 구할 수 있는 확률은 생략하겠다.

자, 다시 본론으로 돌아가자. 드디어 Church를 사용해 베이지안 확률을 구해볼 시간이다. 물론 베이지안 확률도 단순 무식하게 구하자면 프로그래밍할 게 없지만, 그래도 조금 생각해보면 힘들게 많이 타이핑하지 않아도 효율적으로 구할 방법이 있다. 그렇다면 베이지안 확률을 다루면서 제일 처음에 살펴봤던 천연두와 수두 그리고 붉은 점 예제로 돌아가 보자.

수두와 천연두에 걸리면 붉은 점이 생기는 증상이 나타난다. 당신이 의사이고 붉은 점이 얼굴에 난 환자가 진찰실을 찾았다면 과연 이 환자를 수두로 진단해야 할지 천연두로 진단해야 할지에서 베이지안 확률을 살펴보기 시작했다. 이 예제를 사용해 Church를 사용한 확률적 프로그래밍에 대해 좀 더 자세히 알아보자.

베이지안 확률을 사용해 환자의 병명을 추론하려면, 사전 확률, 가능도, 증거를 구해야 한다. 이 세 가지를 Church를 사용해 효과적으로 구하는 방법을 알아보자. 제일 먼저 만들어볼 것은 사전 확률에서 사용할 질병 목록이다.

[코드]

```
(define disease_list '((chicken_pox 0.1) (small_pox 0.001)))
disease_list
```

[결과]

```
((chicken_pox 0.1) (small_pox 0.001))
```

위의 코드는 병에 걸릴 확률을 리스트로 만든 것이다. 감염 확률이 수두는 10퍼센트, 천연두는 0.1퍼센트이기 때문에 각각 0.1, 0.001의 값을 할당했다. 이 리스트를 사용해 5장에서 살펴본 사전 확률을 구할 것이다. 다음으로 병에 걸렸을 때 붉은 점이 생길 확률, 즉 가능도에서 사용할 리스트를 만들어보자.

[코드]

```
(define disease_list '((chicken_pox 0.1) (small_pox 0.001)))
(define symptom_list '((chicken_pox 0.8) (small_pox 0.9)))
symptom_list
```

[결과]

```
((chicken_pox 0.8) (small_pox 0.9))
```

수두에 걸렸을 때 붉은 점이 생길 확률은 80퍼센트이고 천연두에 걸렸을 때 붉은 점이 생길 확률은 90퍼센트이기 때문에, 심볼 symptom_list를 만들고 각 병 이름에 대응하는 붉은 점이 생길 확률을 부여했다. 말하자면 symptom_list를 사용해 병이 주어졌을 때 붉은 점이 생길 가능도를 구할 것이다.

이제 병이 걸릴 확률(사전 확률)과 병에 걸렸을 때 증상이 나타날 확률(가능도)을 부여했기 때문에, 병명을 입력하면 사전 확률과 가능도를 구하는 함수를 만들 수 있다. 물론 사전 확률과 가능도를 개별적으로 구하는 함수를 만들어도 좋지만, 조금만 생각해보면 이 함수들의 공통 요소가 있다는 걸 알 수 있다. 따라서 추상화를 통해 좀 더 쉽게 확률을 구할 수 있게 하자.

[코드]

```
(define disease_list '((chicken_pox 0.1) (small_pox 0.001)))
(define symptom_list '((chicken_pox 0.8) (small_pox 0.9)))

(define prob_base (lambda (name prob_list) (
                        if (equal? name (first (first prob_list)))
                        (second (first prob_list))
                        (prob_base name (rest prob_list)))))

(prob_base 'chicken_pox disease_list)
```

[결과]

0.1

위의 코드에서 새롭게 만든 prob_base는 인자로 name과 prob_list를 받는다. name에는 병명을, prob_list에는 앞서 만든 disease_lis나 symptom_list를 입력할 수 있다. 코드처럼 prob_base의 name에는 'chicken_pox를, prob_list에는 disease_list를 입력한다면, prob_base는 disease_list에서 name으로 입력받은 'chicken_pox를 찾아서, 이 확률 값을 되돌려준다.

prob_base는 어떻게 동작하는 걸까? 하나씩 살펴보자. if 구문에서 입력된 name과 (first (first prob_list))가 같은지 검사한다. 그렇다면 (first (first prob_list))의 정체는 무엇일까? 14장에서 first 함수는 리스트를 인자로 받아 첫 번째 요소를 돌려준다고 했다. 따라서 prob_list에 disease_list를 입력한 경우 (first prob_list)는 (chicken_pox 0.1)을 리턴한다. 그 다음에 다시 한 번 first를 호출하기 때문에 처음 first를 호출했을 때 돌려받은 (chicken_pox 0.1)의 첫 번째 인자는 chicken_pox를 돌려준다.

정리하자면 (first (first prob_list))는 입력받은 리스트에서 첫 번째 병명을 돌려준다. if 문은 확률이 궁금한 name을 입력받아 병명-확률 리스트의 첫 번째 인자와 비교해서 같은지 다른지 검사한다. 그 결과가 같으면 어떻게 해야 할까? 당연히 확률 값을 돌려주면 된다. 확률 값은 구하기 쉽다. 첫 번째 first에서 돌려받은 리스트의 두 번째 값이 확률이다. 리스트의 두 번째 값을 돌려받으려면 무슨 함수를 써야 할까? 바로 second 함수다. 그래서 if 문 아래에 있는 (second (first prob_list)) 구문이 찾은 병명에 해당하는 확률 값을 넘겨주는 것이다.

만약 병명과 첫 번째 인자의 이름이 같지 않다면, 당연히 두 번째 요소와 name을 비교하면 된다. 그게 바로 (prob_base name (rest prob_list)) 구문이다. 함수형 프로그래밍에서 많이 사용하는 기법인 재귀 호출을 사용해 구현한 코드다. 당연히 prob_base의 첫 번째 인자로는 입력받은 name을 넘겨주면 된다. 두 번째 인자는 리스트인데, 그냥 입력받은 리스트를 넘겨주면 안 된다. 첫 번째 인자를 제외한 나머지 리스트를 넘겨줘야 한다.

이때 사용할 수 있는 함수가 바로 rest이다. rest는 리스트를 입력받아서 첫 번째 요소를 제외한 리스트를 넘겨주는 함수다. 우리에게 딱 필요한 함수다. 물론 이 코드에 리스트에 없는 병명을 입력하면 에러가 생긴다. 완벽한 코드를 만들려면 에러 처리가 필요하다. 하지만 에러 코드를 넣으면 다소 복잡해지기 때문에, 부가적인 요소를 설명하는 데 에너지가 낭비된다. 따라서 에러 처리 코드는 생략했다. 이 부분은 독자의 몫으로 남겨두겠다.

이로써 사전 확률과 가능도를 구해주는 함수를 만들 준비를 모두 마쳤다. 자, 가능도와 사전 확률을 구하는 함수를 한 번 만들어보자. 아울러 내친김에 증거까지 만들자. 코드는 다음과 같다.

```
(define disease_list '((chicken_pox 0.1) (small_pox 0.001)))
(define symptom_list '((chicken_pox 0.8) (small_pox 0.9)))

(define prob_base (lambda (name prob_list) (
                   if (equal? name (first (first prob_list)))
                   (second (first prob_list))
                   (prob_base name (rest prob_list)))))

(define prior (lambda (name) (prob_base name disease_list)))
(define likelyhood (lambda (name) (prob_base name symptom_list)))
(define evidence 0.081)

(list (prior 'chicken_pox) (likelyhood 'chicken_pox))
```

[결과]

(0.1 0.8)

코드를 보면 사전 확률과 가능도는 너무 시시하게 끝난 느낌이 든다. 물론 증거는 더할 나위 없이 간단하다. 우선 사전 확률과 가능도는 시시해 보이지만, prob_base를 사용해 추상화를 했기 때문에 그렇게 보일 뿐이다. 사실 그 근본은 시시하지 않은 코드다! 사전 확률을 구하는 prior는 name이라는 인자를 하나만 받는다. 이렇게 받은 인자를 prob_base의 첫 번째 인자로 넘겨준다. prob_base는 인자가 2개 필요한데, 사전 확률에서 사용하는 확률 리스트는 disease_list이기 때문에, 이 인자는 고정적인 두 번째 인자로서 prob_base로 넘겨준다.

마찬가지 원리로 가능도를 구하는 함수 likelyhood를 정의할 수 있다. prior 와 다른 점은 사용하는 확률 리스트가 symptom_list로 바뀐 것이다. 증거에 해당하는 evidence는 define을 사용해 0.081을 할당했다. 물론 evidence를 구하는 함수도 만들 수 있지만, 한꺼번에 너무 많은 내용을 다루는 행위는 프로그래밍 의지를 꺾는 가장 큰 적이다. 그러므로 여기서 증거에 해당하는 evidence는 고정

값으로 사용해도 큰 문제가 없기 때문에 define을 사용했다.

이제 사후 확률을 구할 모든 준비를 마쳤다. 사후 확률은 가능도, 사전 확률, 증거를 식에 대입해서 구하면 끝나기 때문에, 코드는 베이지안 확률을 옮긴 것으로 만들 수 있다. 코드는 다음과 같이 된다. 자, 이렇게 만든 코드를 사용해 붉은 점이 생겼을 때 수두나 천연두에 걸릴 확률을 구해보면 각각 0.99와 0.011을 얻는다. 이 값은 5장에서 구한 것과 동일하다.

[코드]
```
(define disease_list '((chicken_pox 0.1) (small_pox 0.001)))
(define symptom_list '((chicken_pox 0.8) (small_pox 0.9)))

(define prob_base (lambda (name prob_list) (
                        if (equal? name (first (first prob_list)))
                        (second (first prob_list))
                        (prob_base name (rest prob_list)))))

(define prior (lambda (name) (prob_base name disease_list)))
(define likelyhood (lambda (name) (prob_base name symptom_list)))
(define evidence 0.081)

(define posterior (lambda (name) (/
                    (* (likelyhood name) (prior name))
                    evidence )))

(list (posterior chicken_pox) (posterior 'small_pox))
```

[결과]
```
(0.9876543209876545 0.0111111111111111112)
```

다음으로 베이지안 필터를 사용해 스팸 필터를 구한 예제를 Church로 구현해보자. 스팸 필터는 앞에서 천연두와 수두를 구분했을 때 사용한 코드로 구할 수 있다. 단지 차이라 한다면 한 단어를 사용해 스팸 메일 여부를 검사하지 않고 여러 단어를 사용하기 때문에 가능도를 구할 때 곱사건의 형태로 만들어야 한다는 점이다.

정리하자면 수두와 천연두가 걸렸는지 붉은 점이라는 증상을 두고 추측한 앞의 예에서는 병명만으로 가능도와 사전 확률을 구할 수 있었다. 하지만 대출, 금리인하, 파격상품이라는 단어가 있는 메일이 스팸인지 정상인지를 판별하기 위해, 앞서 말한 세 단어를 포함할 가능도와 증거를 구해야 한다. 여러 단어를 입력으로 받아 가능도와 증거를 구하는 함수는 prob_base를 사용해 구할 수 있다. 우선은 스팸인 경우 각 단어가 있을 확률과 햄일 경우 단어가 있을 확률을 리스트를 사용해 정하자. 코드는 다음과 같다.

[코드]

```
(define spam_list '((대출 0.75) (금리인하 0.8)  (파격상품 0.75)))
(define ham_list '((대출 0.05) (금리인하 0.05)  (파격상품 0.05)))

(list spam_list ham_list)
```

[결과]

```
(((대출 0.75) (금리인하 0.8) (파격상품 0.75)) ((대출 0.05) (금리인하 0.05) (파격상품 0.05)))
```

다음으로 prob_base를 활용해 가능도와 증거를 계산하는 데 사용할 prob_product를 만들자. 이 함수는 word_list와 prob_list를 인자로 받는다. prob_list는 앞에서 만든 spam_list나 ham_list를 설정한다. word_list는 스팸 메일이나 햄 메일 여부를 검사하기 위해 메일에서 추출한 단어 리스트다. 물론 정식 스팸 필터라면 메일에서 본문을 추출한 뒤 검사에 사용할 단어를 가려내는 과정이 필요하지만, 이건 일반적인 프로그래밍과 관련된 내용이기 때문에 설명하지 않는다.

이런 과정을 통해 단어 리스트를 추출했다고 하고, 이 단어 리스트를 (define word_list '(대출 금리인하 파격상품))으로 정의하자. prob_product는 prob_base 함수와 유사하다. 즉 단어 리스트가 빌 때까지 재귀적으로 자신을 호출한다. 우선 prob_product 함수를 구현한 코드를 살펴보자.

[코드]

```
(define spam_list '((대출 0.75) (금리인하 0.8)  (파격상품 0.75)))
(define ham_list '((대출 0.05) (금리인하 0.05)  (파격상품 0.05)))

(define word_list '(대출 금리인하 파격상품))

(define prob_base (lambda (name prob_list) (
                      if (equal? name (first (first prob_list)))
                      (second (first prob_list))
                      (prob_base name (rest prob_list)))))

(define prob_product (lambda (word_list prob_list) (
                      if (equal? word_list ())
                      1
                      (*
                       (prob_base (first word_list) prob_list)
                       (prob_product (rest word_list) prob_list)))))

(list (prob_product word_list spam_list) (prob_product word_list ham_list))
```

[결과]

```
(0.45000000000000007 0.00012500000000000003)
```

---

prob_product 함수는 word_list가 비어 있는지 검사한다. word_list가 비어 있지 않은 경우 word_list에서 첫 번째 단어를 first 함수를 사용해 추출한다. 그러고 나서 prob_base 함수를 사용해 추출한 단어의 확률을 구한다. word_list

에서 첫 번째 단어를 제외하고 나머지 단어 목록을 prob_product에 넘겨주면 재귀적으로 호출한 결과를 곱한다. prob_product는 재귀적으로 호출한 결과를 곱하기 때문에 word_list가 빈 경우엔 최종적으로 1을 돌려주어 결과에 영향을 주지 않게 한다.

likelyhood는 prob_product를 사용해 구할 수 있다. likelyhood 함수는 두 인자를 받는데, 첫 번째 인자로 메일에 포함된 단어 리스트를 받고 햄과 스팸 여부에 따라서 가능도가 달라지므로, 정상 메일의 가능도를 구하는지 스팸 메일의 가능도를 구하는지를 나타내기 위해 두 번째 인자로 type을 받아서, 사용할 spam_list로 확률을 구할지 ham_list로 확률을 구할지를 결정한다.

다음으로 증거를 구하기 위해 evidence 함수를 만든다. evidence 함수는 단어 리스트만 있으면 구할 수 있다(구하는 방법이 잘 기억나지 않는 경우 5장을 다시 살펴보자). evidence는 베이지안 확률 정의에 따라서 가능도와 사전 확률의 곱, 그리고 이 값들의 합으로 구할 수 있기 때문에, likelyhood 함수를 사용하면 된다.

마지막으로, 사전 확률은 prior 함수를 만들어서 구한다. 물론 사전 확률은 햄이냐 스팸이냐에 따라서 달라지지만, 여기서는 햄과 스팸의 구분 없이 0.5 정도로 두면 크게 문제가 되지 않으리라 생각된다. 햄과 스팸의 확률이 반반이라 가정하는 것이다. 아울러 사후 확률은 수두 예에서 살펴본 것처럼 베이지안 확률을 그대로 구현했다. 이상의 내용을 코드로 옮기면 다음과 같다.

[코드]

```
(define spam_list '((대출 0.75) (금리인하 0.8)  (파격상품 0.75)))
(define ham_list '((대출 0.05) (금리인하 0.05)  (파격상품 0.05)))

(define word_list '(대출 금리인하 파격상품))

(define prob_base (lambda (name prob_list) (
                        if (equal? name (first (first prob_list)))
```

```
                        (second (first prob_list))
                        (prob_base name (rest prob_list)))))

(define prob_product (lambda (word_list prob_list) (
                        if (equal? word_list ())
                        1
                        (*
                         (prob_base (first word_list) prob_list)
                         (prob_product (rest word_list) prob_list)))))

(define likelyhood (lambda (word_list type) (
                        if (equal? type 'ham)
                        (prob_product word_list ham_list)
                        (prob_product word_list spam_list))))

(define prior (lambda (type) '0.5))

(define evidence (lambda (word_list) (+
                        (* (likelyhood word_list 'ham) (prior 'ham))
                        (* (likelyhood word_list 'spam) (prior 'spam)))))

(define posterior (lambda (word_list type ) (/
                        (* (likelyhood word_list type) (prior type))
                        (evidence word_list) )))

(list (posterior word_list 'ham) (posterior word_list 'spam))
```

[결과]

```
(0.00027770063871146905 0.9997222993612885)
```

5장에서 살펴본 것처럼 대출을 포함한 세 단어가 들어가 있는 경우 해당 메일은 스팸으로 봐도 거의 확실하다는 것을 프로그래밍을 사용해 구해봤다. 이번 장에서는 Church를 사용해 베이지안 확률을 직접 구하는 방법을 알아봤다. Church 코드에 익숙하지 않은 독자들을 위해 코드를 자세하게 살펴봤다. 이번 장을 통해 Church 프로그램에 좀 더 익숙해졌으리라 믿는다. 따라서 속력을 더 내서 다음 장에서는 2부에서 살펴본 베이지안 네트워크를 사용한 추론을 Church로 구현해보겠다.

정 리

1. flip은 동전 던지기를 했을 때 앞면이나 뒷면이 나오는 경우를 묘사한 함수다. 인자로 #t, 즉 앞면이 나올 확률을 정할 수 있는데 0과 1 사이의 값을 넘기면 된다.

2. Church에서는 hist 함수를 사용해 히스토그램을 쉽게 그려볼 수 있다. hist 함수는 2개의 인자를 받는다. 첫 번째는 히스토그램을 그릴 리스트를, 두 번째는 히스토그램에 붙일 이름이다.

16장 Church와 생성 모델, 추론을 위한 핵심

2부에서 스프링클러와 젖은 도로 사례를 통해 베이지안 네트워크를 알아봤다. 이때 베이지안 네트워크로 구성된 모델을 사용해 다양한 질문의 답을 얻었다. 만약 단순하게 프로그래밍으로 스프링클러 사례를 구현했다면, 프로그래밍되지 않은 내용에 대해 질문을 던졌을 때 답을 얻기란 쉽지 않다. 베이지안 네트워크나 확률적 프로그래밍을 했을 때 가장 큰 장점은 바로 모델을 만들고 거기서 추론을 통해 여러 정보를 얻을 수 있다는 것이다.

자, 그렇다면 확률적 프로그래밍을 사용해 모델을 만들고 추론하는 방법을 살펴보자. 우선 베이지안 네트워크를 사용해 간단한 모델을 만들고, 이것을 확률적 프로그래밍을 사용해 구현해본다. A, B, C라는 세 변수가 있다고 하자. 각 변수는 0 또는 1을 가질 수 있다. 세 변수를 더했을 때 2가 된다면, 이때 A가 가질 수 있는 값의 확률은 어떻게 될까? 물론 간단한 산수이기 때문에 암산을 통해 구할 수도 있다. 하지만 여기서는 베이지안 네트워크를 사용해 구해보자.

우선 SamIam을 사용해 다음과 같이 베이지안 네트워크를 모델링하자.

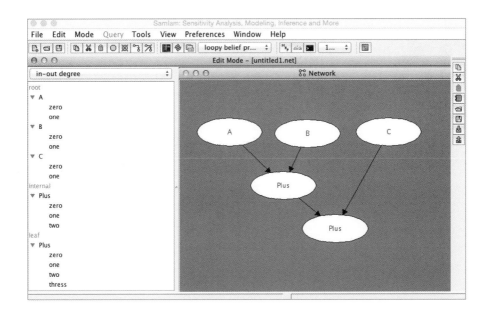

모델링한 베이지안 네트워크가 다소 직관적이지 않다. 베이지안 네트워크의
특성상 모델을 만들기 위해 노드와 선을 사용해야 하기 때문에 이런 결과를 얻었
다. 세 변수를 더하는 것을 표현하기 위해 2개의 plus 노드를 만들었다. 그렇다면
plus 노드를 어떻게 사용해서 더하기를 표현할 수 있을까? 그 답은 각 노드에 부
여하는 조건부 확률표에 있다. 세 변수는 각각 0 또는 1의 값을 갖기 때문에 아래
처럼 0 또는 1이 될 확률을 각각 0.5로 부여했다.

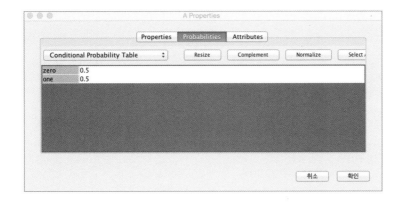

물론 각 변수의 확률 값을 0.5가 아닌 다른 값으로 주어도 상관없다. 특별한 이유가 없는 한 0이나 1이 나올 확률은 동일하다고 보는 게 합리적이다. 다음으로 plus 노드의 확률은 어떻게 정의하는 게 좋을까? 첫 번째 plus는 A와 B를 더하는 것이기 때문에 가질 수 있는 상태는 0, 1, 2가 된다. 따라서 A와 B가 모두 0일 때 plus 노드의 상태는 0만 가능하다. 이건 너무나도 당연한데, 0과 0을 더했을 때는 반드시 0이 돼야 하기 때문이다. 따라서 A와 B가 모두 0일 때 plus 노드 상태 0, 1, 2의 확률은 각각 1, 0, 0이 된다.

이번에는 A와 B가 모두 1일 때 plus 노드 상태 값의 확률을 구해보자. A와 B가 모두 1일 때 plus 노드가 가질 수 있는 상태는 2뿐이다. 이 또한 너무나도 당연한데, 1과 1을 더했을 때 결과는 2가 되기 때문이다. 따라서 A와 B가 모두 1일 때 plus 노드 상태 0, 1, 2의 확률은 각각 0, 0, 1이 된다. 이런 식으로 plus 노드의 조건부 확률표를 구하면 다음 그림과 같이 된다.

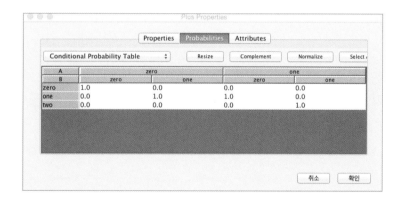

마지막으로 남은 조건부 확률표는 두 번째 plus 노드의 것이다. 두 번째 plus의 조건부 확률표는 첫 번째 plus의 조건부 확률표와 마찬가지 방법으로 구할 수 있다. 단지 차이점이라면 상태가 다르다는 것이다. 첫 번째 확률표를 구할 때는 A와 B를 더했기 때문에 가질 수 있는 상태는 0, 1, 2였다. 두 번째 확률표를 구할 때

는 첫 번째 확률표의 결과와 C를 더하기 때문에 가질 수 있는 상태가 0, 1, 2, 3이
된다.

이제 확률을 구해보자. 첫 번째 plus가 0이고 C도 0일 때 가질 수 있는 상태
는 0밖에 없다. 따라서 첫 번째 plus가 0이고 C도 0일 때 두 번째 plus의 0, 1, 2, 3
상태의 확률은 1, 0, 0, 0이 된다. 이런 식으로 나머지 상태의 확률을 구하면 다음
그림과 같이 된다. 이상으로 각 노드의 조건부 확률표를 모두 구했다.

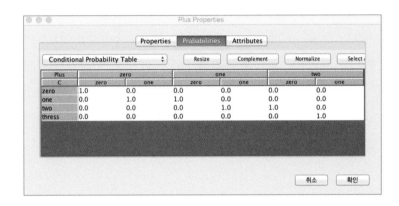

지금까지 만든 베이지안 네트워크를 사용해 간단한 추론을 해보자.

세 변수를 모두 더했을 때 2가 나온다고 하자. A가 1이 나올 확률은 어떻게
될까? 일종의 조건부 확률, 즉 추론을 구하는 것이다. 이것은 베이지안 네트워크
를 사용해 쉽게 구할 수 있다. 이 확률을 알려면 우선 쿼리 모드로 바꿔야 하므로,
메뉴에서 Mode ﹥ Query Mode를 선택한다. 다음으로 확률 모니터를 띄우기 위
해 Mode ﹥ Show monitors ﹥ Show All을 선택한다. 이 작업을 끝내면 다음과 같이
SamIam이 된다.

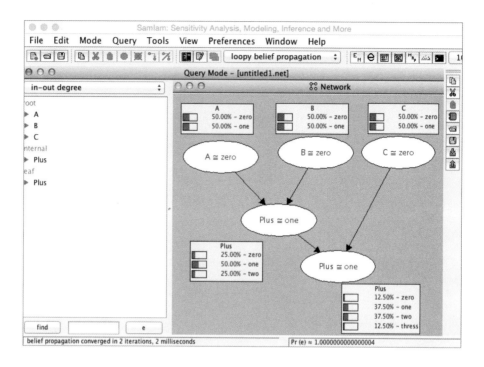

알고 싶은 것은 세 변수의 합이 2가 될 때 A가 가질 수 있는 값의 확률이다. 따라서 트리 창에서 두 번째 plus 노드 상태 값 중에서 two를 선택하면 된다. 이 때 A 노드의 확률 창을 보면 0이 될 확률은 33.3퍼센트가 되고, 1이 될 확률은 66.7퍼센트가 된다.

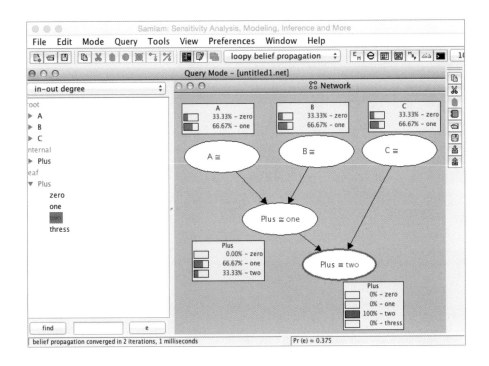

이상으로 베이지안 네트워크를 사용해 0 또는 1을 갖는 A, B, C라는 세 변수를 더했을 때 2가 된다면 A가 가질 수 있는 값의 확률을 구했다. 다음으로 Church를 사용해 이 예제를 구해보자. Church에서는 이런 용도로 쿼리를 사용한다. 쿼리의 문법을 상세히 살펴보기 전에, 코드로 예제를 알아보자. 아래는 A의 확률을 알아내는 Church의 코드다. 결과는 히스토그램으로 나타냈는데, 세 변수의 합이 2가 될 때 A의 확률은 앞에서 베이지안 네트워크를 사용해 살펴본 것과 같다.

[코드]

```
(define (take-sample)
  (rejection-query

    (define A (if (flip) 1 0))
    (define B (if (flip) 1 0))
```

```
(define C (if (flip) 1 0))
(define D (+ A B C))

A

(condition (equal? D 2))))
```

(hist (repeat 100 take-sample) "합이 2일 때, A의 값은?")

[결과]

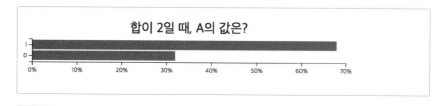

코드를 살펴보면 가장 먼저 눈에 띄는 게 있다. 바로 rejection-query이다. 앞에서 잠시 이야기했듯이 Church에서는 쿼리를 추론 등에 다양하게 사용한다. SamIam에서는 편집 모드에서 베이지안 네트워크를 만들고 쿼리 모드에서 만들어진 모델을 사용해 원하는 정보를 얻었다. Church도 이와 동일하다. 모델을 만들고 나서 쿼리를 사용해 원하는 정보를 얻는다. Church에서 사용하는 쿼리는 다음과 같은 형태를 취한다.

```
(쿼리
    모델
    알고 싶은 정보
    조건
    )
```

앞의 코드와 쿼리의 구조를 연동해 Church에서 쿼리가 어떻게 구성됐는지 살펴보자. 앞의 코드에서 사용한 쿼리는 rejection-query이다. Church에는 rejection-query 외에도 다양한 쿼리가 있다. 일단은 다양한 쿼리가 있으며,

rejection-query를 사용해 우리가 원하는 확률을 구할 수 있다는 정도만 알고 넘어가자. 다음 장에서 쿼리에 대해 자세히 알아볼 예정이기 때문이다.

남은 것은 '모델', '알고 싶은 정보', '조건'이다. SQL을 사용한 데이터베이스라고 생각한다면, 모델은 일종의 DB이고, '알고 싶은 정보'와 '조건'은 SQL의 쿼리문이라 생각할 수 있다. 이해를 위한 비유이지 그렇다고 Church의 쿼리와 데이터베이스를 일대일로 비교하기에는 다소 무리가 있다. 하지만 데이터베이스를 아는 입문자에게는 이런 비교가 도움이 될 것이다. 앞의 코드와 연관해서 알아보자. 모델에 해당하는 코드는 다음과 같다.

```
(define A (if (flip) 1 0))
(define B (if (flip) 1 0))
(define C (if (flip) 1 0))
(define D (+ A B C))
```

코드를 보면 세 변수에 0 또는 1의 값을 가질 확률을 각각 할당한다. 그러고 나서 세 변수에 해당하는 심볼 A, B, C를 더해 심볼 D로 할당한다. 이로써 모델을 다 설정했다. 너무 간단한데, 모델 자체가 간단해서 그렇기도 하다. 다음으로는 알고 싶은 정보를 알아보자. 세 변수를 더했을 때 A가 가질 수 있는 값의 확률이기 때문에 심볼 A를 알고 싶은 정보로 할당했다. 이제 남은 것은 조건이다.

Church에서 쿼리를 사용할 때 조건을 지정하는 경우 condition을 사용한다. 앞의 코드에서 조건은 세 변수를 더했을 때 2가 되는 것이기 때문에 심볼 D가 2와 동일한지 검사하면 된다. 따라서 예제 코드에서 조건은 (condition (equal? D 2))가 된다. 이상으로 끝난 것일까? 아니다. rejection-query를 사용해 조건에 맞는 A 값을 단 한 번 돌려준다. 앞의 코드를 실행하지 않고 다음 코드를 실행하면 한 번의 실행을 통한 A 값만 돌려줌을 알 수 있다.

[코드]
```
(define (take-sample)
  (rejection-query

    (define A (if (flip) 1 0))
    (define B (if (flip) 1 0))
    (define C (if (flip) 1 0))
    (define D (+ A B C))

    A

    (condition (equal? D 2))))

(take-sample)
```

[결과]

1

위에서는 결과로 1을 얻었지만 0이 나올 수도 있다. 우리가 필요한 것은 단한 번 실행을 해서 얻는 결과가 아니다. A가 가질 수 있는 값의 확률이다. 말하자면 시행을 통해 확률을 구하듯이 (take-sample)을 여러 번 실행해서 0이 몇 번나왔는지 1이 몇 번 나왔는지 기록한 후 전체 시행 횟수로 나누어줘야 한다. 이를위해 최초 코드에 (repeat 100 take-sample)이 포함되어 있었다. 물론 결과를쉽게 보고자 hist를 사용해 히스토그램을 그렸지만, 이것은 부차적인 이유다.

이 예제는 확률적 프로그래밍의 핵심을 잘 설명해준다. 확률적 프로그래밍은 모델을 만들고 해당 모델을 만족하는 해를 구하기 위해, 모델을 반복 실행해서 샘플을 모아 답을 찾는 것이다. 물론 알고리즘에 따라서 반복 실행을 똑똑하게 할 수도, 시간이 걸리지만 정확하게 할 수도 있다. 알고리즘에 따라서 답을 찾는 속도가 달라질 수 있지만, 그렇다고 앞서 설명한 확률적 프로그래밍의 본질이달라지진 않는다.

확률적 프로그래밍에서 해를 구하는 방식은 정답을 찾는다기보다는 앞서 설명했듯이 확률을 사용해 근사적으로 답을 찾는 것이다. 빈도적 확률에서 살펴봤듯이 한두 번의 동전 던지기에서는 앞면이나 뒷면이 나올 가능성이 크다. 하지만 큰 수의 시행을 하면 정답에 가까운 값을 얻게 된다. 따라서 확률적 프로그래밍의 핵심은 큰 수의 반복 실행이다. 이런 방식이 가능한 이유는 컴퓨터의 성능이 극단적으로 좋아졌기 때문이다.

확률적 프로그래밍의 또 다른 특징은 모델을 만들고 나서 모델에서 원하는 정보를 추출해낸다는 것이다. 세 변수 예제에서 베이지안 네트워크와 Church를 사용해 원하는 답을 얻었다. 베이지안 네트워크나 Church 모두 모델을 사용한다는 점에서 동일하지만, 노드와 선만을 사용해 모델을 구성하는 베이지안 네트워크보다 일반적인 수식의 형태로 모델을 구성하는 Church가 훨씬 직관적이다.

베이지안 네트워크나 확률적 프로그래밍의 기법을 사용하지 않고 일반적인 프로그래밍을 사용해도 세 변수 예제의 답을 얻을 수 있다. 하지만 그 과정이 확률적 프로그래밍처럼 간결하게 모델과 조건으로 표현되지 않고 답을 풀어가는 과정, 즉 알고리즘의 구현에 초점이 맞춰진다. 이에 반해 확률적 프로그래밍은 모델을 만들고 여기서 답을 찾기 때문에, 훨씬 더 보편적으로 사용할 수 있다. 확률적 프로그래밍에서 모델을 사용해 얻는 이점을 보기 위해 몇 가지 예제를 더 살펴보자.

[코드]

```
(define (take-sample)
  (rejection-query

   ;모델
   (define smokes (flip 0.2))

   (define lung-disease (or (flip 0.001) (and smokes (flip 0.1))))
```

```
(define cold (flip 0.02))

(define cough (or (and cold (flip 0.5)) (and lung-disease (flip 0.5)) (flip
0.01)))
(define fever (or (and cold (flip 0.3)) (flip 0.01)))
(define chest-pain (or (and lung-disease (flip 0.2)) (flip 0.01)))

;알고 싶은 정보
smokes

;조건
(condition (and cough fever))

))
```

(hist (repeat 200 take-sample) "기침하고 열이 날 때, 담배를 필 확률은?")

[결과]

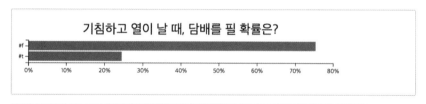

만약 위의 내용을 베이지안 네트워크를 사용해 표현한다면 코드의 모델 부분에서 노드와 선을 사용해 의존관계를 표현해야 한다. 다음으로 베이지안 네트워크를 사용하면 의존관계의 확률을 조건부 확률표를 사용해 나타내야 한다. Church에서는 조건부 확률표가 아닌 논리식으로써 표현한다. 예를 들어 기침의 원인으로 감기와 폐질환을 표현하기 위해 (define cough (or (and cold (flip 0.5)) (and lung-disease (flip 0.5)) (flip 0.01)))을 사용했다.

이 식을 살펴보면 or 조건으로 크게 3개 항목이 묶여 있다. 즉 각 항목 중에서 하나가 참이 되면 기침을 한다는 뜻이다. 각 항목을 살펴보자. 우선 (and cold (flip 0.5))이다. 감기가 걸릴 확률은 (define cold (flip 0.02))로 정의했기 때문에 2퍼센트란 뜻이다. 따라서 (and cold (flip 0.5))는 감기에 걸린 사람 중 절반이 기침을 한다는 뜻이다. (and lung-disease (flip 0.5))는 폐질환이 있는 사람 가운데 감기와 마찬가지로 절반이 기침을 한다는 의미다.

그렇다면 (flip 0.01)의 의미는 무엇일까? 꼭 감기나 폐질환 때문에 기침을 하는 건 아니다. 사레가 걸리거나 알레르기 때문에 기침을 할 수도 있다. 원인으로 고려하지 못한 인자에 의해 기침을 할 수도 있음을 나타내기 위해 (flip 0.01)을 넣은 것이다. 말하자면, 1퍼센트 정도는 감기나 폐질환이 아닌 이유로 기침을 할 수 있다. 여기서 설명하지 않은 의존관계는 동일한 원리로 구현한 것이다.

앞서 베이지안 네트워크를 사용할 때에 비해 Church를 사용할 때의 장점을 간단히 설명했는데, 그 외에 쿼리의 조건을 다양하게 할 수 있다는 장점도 있다. 베이지안 네트워크에서는 대부분이 조건부 확률로서 쿼리가 가능했다. 즉 '노드의 상태가 이럴 때 다른 노드의 상태가 가질 수 있는 상태의 확률은 얼마일까?'가 베이지안 네트워크에서 일반적인 쿼리 형태였다.

예를 들어 베이지안 네트워크에서는 or 조건으로 쿼리를 하기가 쉽지 않다. 방법이 없는 건 아니지만 네트워크 자체를 수정해야 한다는 단점이 있다. 말하자면 조건부 확률은 곱사건의 형태이기 때문이다. 이에 반해 Church에서는 쿼리에 해당하는 조건을 다양하게 줄 수 있다. 위의 예제에서는 기침과 열이 날 때 담배를 피울 확률을 계산했지만, 조건을 (condition (or cough fever))로 바꾼다면, 즉 and를 or로 변경한다면 기침이나 열이 날 때 담배를 피울 확률을 계산할 수 있다. 즉 모델의 변경 없이 조건의 변경으로 원하는 정보를 얻을 수 있다. 모델을 만들고 나서 다양한 정보를 추출할 수 있는 확률적 프로그래밍의 장점을 알아볼 수 있는 예제를 더 살펴보자.

```
(define strength (mem (lambda (person) (gaussian 0 1))))

(define lazy (lambda (person) (flip 0.25)))

(define (total-pulling team)
     (sum
        (map
         (lambda (person) (if (lazy person) (/ (strength person) 2)
(strength person)))
         team)))

(define (winner team1 team2) (if (< (total-pulling team1) (total-pulling
team2)) team2 team1))

(list "토너먼트 결과:"
     (winner '(철이 순이) '(영희 철수))
     (winner '(철이 순이) '(영희 철수))
     (winner '(철이 철수) '(순이 영희))
     (winner '(철이 철수) '(순이 영희))
     (winner '(철수 순이) '(철이 영희))
     (winner '(철수 순이) '(철이 영희)))
```

[결과]

(토너먼트 결과: (철이 순이) (철이 순이) (순이 영희) (순이 영희) (철수 순이) (철수 순이))

위의 코드는 철이, 철수, 순이, 영희 네 명이 두 사람씩 짝을 지어서 줄다리기
tug of war 토너먼트를 할 때 우승자가 누군지 파악하는 코드다. 이 코드를 모델로
사용한 쿼리 예제는 잠시 후에 살펴보고, 모델에 해당하는 코드가 어떻게 작동하
는지부터 살펴보자. 제일 처음에 정의한 것은 strength라는 함수다. 이 함수는 사
람 이름을 인자로 받아들여서, 그 사람의 힘을 결정한다.

이 함수를 살펴보면 지금까지 다루지 않았던 mem, gaussian이 나온다. 사람
의 힘은 그때그때 달라지는 속성이 아니다. 물론 밥을 먹지 않거나 게으름을 피

운다면 달라질 수 있으나, 그 사람이 가진 힘은 근본적으로 동일하다. 따라서 사람의 이름이 같으면 strength는 같은 힘을 되돌려줘야 한다. 그러나 Church에서 다루는 함수의 특성상 호출할 때마다 그 결과가 달라진다. 위의 strength 함수에서 mem을 빼고 다음과 같이 코드를 만들어 실행해보자.

[코드]

```
(define strength  (lambda (person) (gaussian 0 1)))
(list (strength '철이) (strength '철이) (strength '철이))
```

[결과]

```
(1.6652099920355141 0.8995761435899604 -1.2059874493521627)
```

위의 코드는 철이 이름으로 strength 함수를 세 번 호출한 결과를 출력한다. 호출할 때마다 결과가 달라짐을 확인할 수 있다. 즉 동일한 사람이라면 같은 힘을 내야 한다는 가정이 성립하지 않는다. 호출할 때마다 되돌려지는 값이 같게 하려면 어떻게 해야 할까? 바로 mem을 사용하면 된다. mem은 함수에 주어진 인자가 동일할 때 같은 결과를 돌려주게 한다. 위의 코드에서 지운 mem을 다시 살려서 실행해보자.

[코드]

```
(define strength  (mem (lambda (person) (gaussian 0 1))))
(list (strength '철이) (strength '철이) (strength '철이))
```

[결과]

```
(-1.269832442136519 -1.269832442136519 -1.269832442136519)
```

위의 코드에서 볼 수 있듯이, 아까와는 달리 호출할 때마다 그 결과가 동일함을 확인할 수 있다.

다음으로 살펴볼 것은 gaussian이다. Church를 다루면서 가장 먼저 살펴본 확률 관련 함수는 flip이었다. 0~1 사이의 값을 받아서 true나 false를 돌려주는 함수다. 인자가 1인 경우 항상 true를, 0인 경우는 항상 false를 돌려준다. 확률적 프로그래밍은 확률을 사용해 프로그래밍을 하기 때문에 확률 관련 함수들이 내장되어 있다. gaussian은 이런 확률 관련 함수 중 Church에서 정규 분포를 구할 수 있는 함수다. 정규 분포는 학창 시절에 많이 들어봤을 테니 굳이 여기서 설명을 하진 않겠다. gaussian의 인자는 2개인데, 첫 번째 인자는 평균이고 두 번째 인자는 표준편차다. 다음 코드는 gaussian을 사용해 정규 분포를 구하는 함수다.

[코드]

```
(define (sample) (gaussian 0 1))
(define samples (repeat 10000 sample))
(density samples "정규 분포" true)
```

[결과]

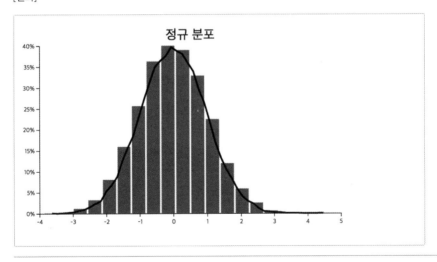

만 개의 정규 분포 샘플을 구한 뒤에 그 결과를 확률 밀도 함수로 나타내기 위해 density 함수를 사용했다. 확률 밀도 함수는, 간단히 생각하면 앞에서 살펴본 히스토그램과 비슷한 개념의 그래프라 생각하면 된다. 여기서 자세히 설명하진 않겠다. 확률적 프로그래밍을 설명하는 데 직접적인 관련이 없기 때문이다. 관심 있는 독자들은 직접 공부해보기 바란다. 아무튼 정규 분포가 무엇인지 잘 생각나지 않는 독자들도 종모양의 그래프를 보면 아련한 기억이 떠오를 것이다.

다시 원래 코드로 돌아와서, 사람마다 힘의 크기는 다르다. 이것을 표현하기 위해 확률적으로 나타내야 하는데, 일반적으로 많은 자연현상이 정규 분포를 따른다고 알려졌다. 따라서 정규 분포를 사용해 사람들의 힘을 확률적으로 나타내면 현실을 반영한 코드라 할 수 있다.

다음은 lazy 함수다. 줄다리기를 할 때 컨디션에 따라서 자신의 힘을 모두 발휘하지 않는 경우가 있는데 이를 표현하기 위해 lazy 함수를 사용했다. lazy 함수에서는 flip을 이용했는데 인자로 1/4을 넘겨줬다. 즉 줄다리기 네 번에 한 번은 게을러져서 열심히 하지 않는다는 뜻이다. 그런데 게으름은 지속적인 것이기 아니기 때문에 이 함수에서는 mem을 쓰지 않았다. 이전 줄다리기에서 게을렀다고 지금도 게으르리라고 가정할 수 없기 때문이다.

다음은 total-pulling 함수다. 이 함수는 인자로 리스트를 받는데, 이 리스트에는 줄다리기 팀의 멤버 이름이 있다. 줄다리기에 참여하는 한 팀의 멤버를 받아들여서 팀의 힘을 구한다. 리스트의 멤버마다 힘을 구해야 하기 때문에 리스트의 요소마다 힘을 구하는 함수를 호출하기 위해 map을 사용했다. 그렇게 호출해서 구한 힘들의 합을 구하기 위해 sum을 사용했으며, 멤버의 힘은 멤버 이름을 사용해 해당 멤버가 지금 팀에서 열심히 당길지 아니면 게으름을 피울지 결정하기 위해 lazy 함수를 호출했다. 만약 게으르다는 결과를 얻으면 해당 멤버의 힘을 반으로 줄이고, 아닌 경우엔 원래 힘을 돌려줬다.

마지막으로 winner 함수는 두 팀을 인자로 받아들여서 total-pulling 함수로 각 팀의 힘을 구한 뒤, 힘이 더 센 팀을 우승팀으로 확정해서 결과 값을 돌려준다. 이상의 결과를 확인하기 위해 철이, 철수, 순이, 영희 네 명을 각각 두 팀으로 세 번씩 만들어서 우승자를 가렸다. 각 팀 조합별로 두 번씩 실행한 이유는 mem을 사용해 사람 이름을 기억해서 힘을 동일하게 만들었기 때문에, 같은 팀조합으로는 같은 결과를 얻는다는 사실을 확인하기 위해서다.

이상으로 좀 더 복잡한 쿼리를 사용한 모델을 만들었다. 이런 예를 한 번 생각해보자. 철이와 순이를 같은 팀으로 영희와 철수를 같은 팀으로 묶은 뒤 시합을 한다. 그리고 나서 철이와 철수를 같은 팀으로, 영희와 순이를 같은 팀으로 묶고 나서 다시 시합을 하자. 이렇게 했을 때 철이가 속한 팀이 모두 이긴 경우, 철이의 평균 힘은 어떻게 될까? 이 예제를 베이지안 네트워크를 사용해 구현할 수 있을까? 당연히 쉽지 않다. 단순 인과관계 이상을 베이지안 네트워크로 구현한다는 건 쉽지 않다는 사실을, 세 변수의 합을 구하는 예제에서 살펴봤다.

모델을 사용한다는 점에서 객체 지향 프로그래밍과 확률적 프로그래밍은 비슷한 점이 있다. 그렇다면 앞의 예제를 C++나 자바로 구현해보는 건 어떨까? 불가능하지는 않겠지만, 아마도 쉬운 도전 과제는 아닐 것이다. 구현이 가능해도 이제 뒤에서 살펴볼 Church의 예제보다 상당히 많은 코드가 필요할 것이다. 새 술은 새 부대에 담가야 하는 것처럼 새로운 개념을 담아내기 위해서는 새로운 패러다임의 언어가 필요하다.

이런 확률적인 판단이 필요한 분야에 있어서, 기존 언어보다 확률적 프로그래밍이 뛰어나다는 뜻이다. 예를 들어 임베디드 코드에 Church를 사용한다는 건 어불성설이고 말도 안 되는 이야기다. 사설이 길어졌는데, 앞에서 설명한 예제를 Church의 쿼리를 사용해 구해보자. 우선 코드부터 살펴보자.

[코드]

```
(define samples
  (mh-query 1000 10

    (define strength (mem (lambda (person) (gaussian 0 1))))

    (define lazy (lambda (person) (flip (/ 1 3))))

    (define (total-pulling team)
      (sum
        (map
          (lambda (person) (if (lazy person) (/ (strength person) 2)
(strength person)))
          team)))

    (define (winner team1 team2)
      (if (> (total-pulling team1) (total-pulling team2)) '''team1
'team2))

    (strength '철이)

    (condition (and (eq? 'team1 (winner '(철이 순이) '(영희 철수)))
         (eq? 'team1 (winner '(철이 철수) '(영희 순이)))))))))

(display (list "예상 힘세기: " (mean samples)))


(density samples "철이의 힘세기" true)
```

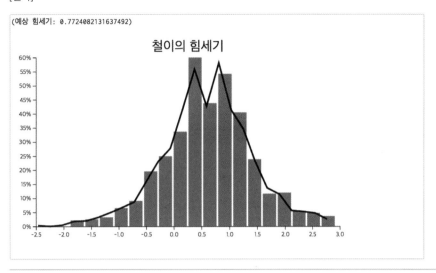

쿼리는 지금까지 사용한 rejection-query가 아닌 mh-query를 사용했다. 이 부분은 다음 장에서 상세히 설명할 것이므로 지금은 넘어가자. rejection-query처럼 샘플링하는 데 사용하는 쿼리라는 정도만 알면 충분하다. 모델은 이전 코드에서 사용한 예제를 그대로 사용했기 때문에 다시 설명하지 않겠다. 다음으로 우리가 알고 싶은 것을 적어주면 된다. 우리가 알고 싶은 것은 철이의 평균 힘이기 때문에 (strength '철이)를 호출했다.

mh-query는 두 가지 인자를 받는데, 그중 첫 번째가 총 몇 번의 샘플링을 할지를 의미한다. 앞의 코드에서 mh-query의 첫 번째 인자로 1000을 입력했기 때문에 모델을 총 1,000번 실행한다. 쿼리가 한 번 실행될 때마다 (strength '철이) 값을 돌려주기 때문에, 이 값을 모두 더해서 1,000으로 나누어주면 철이의 평균 힘을 구할 수 있다. 이 부분에 해당하는 코드가 바로 (display (list "예상 힘세기: " (mean samples)))이다. 쿼리 실행 결과를 담는 samples를 mean 함수에 전달하는데, mean 함수는 리스트를 입력받아 평균을 구하는 함수다.

쿼리의 마지막은 조건이다. '철이와 순이를 같은 팀으로, 영희와 철수를 같은 팀으로 묶은 뒤 시합을 한다. 그리고 나서 철이와 철수를 같은 팀으로, 영희와 순이를 같은 팀으로 묶고 나서 다시 시합을 하자. 이렇게 했을 때 철이가 속한 팀이 모두 이긴 경우'가 바로 조건에 해당한다. 말로 풀어 쓰면 상당히 긴데, 코드로 옮긴 부분을 보면 알 수 있듯이 글보다 상당히 명쾌하다.

```
(condition (and (eq? 'team1 (winner '(철이 순이) '(영희 철수)))
          (eq? 'team1 (winner '(철이 철수) '(영희 순이)))))
```

많은 부분이 지속적으로 설명된 것이기 때문에 따로 설명이 필요하지 않지만 (eq? 'team1 (winner '(철이 순이) '(영희 철수))) 부분은 설명이 필요하다. 이 코드는 철이-순이 팀이 영희-철수 팀을 이겼을 때를 나타낸다. 이를 나타내기 위해 team1과 winner 함수의 리턴 값을 비교했다. winner 함수의 첫 번째 인자로 철이 팀이 들어갔는데, 철이 팀이 winner 함수의 실행 결과로 다시 돌려졌는지 보기 위해 winner 함수의 첫 번째 인자를 가리키는 team1과 비교했다.

이상으로 '철이와 순이를 같은 팀으로, 영희와 철수를 같은 팀으로 묶은 뒤 시합을 한다. 그리고 나서 철이와 철수를 같은 팀으로, 영희와 순이를 같은 팀으로 묶고 나서 다시 시합을 하자. 이렇게 했을 때 철이가 속한 팀이 모두 이긴 경우, 철이의 평균 힘'을 구했다. 결과는 실행할 때마다 조금씩 달라지기는 하는데, 0.7~0.8 정도를 얻는다. 사람들의 힘을 구하기 위해 평균이 0인 정규 분포를 사용했다. 이 말은 순이나 영희, 철수는 일반적으로 0에 가까운 힘을 가질 것이란 뜻이다.

그런데 철이가 속한 팀이 시합마다 이긴다는 건 평균적으로 철이의 힘이 다른 사람보다 쎄다는 뜻이다. 이런 논리는 실행 결과의 0.7~0.8과 일치하는 지점이다. 어떤가? 다소 복잡한 추론이 필요한 경우에도 짧은 코드로 원하는 답을 쉽게 구할 수 있었다. Church를 사용하면, 즉 확률적 프로그래밍을 사용하면 모델을 바꾸지 않고 조건만 바꿔서 원하는 정보를 얻을 수가 있다.

한 가지 예를 더 들어보자. 철이-철수 팀과 영희-순이 팀이 줄다리기를 했을 때 철이-철수 팀이 이기고, 동건이 우성보다 힘이 쎄거나 같을 때 철이-동건 팀과 영희-우성 팀이 줄다리기를 한다고 하자. 이때 철이-동건이 이길 확률이 높을지 아니면 그 반대인지 알고 싶다면 어떻게 조건을 만들어야 할까? 이 경우도 말은 길지만 간단한 조건으로도 결과를 알 수 있다. 위의 코드에서 조건에 해당하는 부분을 다음과 같이 바꾸면 된다.

[코드]
```
(define samples
  (mh-query 100 100
    (define strength (mem (lambda (person) (gaussian 0 1))))
    (define lazy (lambda (person) (flip (/ 1 3))))

    (define (total-pulling team)
      (sum
        (map (lambda (person) (if (lazy person) (/ (strength person) 2)
(strength person)))
             team)))

    (define (winner team1 team2) (if (< (total-pulling team1) (total-pulling
team2)) 'team2 'team1))

    (eq? 'team1 (winner '(철이 동건) '(영희 우성)))

    (condition (and (>= (strength '동건) (strength '우성))
        (eq? 'team1 (winner '(철이 철수) '(영희 순이)))))))
)
(hist samples "철이-동건 팀이 영희-우성 팀을 이길까?")
```

[결과]

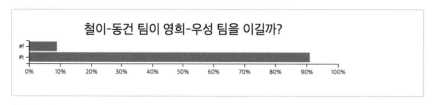

이상으로 Church로 쿼리를 할 때 모델을 사용하는 방법과 이유 그리고 확률적 프로그래밍의 장점에 대해 살펴봤다. 그런데 어떻게 이런 짧은 코드로 복잡한 추론을 쉽게 할 수 있을까? 그 답은 앞서 설명한 쿼리에 있다. 쿼리가 사실 Church 같은 확률적 프로그래밍의 핵심이라 할 수 있다. 다음 장에서는 쿼리가 어떤 원리로 동작하는지 살펴보겠다.

정 리

1. Church에서는 쿼리를 추론 등에 다양하게 사용한다.

2. 확률적 프로그래밍은 모델을 만들고 해당 모델을 만족하는 해를 구하기 위해 모델을 반복 실행해서 샘플을 모아 답을 찾는 것이다.

3. 확률적 프로그래밍에서 해를 구하는 방식은 정답을 찾는다기보다는 확률을 사용해 근사적으로 답을 찾는 것이다. 빈도적 확률에서 살펴봤듯이 한두 번의 동전 던지기에서는 앞면이나 뒷면이 나올 가능성이 크다. 하지만 큰 수의 시행을 하면 정답에 가까운 값을 얻게 된다.

4. mem은 함수에 주어진 인자가 동일할 때 같은 결과를 돌려주게 한다.

17장 Church 추론 알고리즘

16장에서는 Church를 사용해 모델을 만들고, 쿼리를 사용해 원하는 정보를 알아내는 방법을 살펴봤다. 그 과정에서 rejection-query와 mh-query를 사용했다. 17장에서는 각 쿼리가 어떻게 작동하는지 알아봄으로써 확률적 프로그램이 핵심인 추론 알고리즘이 어떻게 동작하는지 살펴보겠다. 우선 rejection-query부터 살펴보자.

0과 1을 갖는 세 변수를 더했을 때 2가 나오는 경우 이 세 변수 중 한 변수가 갖는 값의 확률이 어떻게 되는지, 앞 장에서 베이지안 네트워크와 rejection-query를 사용해 구했다. rejection-query가 어떻게 동작하는지 알아보기 위해 세 변수의 예제를 rejection-query를 묘사하는 방식으로 다시 한 번 구현해보자. 이번에는 세 변수의 합이 2보다 크거나 같은 경우로 코드를 바꿔보자. 다음은 rejection-query를 묘사한 코드다.

[코드]

```
(define (take-sample)
    (define A (if (flip) 1 0))
    (define B (if (flip) 1 0))
```

```
(define C (if (flip) 1 0))
(define D (+ A B C))
(if (>= D 2) A (take-sample)))
```

(hist (repeat 100 take-sample) "합이 2보다 크거나 같을 때, A의 값은?")

[결과]

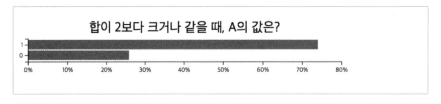

여기서는 재귀적인 호출을 사용해 rejection-query 형태를 구현했다. rejection-query는 조건에 맞는 결과가 나올 때까지 결과를 다시 얻는 형태다. 위의 코드에서 핵심적인 부분은 (if (>= D 2) A (take-sample))이다. 세 변수를 더한 심볼 D가 2보다 크거나 같다면 A의 값을 돌려주고, 아닌 경우는 다시 함수 take-sample을 호출한다. 세 변수를 더해서 2보다 크거나 같기 전까지는 계속해서 함수를 호출하는 셈이다. take-sample은 단 한 번의 결과를 돌려주기 때문에 확률을 구하기 위해 여러 번 시행해야 한다. 이를 위해 repeat 함수를 이용해 take-sample을 100번 수행했다.

뭔가 대단한 게 있는 것 같았는데, 고작 재귀적인 호출이 확률적 프로그래밍에서 말하는 쿼리라니 허탈한 기분이 든다. 아니다. 조금만 참고 살펴보자. 이번에는 앞에서 살펴본 쿼리를 rejection-query를 사용한 경우로 다시 살펴보자. 이번에는 세 변수 A, B, C가 1을 가질 확률을 매우 낮게 조정해보자. 지금까지는 0과 1이 나올 확률은 0.5, 0.5였다. 이번에는 1이 나올 확률을 0.01로 조정해보자. 이렇게 조정한 코드는 다음과 같다. 이 코드를 실행해 결과를 얻을 때까지 걸린 시간을, 1이 나올 확률이 0.5인 경우와 비교해보자.

[코드]
```
(define (take-sample)
  (rejection-query

    (define A (if (flip 0.01) 1 0))
    (define B (if (flip 0.01) 1 0))
    (define C (if (flip 0.01) 1 0))
    (define D (+ A B C))

    A

    (condition (>= D 2)))))
```

(hist (repeat 100 take-sample) "합이 2보다 크거나 같을 때, A의 값은?")

[결과]

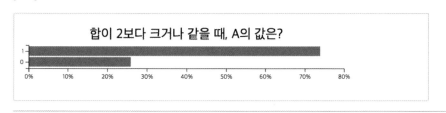

결과는 달라지지 않는다. 다만 실행 시간이 늘어날 뿐이다. 왜 그럴까? 1 이 나올 가능성이 매우 줄어들기 때문에 rejection-query 방법을 사용하면 맞는 답이 나올 때까지 운에 맡겨야 하기 때문이다. 즉 1이 잘 나오지 않기 때문에 1이 나올 때까지 걸리는 시간이 오래 걸려서다. 정리하자면 재귀적 호출을 사용해 rejection-query를 구현하고, 이것을 사용해 샘플링을 하면 답을 얻을 수 있는데 그다지 효과적이지 않다. 세 변수 사례는 독자도 알다시피 그다지 복잡한 예제가 아니다. 복잡하지 않은 예제도 rejection-query를 사용해 샘플링을 하는 것은 효율적이지 않다는 뜻이다. 다른 방법이 필요하다.

이전 장에서 rejection-query 말고 한 가지 쿼리를 더 다뤘는데, 바로 mhquery이다. mh-query가 무엇인지는 차차 살펴보기로 하고, 앞의 rejection-query를 mh-query로 변경해 코드를 다시 작성해보자. rejection-query를 mh-query 100 100으로, hist에 rejection-query를 100번 반복 호출하는 것을 take-sample 함수를 호출하는 것으로 바꾸었다. 이것은 rejection-query는 단 한 번만 샘플링하지만 mh-query는 반복 횟수를 지정해서 실행한다는 차이점 때문이다. 이 점을 제외하고 두 쿼리의 목적은 동일하다.

[코드]

```
(define (take-sample)
  (mh-query 100 100

    (define A (if (flip 0.01) 1 0))
    (define B (if (flip 0.01) 1 0))
    (define C (if (flip 0.01) 1 0))
    (define D (+ A B C))

    A

    (condition (>= D 2))))

(hist (take-sample) "합이 2보다 크거나 같을 때, A의 값은?")
```

[결과]

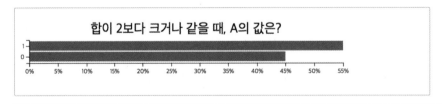

    세 변수가 1을 가질 확률을 낮췄을 때 rejection-query의 경우에 100번 반복 실행하는 속도가 1이 나올 확률이 0.5인 경우보다 매우 느려졌다. mh-query로

바꾸고 100번 실행한 위의 코드는 rejection-query보다 매우 빨라졌다. 이게 가능한 이유는, 당연하겠지만 rejection-query 알고리즘보다 mh-query 알고리즘이 매우 효율적이기 때문이다. 컴퓨터의 성능이 향상됐다고는 하지만 rejection-query를 사용해 연산량이 많은 확률적 프로그래밍을 처리하기엔 역부족이다.

자, 그렇다면 mh-query는 어떻게 구현할까? 이 이야기를 하자면 일단 많은 것을 알아야 한다. 요약하자면 mh-query는 메트로폴리스-해스팅^{MH, Metropolis Hastings}을 사용해 구현하는데, MH는 마르코브 체인 몬테 카를로^{MCMC, Markov chain Monte Carlo} 알고리즘의 한 종류이며, MCMC를 이해하려면 다시 몬테 카를로 시뮬레이션과 마르코브 체인을 알아야 한다. MH만 놓고 이해하려면 외계어 같아서 쉽지 않지만, 하나씩 살펴보면 그리 어렵지 않게 이해할 수 있다. 자, 시작해보자.

우선 몬테 카를로 시뮬레이션부터 살펴보자. 간단히 말하자면 몬테 카를로 시뮬레이션은 시뮬레이션을 사용해 원하는 정보를 얻는 방법이다. 사실 몬테 카를로 시뮬레이션은 이게 전부라고 해도 과언이 아니다. 예를 들어 2차원 좌표상에서 원점 (0,0)을 중심으로 하고 반지름이 1인 원의 넓이를 구한다면, 원의 넓이를 구하는 식 (원주율) × (반지름 제곱)을 사용하면 아주 쉽게 구할 수 있다. 답은 3.14이다. 만약 이 공식을 모른다면 어떻게 원의 넓이를 구할 수 있을까? 바로 몬테 카를로를 사용해 구할 수 있다.

다음 그림을 보자. 원점 (0,0)을 중심으로 하고 반지름이 1인 원은 변의 길이가 2인 정사각형 안에 들어간다. 이 그림을 사격 시합의 과녁이라고 생각해보자. 사격 실력이 좋은 사람의 경우 총을 쏘면 대개 원 중심에 총알이 맞을 것이다. 만약 사격 실력이 형편없거나 대충 겨냥해서 총을 쏜다면 결과는 어떻게 될까? 아마도 원 중심에서 탄착점이 넓게 퍼질 것이다. 극단적으로, 임의로 과녁을 겨냥해서 쏜다면 어떻게 될까? 임의로 겨냥했기 때문에 랜덤하게 탄착점이 형성될 것이다.

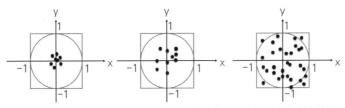

사격 실력이 좋은 경우   사격 실력이 보통인 경우   임의로 겨냥해서 쏜 경우

몬테 카를로를 나타낸 예제는 바로 임의로 겨냥해서 쏜 경우다. 여기서 몬테 카를로를 이해하는 중요한 단어가 나왔는데 바로 임의로 쏜다는, 다른 말로 하자면 랜덤하게 샘플링한다는 것이다. 이게 왜 중요한지 살펴보자. 만약 총을 랜덤하게 백 번 쐈다고 하자, 총알 백 개가 모두 사각형 안에 명중했고 그중 75개가 원 안에 있다고 하자. 랜덤하게 총을 쐈기 때문에 총알은 사각형 어디든지 균일하게 맞았다고 할 수 있다. 따라서 원 안에 맞은 총알과 사각형 안에 맞은 총알의 비율은 원과 사각형의 면적 비율과 같다고 생각할 수 있다.

$$\frac{\text{원 안에 맞은 총알}}{\text{사각형 안에 맞은 총알}} = \frac{\text{원의 면적}}{\text{사각형의 면적}} = \frac{75}{100} = 0.75$$

우리가 알고 싶은 것은 원의 면적이다. 사각형의 면적은 쉽게 구할 수 있기 때문에 위에서 구한 면적 비율에 사각형의 면적을 곱하면 알고 싶은 원의 면적을 구할 수 있다. 사각형의 각 변 길이는 2이기 때문에 면적은 4이고, 따라서 원의 면적은 4 × 0.75 = 3이 된다. 이 값은 원의 면적 공식을 사용해 구한 3.14와 가깝다. 샘플링에서 정도를 높이려면 샘플링을 많이 해야 하듯이, 샘플링의 개수를 높이면 3.14에 가까운 값을 얻을 수 있다.

몬테 카를로 시뮬레이션이란 거창한 이름이 붙었지만 컴퓨터의 반복 계산 능력이 뛰어나다는 장점을 십분 활용한 것이다. 몬테 카를로 시뮬레이션은 50년도 전에 개발된 것이다. 당시의 최고 성능의 컴퓨터도 지금 흔하디 흔한 스마트

폰 성능보다 뒤진다. 어떻게 보면 몬테 카를로 시뮬레이션 같은 방법이 지금에 와서 더욱 각광받는 건 이론적 성숙함보다는 컴퓨터 성능 발전에 기인한 점이 크다. 몬테 카를로 시뮬레이션의 맛을 보기 위해 앞의 예제를 간단히 구현해보자.

엑셀 같은 오피스 도구를 사용해도 상당히 효과적으로 몬테 카를로를 구현할 수 있다. 여기서는 구글의 시트를 사용해 살펴보겠다. 도구는 다르지만 명령은 거의 같기 때문에 엑셀을 사용해도 결과는 동일하다. 구글 시트에서 새로운 시트를 만들고 A2와 B2에 다음과 같이 입력한다.

```
=1-2*rand()
```

rand()는 0과 1 사이의 실수를 랜덤하게 되돌려주는 함수다. 이 함수를 사용해 1-2*rand() 식을 만든 이유는 -1과 1 사이의 실수를 랜덤하게 얻기 위해서

다. 앞에서 원의 넓이를 구하기 위해 임의로 총을 쏜 것을 이 식으로 표현했다. 999개의 총알을 쏴서 원의 넓이를 구해보자. 이를 위해 A2와 B2의 셀을 드래그해서 A1000, B1000까지 셀 내용을 복사하자. 그러면 다음 그림과 같은 결과를 얻게 된다.

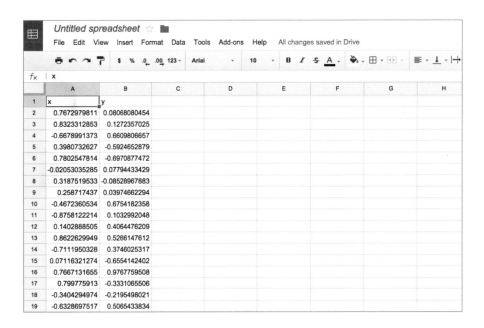

다음으로 차트를 그려서 999개의 점이 2 × 2 사각형 안에 어떻게 분포해 있는지 살펴보자. 차트를 그리기 위해 A열과 B열을 모두 선택한다. 그리고 나서 메뉴 Insert ❯ Chart…를 선택한다. 그러면 차트를 선택할 수 있는 창이 생성되는데, Charts 탭을 클릭하고 Scatter 차트를 선택한 뒤에 Insert 버튼을 클릭해서 차트를 삽입하자.

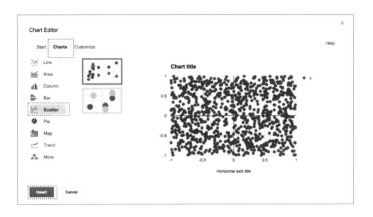

아래 그림을 보면 999개의 점이 2 × 2 사각형에 고르게 분포한 모습을 확인할 수 있다.

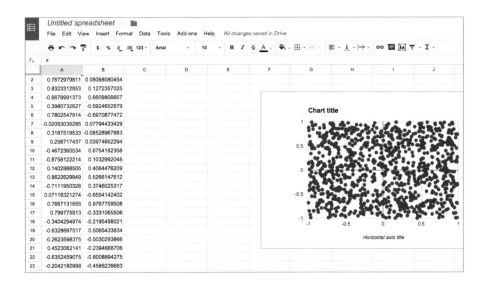

다음으로 이 점들 가운데 반지름이 1인 원 안에 있는 것을 그려보자. 이를 위해 C2에 다음 코드를 입력한다.

```
=if(A22+B22<=1,A2,0)
```

이 코드는 원의 공식을 이용한 것으로 x, y의 좌표를 원의 공식에 넣었을 때 그 값이 반지름의 제곱보다 작으면 원 안의 점으로 볼 수 있다. 따라서 이 경우엔 원래 점의 x 값을 사용하고, 아닌 경우엔 원점을 입력한다. 동일하게 D2에 원의 y 좌표를 판단하는 코드를 입력하자. D2에 입력하는 코드는 다음과 같다. 이 작업을 모두 하고 나서 C2와 D2의 셀을 아래로 드래그해서 C1000과 D1000까지 셀 내용을 복사한다.

```
=if(A22+B22<=1,B2,0)
```

정말로 이렇게 구한 점들이 원 안에 있는지 확인해보자. 사각형 안에 점이 고르게 분포했는지 확인하기 위해 마찬가지로 차트를 그려보자. 앞에서 차트를 그린 방법과 거의 동일하며, 단지 A와 B열 대신 C와 D를 택하면 된다. 그 결과는 아래 그림의 두 번째 차트다. 이상으로 원의 넓이를 구할 모든 준비가 끝났다.

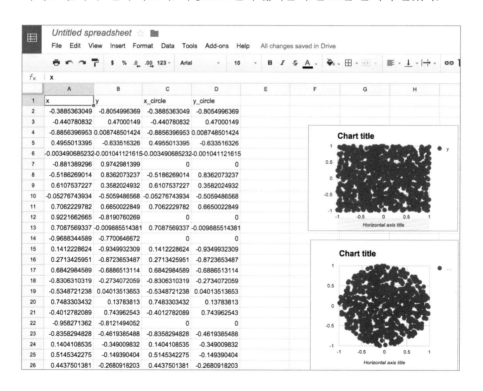

E2에 아래 코드를 입력하자. 이 코드는 랜덤하게 생성된 코드가 원 안에 있는 경우 1을, 아닌 경우 0을 돌려준다. 코드를 입력하고 나서 E2를 E1000까지 드래그해서 E2 셀을 복사하자.

```
=if(A22+B22<=1,1,0)
```

그리고 나서 E1에 아래 코드를 입력하자. 이 코드는 원 안에 속하는 점의 개수를 돌려준다. E2에서 E1000까지의 값을 더하기 때문이다.

```
=sum(E2:E1000)
```

독자마다 얻는 결과가 다르겠지만, 대략 780개 정도의 점이 원 안에 있다는 결과가 나올 것이다. 우리가 사용한 전체 점의 개수는 999이기 때문에 (원 안에 있는 점의 개수)/(사각형 안에 있는 점의 개수) = 797/999 = 0.798이고, 따라서 원

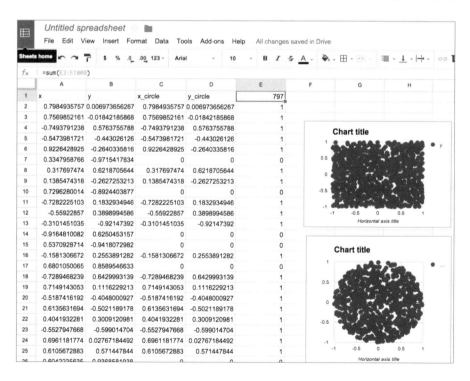

의 넓이는 0.798 × 4 = 3.192가 된다. 몬테 카를로를 썼을 때, 공식으로 구한 3.14와 거의 같은 값을 얻음을 알 수 있다.

몬테 카를로는 거창한 이름에 비해 개념은 복잡하지 않다. 몬테 카를로의 맛을 본 지금 몬테 카를로 시뮬레이션을 간단히 정의하자면 뭘까? 정답을 모르기 때문에 무척 많은 숫자로 랜덤하게 샘플링하면 정답에 가까운 해답을 얻을 수 있다는 것이다. 물론 컴퓨터의 성능이 무척 좋아졌지만 무식하게 샘플링하는 것보다 똑똑하게 샘플링하는 게 효과적일 것이다. 효과적인 샘플링이 얼마나 중요한지 살펴보기 위해 한 가지 예를 더 알아보자.

$$\varphi_{\mu,\sigma^2}(x) = \frac{1}{\sigma\sqrt{2\pi}}e^{-\frac{(x-\mu)^2}{2\sigma^2}}$$

위의 식은 정규 분포를 나타낸 식이다. 정규 분포는 고등학교 때 다들 배운 기억이 있을 것이다. 정규 분포는 평균과 표준편차에 따라서 그래프의 모양이 조금씩 달라지지만 기본적으로 평균에서 봉우리가 형성되는 종모양의 그래프가 된다. 이런 정규 분포 가운데 평균이 0이고 표준편차가 1인 정규 분포를 표준 정규 분포라고 한다. 다음 그림은 다양한 평균과 표준편차로 정규 분포를 그린 것이다.

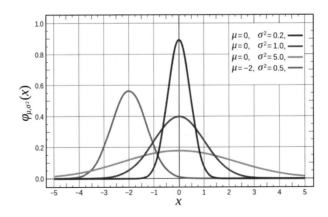

여기서 잠깐 확률에서 말하는 분포를 이야기하고 넘어가야겠다. 정규 분포나 표준 정규 분포처럼 분포를 그릴 수 있는 것을 확률 밀도 함수라 한다. 정규 분포 식이라고 간단히 설명한 앞의 식도 대표적인 확률 밀도 함수다. 확률 밀도 함수는 확률 변수가 입력이고 출력이 확률 밀도이다. 출력이 확률 밀도이기 때문에 확률 변수를 넣고 나오는 값을 그냥 확률이라 할 수 없다. 밀도이기 때문에 단순히 값을 하나 넣어서 나오는 값을 쓸 수 없고 적분 값을 사용해야 한다는 뜻이다.

부연하자면, 일반적으로 말하는 밀도 = 질량/부피다. 밀도를 사용해 질량을 알고 싶다면 부피를 곱해줘야 한다. 밀도만으로 질량을 알 수 없다. 확률 밀도 함수를 적분한다는 것은 물리적 의미의 밀도에 부피를 곱한다는, 즉 확률 밀도에 넓이를 곱해서 확률을 구한다는 의미다. 아래 그림은 표준 정규 분포다. 평균이 0이고 표준편차가 1인 확률 밀도 함수다. 만약 −0.1일 때 확률을 알고 싶다면 흔히 −0.1에 대응하는 y 값을 읽는 게 일반적인 그래프에서 값을 읽는 방법이다. 하지만 확률 밀도 함수에서 x 값을 넣으면 한 점이기 때문에(연속적이라고 표현하기도 한다) 확률을 알 수 없다. 따라서 확률 밀도 함수에서 확률은 x 값을 넣어서 읽는 게 아니라 구간을 적분해서 얻는다. 즉 0에서 0.1까지의 확률을 알고 싶다면 0에서 0.1까지의 구간에 대해 확률 밀도 함수를 적분하면 된다. 0에서 0.1까지 표준 정규 분포를 나타내는 확률 밀도 함수를 적분하면 0.0398이 된다. 말하자면 0에서 0.1 사이에 x가 있을 확률이 0.0398이라는 뜻이다.

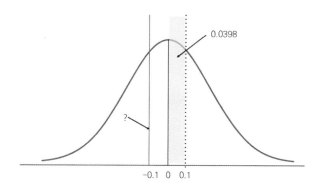

몬테 카를로를 사용해 정규 분포를 그릴 수 있을까? 물론 그릴 수 있다. 하지만 단순한 몬테 카를로를 사용해서는 그렇게 효과적인 결과를 얻지 못할 것이다. 왜 그럴까? 사람은 정규 분포 식에 대한 지식이 있기 때문에 대체적으로 어떻게 샘플링해야 효과적으로 그래프를 그릴지 안다. 즉 정규 분포는 평균에 가까울수록 확률이 높기 때문에, 다른 말로 하자면 데이터가 많기 때문에 평균 근처에서 데이터를 많이 취득할수록 정규 분포에 가까운 형상을 얻을 수 있다는 사실을 안다.

하지만 몬테 카를로를 사용하면 모든 데이터를 균등하고 랜덤하게 샘플링하기 때문에, 많은 수의 데이터를 샘플링하면 궁극적으로 정규 분포의 형상을 얻겠지만, 샘플링 초기에 이게 정규 분포처럼 생겼는지 다른 종류의 분포처럼 생겼는지 알 수 없다. 이 문단과 앞 문단은 이해가 쉽지 않기 때문에, 다소 비유적인 예를 들어 설명해보겠다.

예를 들어 5,000개의 공이 있다고 하고 표준 정규 분포의 확률에 대응하는 확률 변수 값을 이 공에 적는다고 하자. 앞에서 설명했듯이 0과 0.1 사이의 표준 정규 분포에서 확률을 구하면 약 0.0398이 나온다. 즉 어떤 변수가 표준 정규 분포를 따른다고 할 때 0과 0.1 사이에 있을 확률이 0.0398이란 뜻이다. 이 확률에 5,000을 곱하면 약 199가 된다. 199개의 공 표면에 0과 0.1을 대표하는 숫자 0.05를 적어둔

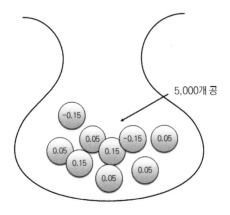

다. 이런 식으로 0.1 단위로 자른 구간마다 확률을 구하고 공의 전체 숫자 5,000을 곱해서 공의 개수를 구하고 표면에 구간의 대표값을 적는다. 이렇게 하면 5,000개의 공에 표준 정규 분포에 대응하는 샘플이 만들어진다.

몬테 카를로를 사용해 표준 정규 분포의 확률 밀도 함수 그래프를 그린다면, 앞에서 만든 5,000개의 공을 담고 있는 주머니에서 공을 꺼내서 공에 적힌 숫자와 해당 숫자의 공이 나온 숫자를 기록하는 것과 비슷하다. 물론 공에 적힌 숫자와 공의 개수가 다르기 때문에 랜덤하게 샘플링한다고 해도 숫자가 많은 공이 나올 가능성이 많다. 물론 충분히 많은 샘플링을 한다면 그렇단 이야기다. 공 10개를 뽑았는데 정말 신기하게도 평균에서 멀리 떨어진 6이나 –9 같은 공만 계속해서 뽑힐 수 있다. 이렇게 해서 그래프를 그리면 아래 그림처럼 표준 정규 분포와는 사뭇 다른 그래프를 얻게 된다. 당연히 아래 그림은 극단적인 경우이지만, 이런 사태가 벌어지지 않는다고 말할 수는 없다.

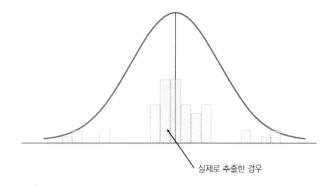

실제로 추출한 경우

이번에는 마술장갑을 끼고 5,000개의 공이 담긴 주머니에서 공을 꺼낸다고 하자. 10번을 샘플링한다고 하면 이 장갑은 뽑는 횟수에 맞춰서 담긴 공의 비율을 알 수 있게 꺼내도록 도와준다고 한다. 이 장갑을 끼고 있다면, 랜덤 샘플링을 통해 공을 꺼낸 몬테 카를로와는 다른 결과를 얻을 것이다. 비유를 했는데 이 장갑이 이제부터 살펴볼 마르코브 체인과 비슷하게 동작하는 것이라 봐도 된다. 즉 샘플링할 때 우리를 돕는 방법이 바로 마르코브 체인이다. 지금부터 알아볼 마르코브 체인이란 똑똑하게 샘플링하는 방법의 기초라 보면 된다.

마르코브 체인을 본격적으로 살펴보기 전에 베이지안 네트워크를 복습해보자. 굳이 확률적 프로그래밍을 다루는 시점에 베이지안 네트워크를 다시 보는 이유는 뭘까? 당연한 말이겠지만 마르코브 체인과 밀접한 관계가 있기 때문이다. 아래와 같은 베이지안 네트워크가 있다고 하자. X4가 발생할 확률은 어떻게 나타낼까? 많은 독자가 쉽게 답을 할 것이다. X4가 발생할 확률은 다음과 같다.

$$P(X4 \mid X3, X2, X1)$$

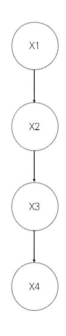

위의 확률에 대한 해석은 X4가 발생할 확률은 X3, X2, X1에 영향을 받는다는 것이다. 이는 베이지안 네트워크를 설명하면서 지속적으로 이야기한 것이다. 앞의 이야기가 생각난다면 베이지안 네트워크의 독립성도 기억날 것이다. 아울러 베이지안 네트워크의 독립성이 떠오른다면 조건부 독립도 생각이 날 것이다.

베이지안 네트워크에서 확률을 구할 때 조건부 독립은 매우 중요했다. 조건부 독립 여부에 따라서 확률을 쉽게 구할 수 있기 때문이다.

예를 든 확률 P(X4 | X3, X2, X1)은 X3, X2, X1의 영향을 받는다. 하지만 X3가 정해지면 X2와 X1은 X4에 대해 조건부 독립, 즉 X2와 X1이 어떻게 되든 X4의 확률에 영향을 미치지 않는다. 따라서 P(X4 | X3, X2, X1)은 다음과 같이 쓸수 있다.

$$P(X4 \mid X3, X2, X1) = P(X4 \mid X3)$$

이는 앞서 베이지안 네트워크의 독립성을 다룬 장에서 어떤 노드의 부모 노드의 상태가 결정된다면 부모 노드의 비자손 노드와 어떤 노드는 조건부 독립이 된다고 하고 마르코비안 가정$^{Markovian assumption}$이라 부른다고 했다. 즉 X4를 어떤 노드라고 정의한다면 X4의 부모 노드는 X3가 되고, X4의 비자손 노드는 X1과 X2가 된다. 따라서 마르코비안 가정에 따라서 X3가 결정이 된다면 X4와 X1, X2는 조건부 독립이 된다.

조금 성급하지만 이미 마르코브 체인에 대해 약간은 살펴본 셈이다. 그렇다면 마르코브 체인이란 무엇일까? 마르코비안 가정을 보거나 베이지안 네트워크에서 조건부 독립의 경우를 보면 어떤 노드에 영향을 주는 것은 부모 노드가 정해지면 부모 노드뿐이다. 즉 마르코브 체인이란 현재 상태에 영향을 주는 것은 부모 상태, 다른 말로 하자면 직전 상태인 연쇄를 말한다.

좀 더 자세히 알아보자. 앞의 그림에 있는 체인에서 X2 노드(상태)에 영향을 주는 건 X1뿐이다. 아울러 X3에 영향을 주는 건 X2이고, X4에 영향을 미치는 건 X3뿐이란 뜻이다. 이런 것을 마르코브 체인이라 부른다. 다소 추상적으로 살펴봤는데 좀 더 구체적인 예를 보자. 오늘 맑을 확률 변수를 W1이라 하자. P(W1)은 오늘 맑을 확률이다. 내일 맑을 확률 변수를 W2라 하면, 내일 맑을 확률은 어떻게 될까? 상식적인 수준에서 보면 오늘 맑으면 내일도 맑고, 오늘 흐렸다면 내일도 흐릴 가능성이 높다.

내일 날씨에 오늘의 날씨가 영향을 미친다는 뜻이다. 따라서 내일 맑을 확률은 P(W2 | W1)이라 쓸 수 있다. 그렇다면 내일모레 맑을 확률 변수를 W3라 쓴다면 이 확률은 어떻게 될까? 이 또한 상식적인 수준에서 보면 내일 맑으면 내일모레도 맑고, 내일 흐렸다면 내일모레도 흐릴 가능성이 높다. 그렇다면 오늘의 날씨가 내일모레 날씨에 직접 영향을 미칠 가능성이 있을까? 당연히 없다. 내일 날씨에는 영향을 줘도 내일모레엔 영향을 주지 않는다.

따라서 내일 맑을 확률은 P(W3 | W2, W1)이 아닌 P(W3 | W2)라 쓸 수 있다. 날씨처럼 현재 상태에 영향을 주는 건 직전 상태인 연쇄를 마르코브 체인이라 한다. 지금까지는 단순한 마르코브 체인에 대해 알아봤는데, 좀 더 복잡한 마르코브 체인을 사용해 더 자세히 살펴보자. 아래 그림은 지금부터 살펴볼 마르코브 체인을 그려놓은 것이다.

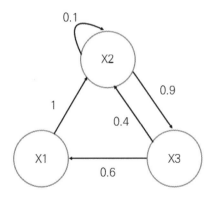

우선 간단히 용어를 정리하고 넘어가자. 마르코브 체인 다이어그램에서 원으로 표시하는 것을 상태라고 한다. 상태와 상태를 연결하는 선을 천이^{transition}라고 한다. 위의 마르코브 체인 다이어그램에서는 상태가 X1, X2, X3로 총 3개가 있다. 다음으로는 천이에 대해 살펴보자. 우선 X1에서 X2로 움직일 수 있는 경우는, 즉 천이할 수 있는 경우는 한 가지뿐이다. X1에서 X2로의 천이를 나타내는 화살표 옆에는 숫자 1이 적혀 있는데, 이 숫자는 X1에서 X2로 이동할 수 있는 확률을 나타낸다. X1에서 X2로의 천이를 나타내는 화살표 옆에는 숫자 1이 적혀 있으므로, X1에서 X2로 반드시 천이된다는 뜻이다.

이것은 조건부 확률로도 나타낼 수 있다. X1이 주어졌을 때 X2로 이동할 확률이기 때문에 조건부 확률 $P(X2 \mid X1)$으로 쓸 수 있으며 이 확률의 값은 1이 된다. 이번에는 X2에서 다른 상태로 이동하는 천이에 대해 살펴보자. X2에서 나가는 화살표는 2개다. X2에서 X2로 이동하는 천이와 X2에서 X3로 이동하는 천이가 여기에 해당한다. 각 확률을 살펴보면 X2에서 X2로 이동할 확률은 0.1이고, X2에서 X3로 이동할 확률은 0.9이다. 각 확률을 조건부 확률로 나타내면 $P(X2 \mid X2) = 0.1$이고, $P(X3 \mid X2) = 0.9$이다.

합사건에 의해 X2에서 다른 상태로 천이할 확률은 항상 1이 되어야 한다. 그러므로 $P(X2 \mid X2)$와 $P(X3 \mid X2)$를 더했을 때 1이 되어야 하는데, 실제로 두 조건부 확률을 더하면 1이 됨을 확인할 수 있다. 이 원리는 X1에서 다른 상태로 천이하는 경우에도 적용되는데, 앞에서 살펴본 것처럼 X1에서 다른 상태로 가는 경우는 X1에서 X2로 한 가지이며, 이때 확률은 1이다. X3에서 다른 상태로 이동하는 데도 동일한 원리가 적용된다.

상태와 상태의 천이 관계를 말로 쓰면 이해하기는 쉬우나 다소 장황하다. 익숙해지는 데는 시간이 좀 필요하지만 수학적으로 이런 천이 관계를 나타내면 상당히 깔끔하다. 따라서 이런 천이 관계를 수학적인 표현 방법인 행렬을 사용해 나타내보자.

위의 그림은 한 상태에서 다른 상태로 천이하는 확률을 행렬로 나타낸 것으로, 천이 행렬transition matrix이라 한다. 행은 시작하는 상태를, 열은 종료하는 상태를 의미한다. 마르코브 체인 다이어그램과 천이 행렬을 같이 두고 살펴보면 천이 행렬을 더 쉽게 이해할 수 있다. X1에서 다른 상태로 이동하는 경우는 X2밖에 없다. 따라서 천이 행렬의 첫 번째 행은 [0 1 0]이 된다. X2에서 다른 상태로 이동하는 경우는 자신의 상태인 X2와 X3가 있다. 따라서 천이 행렬의 두 번째 행은 [0 0.1 0.9]가 되고, 이때 확률은 마르코브 체인 다이어그램에서 확인할 수 있는 0.1, 0.9와 동일하다.

X3에서 다른 상태로 이동하는 경우는 X1과 X2, 두 가지 경우다. 따라서 천이 행렬의 세 번째 행은 [0.6 0.4 0]이 된다. 이상에서 얻은 세 행을 순서대로 쌓으면 위의 그림에 있는 천이 행렬이 된다. 시간에 따라서 각 상태의 확률이 어떻게 변하는지 살펴보자. 앞의 문장을 써놓고 보니 설명이 조금 부족한 듯하다. 예를 들어 1분에 한 번씩 각 상태에 있을 확률을 계산한다고 하자. 최초에 각 상태에 있을 확률은 행렬을 사용해 $[P(X1^0)\ P(X2^0)\ P(X3^0)]$으로 쓸 수 있다. $P(X1^0)$에서 위 첨자 부분은 시간을 의미하며 0이기 때문에 최초를 뜻한다.

자, 그렇다면 1분이 지나고 나서 각 상태에 있을 확률 $[P(X1^1)\ P(X2^1)\ P(X3^1)]$을 천이 행렬과 이전 시간의 각 상태에 있을 확률, 즉 $[P(X1^0)\ P(X2^0)\ P(X3^0)]$을 사용해 어떻게 나타낼 수 있을까? 이것을 하려면 베이지안 네트워크에서 다룬 한계 확률을 사용해야 한다. 한계 확률을 잊었다 하더라도 구하려는 확률을 계산하는 데 큰 문제는 없다. 지금부터 차근히 살펴보자. 우선 1분이 지났을때 X1에 있을 확률 $P(X1^1)$을 구해보자.

$P(X1^1)$을 이전 상태에 있을 사건과 현재 상태에 있을 곱사건과 합사건으로 나타내보자. 마르코브 체인 다이어그램을 생각하지 말고 일반적인 수준에서 고민해보면, 현재 시간에 X1 상태가 되기 이전 시간에는 X1, X2, X3 상태일 수 있다. 물론 마르코브 체인 다이어그램을 보면 현재 시간에 X1이 될 수 있는 이전 시간의 상태는 X3뿐이지만, 마르코브 체인 다이어그램이 다른 형태라면 이전 시간의 상태는 X1과 X2도 될 수 있다. 자, 그렇다면 $P(X1^1)$을 이전 상태에 있을 사건과 현재 상태에 있을 곱사건과 합사건으로 다음과 같이 쓸 수 있다.

$$P(X1^1) = P(X1^1, X1^0) + P(X1^1, X2^0) + P(X1^1, X3^0)$$

$P(X1^1, X1^0)$은 최초의 상태는 X1이고 1분이 지나고 나서의 상태도 X1일 때 곱사건을 뜻한다. $P(X1^1, X2^0)$은 최초의 상태는 X2이고 1분이 지나고 나서의 상태는 X1일 때의 곱사건을 뜻한다. 마지막으로, $P(X1^1, X3^0)$은 최초의 상태는 X3이고 1분이 지나고 나서의 상태는 X1일 때의 곱사건을 뜻한다. 곱사건이기 때문에 조건부 확률로 어떻게 잘 고쳐 쓰면 천이 행렬과 이전 시간의 각 상태에 있을 확률로 쓸 수 있으리라는 예감이 들지 않는가? 이런 느낌이 든다면 수학적 직감이 뛰어난 독자라 할 수 있다. 우선 $P(X1^1, X1^0)$을 조건부 확률을 사용해 나타내면 다음과 같이 쓸 수 있다.

$$P(X1^1, X1^0) = P(X1^1 \mid X1^0)P(X1^0)$$

눈치 빠른 독자라면 위의 식을 더 간단히 할 수 있음을 알 것이다. $P(X1^1 \mid X1^0)$은 앞에서 이미 나온 확률이다. 각 상태 간 천이할 때 천이할 수 있는 확률을 나타낸 것이다. 앞에서 살펴볼 때와 차이라면 앞에서는 시간을 나타내는 위첨자가 붙지 않았는데 이 식에는 붙어 있다는 점이다. 위첨자를 떼면 앞에서 살펴본 식과 같아지고 간단해질 것 같다. 과연 위첨자를 뗄 수 있을까?

당연히 뗄 수 있다. 마르코브 체인 다이어그램에서 각 상태를 천이하는 확률은 시간에 따라서 변하지 않는다. 즉 한 번 마르코브 체인 다이어그램이 그려지면 각 상태를 잇는 선도 정해지고 그 선 옆에 적는 확률 값도 변하지 않는다. 즉 최초에서 1분이 흐르고 나서 X1에서 X1으로 이동할 확률과, 100분이 흐른 뒤 다시 1분이 흐르고 나서 X1에서 X1으로 이동할 확률은 동일하다. 따라서 $P(X1^1 \mid X1^0)$은 $P(X1 \mid X1)$과 같다. 자, 그렇다면 $P(X1^1, X1^0)$은 다음과 같이 간단히 정리할 수 있다.

$$P(X1^1, X1^0) = P(X1 \mid X1)P(X1^0)$$

이상의 결과를 나머지 확률 $P(X1^1, X2^0)$과 $P(X1^1, X3^0)$에 적용하면 각각 아래처럼 쓸 수 있다.

$$P(X1^1, X2^0) = P(X1 \mid X2)P(X2^0)$$
$$P(X1^1, X3^0) = P(X1 \mid X3)P(X3^0)$$

따라서 확률 $P(X1^1)$은 다음처럼 쓸 수 있다.

$$P(X1^1) = P(X1^1, X1^0) + P(X1^1, X2^0) + P(X1^1, X3^0)$$
$$= P(X1 \mid X1)P(X1^0) + P(X1 \mid X2)P(X2^0) + P(X1 \mid X3)P(X3^0)$$

마지막으로, 앞에서 구한 식의 의미를 복잡한 수학식을 떠나서 정성적으로 생각해보자. 최초 시간에서 1분이 지나고 났을 때 X1의 상태일 확률은 어떻게 될까? 마르코브 체인 다이어그램을 보면 천이 가능한 상태가 정해져 있기 때문에 식이 좀 더 간단해질 수 있다. 일반화를 위해 다이어그램을 보지 않고 식을 구한다면, 최초에 X1, X2, X3의 상태에서 1분이 지나고 나서 X1에 있을 확률을 생각해볼 수 있다.

따라서 1분이 지나고 났을 때 X1의 상태일 확률 $P(X1^1)$은 0분일 때 각각 X1, X2, X3에 있을 확률 $P(X1^0)$, $P(X2^0)$, $P(X3^0)$과 관련이 있다는 뜻이고, 0분일 때 확률과 1분일 때 확률의 연관관계를 찾으면 된다. 직관적으로 보자면 각 상태를 이동할 천이 확률이 두 확률을 연결하는 끈임을 알 수 있다. 따라서 X1에서 X1으로, X2에서 X1으로, X3에서 X1으로의 천이 확률을 0분일 때의 각 상태 확률과 곱하면 1분일 때 X1에 있을 확률이 된다.

이상의 결과를 사용하면 1분이 지났을 때 X2에 있을 확률과 X3에 있을 확률을 천이 확률과 0분일 때 각 상태에 있을 확률을 사용해 구할 수 있다. 앞의 결과를 사용하면 독자들이 쉽게 유도할 수 있기 때문에, $P(X2^1)$, $P(X3^1)$을 유도하는 것은 독자들의 몫으로 남겨두겠다. 결과적으로 1분이 지났을 때 각 상태에 있을 확률을 정리하면 다음과 같다.

$$P(X1^1) = P(X1 \mid X1)P(X1^0) + P(X1 \mid X2)P(X2^0) + P(X1 \mid X3)P(X3^0)$$
$$P(X2^1) = P(X2 \mid X1)P(X1^0) + P(X2 \mid X2)P(X2^0) + P(X2 \mid X3)P(X3^0)$$
$$P(X3^1) = P(X3 \mid X1)P(X1^0) + P(X3 \mid X2)P(X2^0) + P(X3 \mid X3)P(X3^0)$$

이 책에서 수학적인 지식을 다루고는 있지만 수학적 표기법은 최대한 쓰지 않으려고 노력했는데, 몇 페이지에 걸쳐 식이 난무하니 다소 불편하다. 식이 많다고 잘못된 것은 아니지만, 혹시나 식에 대해 그다지 좋은 기억이 없는 독자들을 포기하게 만들지 않을까 하는 노파심 때문이다. 이제부터 설명할 식을 이야기하기 위해 지금까지 식을 살펴봤다. 우선 결론부터 이야기하자면 위 식은 행렬로 나타낼 수 있다. 다음처럼 말이다.

$[P(X1^1)(P(X2^1)\ P(X3^1)] (=$ 1분 경과 후 각 상태에 있을 확률$)$

$$= [P(X1^0)(P(X2^0)\ P(X3^0)] \begin{bmatrix} P(X1 \mid X1) & P(X2 \mid X1) & P(X3 \mid X1) \\ P(X1 \mid X2) & P(X2 \mid X2) & P(X3 \mid X2) \\ P(X1 \mid X3) & P(X2 \mid X3) & P(X3 \mid X3) \end{bmatrix}$$

$$= [P(X1^0)(P(X2^0)\ P(X3^0)] \begin{bmatrix} 0 & 1 & 0 \\ 0 & 0.1 & 0.9 \\ 0.6 & 0.4 & 0 \end{bmatrix}$$

$=$ (0분에서 각 상태에 있을 확률)(천이 확률)

정규 과정에서 배운 행렬을 떠올려보면 위의 행렬식과 원래 식이 동일함을 알 수 있다. 1분 경과 후 각 상태에 있을 확률 행렬을 구하기 위해 0분에서 각 상태에 있을 확률 행렬과 천이 행렬을 곱하면 된다는 뜻이다. 이것은 이미 앞에서 한 번 설명한 내용과 동일함을 알 수 있다. 수학식은 이해하기가 어렵긴 하지만 이해하고 나서 가장 좋은 점은 복잡한 개념을 아주 간단히 표현할 수 있다는 것이다.

0분에서 각 상태에 있을 확률 행렬을 $[X^0]$으로 쓴다면 앞의 식에서 자질구레하게 각 상태에 있을 확률을 간단히 쓸 수 있다. 따라서 1분 경과 후 각 상태에 있을 확률 행렬은 $[X^1]$로 쓸 수 있으며 천이 행렬은 더 복잡하지만 더 간단히 $[T]$로 쓸 수 있다. 따라서 위의 행렬식은 아래처럼 환상적으로 간단히 쓸 수 있다.

$$[X^1] = [X^0][T]$$

이상의 결과를 사용하면 2분이 경과했을 때 각 상태에 있을 확률은 1분 경과 후 각 상태에 있을 확률과 천이 행렬의 곱으로 쉽게 나타낼 수 있다. 결과는 다음과 같다.

$$[X^2] = [X^1][T]$$

이 식에서 1분 경과 후 각 상태에 있을 확률 $[X^1]$을 $[X^0][T]$로 바꾸면 아래처럼 나타낼 수도 있다.

$$[X^2] = [X^0][T][T] = [X^0][T]^2$$

정리하자면 n분이 경과한 뒤 각 상태에 있을 확률 $[X^n]$을 $[X^0][T]$로 쓰면 다음과 같다.

$$[X^n] = [X^0][T]^n$$

많은 식과 적지 않은 분량을 할애해서 설명하려던 바는 마르코브 체인을 사용하면 최초의 각 상태 확률과 천이 확률을 알고 있는 경우, 먼 미래의 시점에서 각 상태에 있을 확률을 구할 수 있다는 점이다. 마르코브 체인을 사용해 먼 미래의 시점의 확률을 계산할 수 있다는 것은 알겠는데, 도대체 마르코브 체인과 몬테 카를로가 확률적 프로그래밍의 추론 알고리즘과 어떤 관계가 있는지 도무지 짐작이 가지 않는다.

나도 당장에 어떤 관련이 있다고 설명해주면 좋겠는데 명확한 이해를 위해서는 꼭 설명이 필요한 것들이 아직 남았다. 따라서 수학적인 설명이 지루하다 하더라도 조금만 참고 들어주길 바란다. 최초 상태의 확률과 천이 행렬을 알고 있다면 특정 시점의 각 확률을 구할 수 있다는 것을 알게 됐다. 정말로 그런지 예제를 통해 살펴보자.

최초 시간에서 각 상태에 있을 확률을 [0.1 0.9 0]이라고 하자. 최초 상태와 천이 행렬을 사용하면 1분 후, 2분 후, …, 10분 후의 각 상태에 있을 확률을 구할 수 있다. 아울러 각 상태에 있을 확률도 확률이기 때문에 모두 더했을 때 반드시 1이 되어야 한다. 따라서 각 상태의 확률을 정할 때는 이 점을 고려해야 한다. 식에 대입해 20분까지의 확률을 구하면 다음 표와 같이 된다.

시간	$P(X1^n)$	$P(X2^n)$	$P(X3^n)$	합
1	0.10	0.90	0.00	1.00
2	0.00	0.19	0.81	1.00
3	0.49	0.34	0.17	1.00
4	0.10	0.59	0.31	1.00
5	0.19	0.28	0.53	1.00
6	0.32	0.43	0.26	1.00
7	0.15	0.46	0.38	1.00
8	0.23	0.35	0.42	1.00
9	0.25	0.43	0.32	1.00
10	0.19	0.42	0.39	1.00
11	0.23	0.39	0.38	1.00
12	0.23	0.42	0.35	1.00
13	0.21	0.41	0.38	1.00
14	0.23	0.40	0.37	1.00
15	0.22	0.42	0.36	1.00
16	0.22	0.41	0.37	1.00
17	0.22	0.41	0.37	1.00
18	0.22	0.41	0.37	1.00
19	0.22	0.41	0.37	1.00
20	0.22	0.41	0.37	1.00

표를 보면 각 상태에 있을 확률이 16분 이후부터 변하지 않음을 확인할 수 있다. 수학 용어를 빌려서 설명하자면, 각 상태에 있을 확률이 수렴한다. 각 상태에 있을 확률이 최초 시간에 [0.1 0.9 0]이었다면 16분 후에는 [0.22 0.41 0.37]로 수렴한다는 것이다. 여기서 이런 의문이 든다. 최초 시간의 확률이 다를 경우 그 결과는 어떻게 될까? 그렇다면 [0.3 0.3 0.4]일 때 20분까지 각 상태의 확률을 구해보

자. 그 결과는 다음과 같다.

시간	P(X1ⁿ)	P(X2ⁿ)	P(X3ⁿ)	합
1	0.30	0.30	0.40	1.00
2	0.24	0.49	0.27	1.00
3	0.16	0.40	0.44	1.00
4	0.26	0.38	0.36	1.00
5	0.21	0.45	0.34	1.00
6	0.20	0.40	0.40	1.00
7	0.24	0.40	0.36	1.00
8	0.21	0.42	0.36	1.00
9	0.22	0.40	0.38	1.00
10	0.23	0.41	0.36	1.00
11	0.22	0.41	0.37	1.00
12	0.22	0.41	0.37	1.00
13	0.22	0.41	0.37	1.00
14	0.22	0.41	0.37	1.00
15	0.22	0.41	0.37	1.00
16	0.22	0.41	0.37	1.00
17	0.22	0.41	0.37	1.00
18	0.22	0.41	0.37	1.00
19	0.22	0.41	0.37	1.00
20	0.22	0.41	0.37	1.00

수렴하는 시간이 다르지만 11분이 지나면 처음에 살펴본 것처럼 각 상태에 있을 확률은 [0.22 0.41 0.37]로 수렴함을 알 수 있다. 말하자면 최초 확률이 [0.1 0.9 0]이었을 때도 [0.22 0.41 0.37]로 수렴하며, 최초 확률이 [0.3 0.3 0.4]일 때도 [0.22 0.41 0.37]로 수렴했다. 수렴 시간의 차이가 있지만 결과적으로 같은 확률

값으로 수렴한다는 뜻이다. 이처럼 최초 상태에서 시작해 수렴하는 상태를 정적 분포에 도달했다고 한다.

마르코브 체인의 정적 분포까지 살펴봤기 때문에, 마르코브 체인과 확률적 프로그래밍의 연관성을 다시 조명해볼 수 있다. 우리는 확률적 프로그래밍의 효율적인 추론을 위해 MCMC를 사용해야 한다고 했다. MCMC를 사용하려면 몬테카를로를 사용해 랜덤하게 샘플링해야 하고, 랜덤하게만 샘플링하면 원하는 답을 얻는 데 많은 샘플이 필요하다는 사실을 알게 됐다. 따라서 주머니에서 공을 꺼낼 때 마법을 써서 효율적으로 샘플링하는 도구가 필요한데, 마르코브 체인에서 답을 얻을 수 있다고 했다.

마르코브 체인이란 상태와 각 상태를 연결해주는 천이 행렬로 구성된다. 어떤 마르코브 체인은 최초 상태와 관계없이 계속해서 마르코브 체인을 돌리다 보면 각 상태에 있을 확률이 수렴하는 정적 상태에 도달한다고 했다. 주머니에 표준 정규 분포와 대응되는 공 5,000개를 넣은 예제로 돌아가 보자. 마르코브 체인에서 상태를 정규 분포의 확률 변수, 즉 공에 적힌 숫자라고 생각해보자. 그리고 마르코브 체인을 돌리다 보면 우리는 최초에 각 상태의 확률을 어떻게 정하든 간에 정적 상태에 도달할 수 있게 된다. 즉 우리가 알고 싶은 확률 밀도 함수의 그래프를 얻을 수 있다는 뜻이다. '돌리다 보면'이란 표현에는 많은 내용이 함축되어 있지만 이것은 차차 알아보면 된다. 지금은 전체적인 흐름을 이해하는 게 중요하다.

'돌리다 보면'과 관련해서 핵심적인 게 한 가지 있다. 마르코브 체인으로 확률 밀도 함수를 잘 샘플링하려면 천이 행렬이 반드시 에르고딕^{ergodic}해야 한다. 에르고딕? 용어가 복잡해서 쉽게 와 닿지 않는데, 간단히 말하면 마로코브 체인에서 다루는 모든 상태를 주어진 천이 행렬을 사용해 방문할 수 있어야 한다는 뜻이다. 에르고딕하기 위해서는 천이 행렬이 환원불가능^{irreducible}하고 비주기적^{aperiodic}이어야 한다. 이것까지 이야기하면 복잡해지기 때문에, 여기서는 천이 행렬이 에르고딕해야 MCMC를 적용할 수 있다는 정도만 알면 된다.

그렇다면 왜 천이 행렬이 에르고딕해야 MCMC를 적용할 수 있을까? 마르코브 체인은 효율적으로 샘플링하는 방법을 제공해준다. 효율적이라 해도 빠짐없이 모든 확률 변수에 대해 샘플링할 수 있어야 한다. 그런데 천이 행렬이 효율적이긴 한데 일부 확률 변수만 방문하게 한다면 반쪽짜리 샘플링이 될 것이다. 따라서 MCMC를 사용하기 위해서는 반드시 천이 행렬이 에르고딕해야 한다.

메트로폴리스-해스팅^{MH}은 MCMC 알고리즘 중 하나로, 마르코브 체인을 사용해 효율적으로 잘 돌리게 만들어준다. MH라는 마법장갑을 끼고 5,000개의 주머니에서 샘플링을 해보자. 이 마법장갑은 신기하게도 공을 집을 때 직전에 고른 공보다 더 많은 샘플을 가진 공을 꺼내게 도와준다. 예를 들어 이전에 100개가 주머니에 있는 2가 적힌 공을 꺼냈다면, 지금 꺼낼 때 주머니에 150개가 있는 1.5가 적힌 공을 집는 경우 마법장갑은 그 공을 집게 해준다.

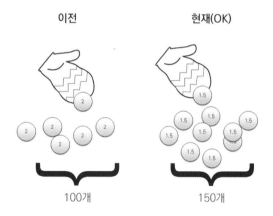

반대로 이전에 100개가 주머니에 있는 2가 적힌 공을 꺼냈고, 지금 잡은 공이 주머니에 10개가 있는 10이 적힌 공이라면, 마법장갑은 장갑을 낀 사람에게 전기 충격을 주어서 공을 놓치게 한다. 그런데 무조건 이전에 있는 공의 개수보다 더 많이 있는 공을 집어야만 한다면, 더 적은 수의 공을 집을 수 없다는 단점이 있다.

극단적으로, 제일 처음에 평균인 0이 적힌 공을 집었다면 0이 적힌 공의 개수가 가장 많기 때문에 마법장갑은 어떤 공을 집어도 전기 충격을 줄 것이다. 따라서 가장 많은 개수의 공을 집었다면 더 이상 공을 집을 수 없는 상황이 된다(공의 개수가 많은 경우라기보다는 x라는 숫자가 적힌 공의 개수가 더 많은 경우가 맞는 말이지만, 편의상 이렇게 줄여 쓰겠다).

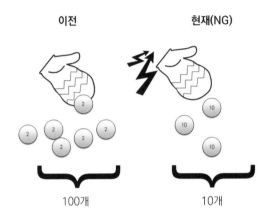

이 문제를 해결하려면 마법장갑이 융통성을 발휘해야 한다. 가끔은 지금 잡은 공이 이전에 잡은 공의 개수보다 적은 것이라도 그 공을 잡을 수 있게 해주어야 한다. 그래야 적은 수의 공이라도 샘플링이 되어서 몇 개가 주머니에 있는지 알 수 있다. 예를 들어 이전에 100개가 주머니에 있는 2가 적힌 공을 꺼냈고, 지금 잡은 공이 주머니에 10개가 있는 10이 적힌 공이라면, 이전에는 전기 충격을 주어서 공을 놓치게 했지만 이런 경우도 집게 해주어야 한다. 그런데 어떻게?

마법장갑은 이런 경우에 처하면 0과 1 사이의 숫자 중에서 무작위로 하나를 추출한다. 그러고 나서 현재 집은 공의 개수를 이전에 집은 공의 개수로 나눈 값보다 0과 1 사이에서 무작위로 추출한 값이 작을 경우 지금 집은 공을 집게 허락해준다. 현재 집은 10이 적힌 공의 개수는 10개이고 이전에 집은 2가 적힌 공의 개수는 100개라면 (현재 집은 공의 개수)/(이전에 집은 공의 개수) = 10/100 = 0.1

이 되고, 마법장갑이 0과 1 사이에서 무작위로 추출한 값이 0.05라면, 무작위로 추출한 값이 작으므로 현재 집은 10이 적힌 공을 잡게 해준다.

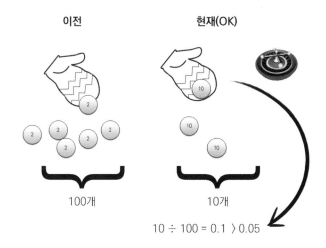

이전   현재(OK)

100개   10개

10 ÷ 100 = 0.1 〉 0.05

지금까지 마법장갑의 비유를 들어서 MH 알고리즘을 설명했는데, 비유지만 이게 MH의 전부라 해도 과언이 아니다. 그렇다면 어느 정도 MH에 대해 감을 잡았으리라 믿고 좀 더 이론적으로 이야기해보자. 현재 상태를 $x^{(i+1)}$이라 하고 이전 상태를 x^i라고 하자. 그렇다면 마법장갑에서 이전에 뽑은 공의 숫자를 x^i라 할 수 있고, 지금 뽑으려는 공의 숫자는 $x^{(i+1)}$이라고 할 수 있다. 그런데 지금 뽑으려는 공은 무조건 뽑는 게 아니다. 마법장갑이 나름 판단을 해서 뽑기 때문에 지금 잡은 공은 일종의 후보라 할 수 있다. 따라서 $x^{(i+1)}$과는 다른 의미이기 때문에 판단 대상의 공은 x^*라 하자.

마법장갑은 x^i에서 x^*로 이동해야 할지 판단해야 한다. 잠깐 어떤 상태에서 다른 상태로 이동한다고? 여기서 마르코브 체인을 떠올렸다면 상당한 수학적 센스가 있는 독자라 할 수 있다. 그렇다. 마법장갑은 지금 집은 공을 뽑을지 말지를 마르코브 체인을 사용해 판단한다. x^i에서 x^*로 이동하는 것을 마르코브 체인에서 천이라 하고, 이것을 확률로는 $P(x^* \mid x^i)$라고 쓸 수 있다. x^i에 있다가 x^*가 되는 확률은 앞의 천이 확률과 이전 상태에 있을 확률 $P(x^i)$를 사용해 쓸 수 있다. 결과적으로 x^i에 있다가 x^*가 되는 확률은 $P(x^* \mid x^i)P(x^i)$로 쓸 수 있다.

다소 직관적이지 못한 면이 있지만 이번에는 반대의 경우를 살펴보자. x^*에서 x^i로 이동하는 경우다. 일단 기계적으로 쓴다면 x^*에 있다가 x^i가 되는 확률은 $P(x^i \mid x^*)P(x^*)$로 쓸 수 있다. 다소 직관적이지 못하다고 표현한 이유는 x^*에 있다가 x^i로 가기에, 시간을 거꾸로 가는 것처럼 보이기 때문이다. 여기서부터는 정신을 바짝 차려야 한다. MH를 이해하느냐 못 하느냐의 갈림길이기 때문이다.

앞에서 살펴본 마르코브 체인의 특징 중에서 마르코브 체인에 임의의 초깃값을 넣고 돌리더라도 특정 확률로 수렴한다는, 즉 정적 분포가 된다고 했다. 만약 x^*나 x^i가 이런 정적 분포에 있다면 앞에서 구한 'x^i에 있다가 x^*가 되는 확률'과 'x^*에 있다가 x^i가 되는 확률'은 동일하다고 할 수 있다. 말하자면 수렴한 상태가 되어야 한다는 것이다.

다시 말하자면 우리는 막 뽑는 게 아니다. 수렴했을 때 확률 변수 값을 뽑아야 한다. 마르코브 체인으로 돌리는 이유는 이런 수렴 상태에 도달한 상태에서 값을 뽑을 수 있기 때문이다. 즉 정적 분포에 도달한 경우 'x^i에 있다가 x^*가 되는 확률'과 'x^*에 있다가 x^i가 되는 확률'은 동일하다고 볼 수 있다. 따라서 다음과 같이 쓸 수 있다.

$$P(x^* \mid x^i)P(x^i) = P(x^i \mid x^*)P(x^*)$$

이해를 돕기 위해 $P(x^* \mid x^i)$를 $P(x^i \rightarrow x^*)$로 쓰자. x^i에서 x^*로 이동하는 천이 확률이기 때문이다. 그렇다면 $P(x^i \mid x^*)$는 $P(x^* \rightarrow x^i)$로 쓸 수 있다. 이상을 대입해서 천이 확률은 천이 확률끼리, 어떤 상태에 있을 확률은 어떤 상태에 있을 확률로 정리해보자.

$$\frac{P(x^i \rightarrow x^*)}{P(x^* \rightarrow x^i)} = \frac{P(x^*)}{P(x^i)}$$

이 식에서 왼쪽 항을 살펴보자. 이 왼쪽 항이 의미하는 바가 매우 중요하다. 이 왼쪽 항이 1보다 크다는 건 x^i 상태에서 x^* 상태로 이동할 확률이 x^* 상태에서 x^i로 이동할 확률보다 크다는 의미다. 다시 말해, 이전 상태에서 새로 뽑을 상태로 이동하는 게 지금 상태에서 과거 상태로 갈 확률보다 크다는 뜻이다. 확률이 크다는 건 가능성이 더 많다는 의미이고, 따라서 새로 뽑으려고 하는 공을 뽑는 게 맞는다는 뜻이다.

그런데 왼쪽 항을 직접 구하기란 쉽지 않기 때문에 왼쪽 항과 동일한 오른쪽 항을 사용해 판단해도 된다. 즉 왼쪽 항이 1보다 크려면 오른쪽 항도 1보다 커야 한다. 오른쪽 항이 1보다 클 경우는 x^*에 있을 확률이 x^i에 있을 확률보다 클 경우다. 잠깐, 여기서 이 확률을 목표 확률이라 부른다는 것을 알린다. 이름이야 어쨌든 마법장갑의 예에서 살펴봤을 때 잡은 공의 개수가 이전에 잡은 공의 개수보다 많을 경우다. 그런데 확률에서 경우의 수는 동치로 봐도 되는 게 경우 전체 공의 개수로 나누어주면 공의 개수나 확률이나 같은 이야기다.

제안된 상태 x^*를 수용할지 수용하지 않을지 결정하기 위해 $\frac{P(x^*)}{P(x^i)}$를 사용해 어셉턴스^{acceptance}를 만들어서 사용한다. 어셉턴스는 아래처럼 정의한다(어셉턴스는 특수한 경우에 아래처럼 쓸 수 있다. 이해를 쉽게 하기 위해서 이 정의를 사용한다).

$$A(x^i, x^*) = \min(1, \frac{P(x^*)}{P(x^i)})$$

마법장갑이 이전에 집었던 공의 개수보다 현재 집으려고 하는 공의 개수가 적은 경우 다른 공을 다시 집을지 아니면 그냥 꺼낼지 결정해야 한다고 했다. 이 것과 함께해서 어셉턴스를 이해하면 좋다. 현재 집은 공의 개수가 이전에 집은 공의 개수보다 더 많은 경우, 즉 확률이 큰 경우 $\frac{P(x^*)}{P(x^i)}$는 항상 1보다 크므로 어셉턴스 $A(x^i, x^*)$는 항상 1이 된다. 따라서 마법장갑이 0과 1 사이에서 임의로 하나의 값을 추출하는 경우라도, 현재 집은 공의 개수가 더 많다면 마법장갑이 0과 1 사이에서 임의로 추출할 값은 어셉턴스보다 작아진다.

따라서 잡으려는 공의 확률이 이전 상태 공의 확률보다 큰 경우는 어셉턴스를 만족하므로 잡은 공을 꺼내면 된다. 하지만 잡으려는 공의 확률이 이전 상태 공의 확률보다 작은 경우 $A(x^i, x^*)$는 1이 아니라 $\frac{P(x^*)}{P(x^i)}$ 값이 된다. 즉 $A(x^i, x^*)$는 1보다 작은 경우다. 이 경우 무조건 잡으려는 공을 버려버리면 마법장갑에서 살펴본 것처럼 확률이 작은 경우는 샘플링이 되지 않는 사태가 벌어진다.

이것을 막기 위해 0과 1 사이에서 임의로 하나의 값을 추출하고 이 값을 어셉턴스 $A(x^i, x^*)$와 비교해서 어셉턴스보다 작은 경우 (불안하지만) 지금 잡은 공을 꺼낸다. 불행하게도 0과 1 사이에서 추출한 값이 어셉턴스보다 크다면 이 경우는 이전 값을 다시 쓰는 편이 낫다. 그리고 원하는 샘플링 수만큼 지금까지 서술한 과정을 반복한다. 이상으로 서술적으로 MH를 설명했다. 다음은 말로 풀어 쓴 MH를 알고리즘 형태로 정리한 것이다.

1. 초기화 x^0
2. for i = 0 to N - 1
    2.1 u ~ U[0,1] 샘플링
    2.2 x^* ~q(x^* | x^i)
    2.3 if u 〈 $A(x^*, x^i)$ = min$(1, \frac{P(x^*)q(x^i \mid x^*)}{P(x^i)q(x^* \mid x^i)})$
        2.3.1 x^{i+1} = x^*
    2.4 else
        2.4.1 x^i+1 = x^i

천천히 살펴보면 말로 풀어쓴 것과 식으로 정리한 것이 한눈에 들어올 것이다. 물론 알고리즘으로 표현한 것 중에서 q($\cdots$)는 설명하지 않은 부분이다. q는 x^*를 새롭게 샘플링하기 위해 사용하는 것으로 제안 분포proposal distribution라 한다.

다행스럽게도 MH에서는 제안 함수로 대칭 랜덤 워크^{symmetric random walk}를 사용하기 때문에 어셉턴스를 구하는 식에서 q(⋯) 부분이 같은 값이어서 분모, 분자에서 자체적으로 소거된다. 이런 이유로 q(⋯)를 제외한 형태로 앞에서 어셉턴스를 설명했다. q(⋯)에 대해 알면 좋지만 몰라도 MH를 이해하는 데 큰 지장은 없다고 판단했다. 따라서 자세한 내용은 관심 있는 독자의 몫으로 남겨두겠다.

우선 Church에서는 어떤 식으로 MH 알고리즘을 구현하는지 살펴보자. 아래는 Church에서 MH를 구현하는 알고리즘의 의사코드다.

[코드]

```
(define (target-distr x) ...)
(define (proposal-fn x) ...)
(define (proposal-distr x1 x2) ...)

(define (accept? x1 x2)
  (flip (min 1 (/ (* (target-distr x2) (proposal-distr x2 x1))
                  (* (target-distr x1) (proposal-distr x1 x2)))))))

(define (transition x)
  (let ((proposed-x (proposal-fn x)))
    (if (accept? x proposed-x) proposed-x x)))

(define (mcmc state iterations)
  (if (= iterations 0)
      '()
      (pair state (mcmc (transition state) (- iterations 1)))))
```

아래는 위의 의사코드를 바탕으로 앞서 살펴본 마르코브 체인을 MH 알고리즘을 사용해 구현한 코드다. 의사코드가 한눈에 들어오지 않을 수 있다. 의사코드의 내용과 아래 코드의 내용이 같기 때문에, 아래 코드를 가지고 설명하면 이해가 한층 쉬울 것이다.

[코드]

```scheme
;;표준 정규 분포 확률 밀도 함수
(define (normdist x) (* 0.398 (exp (/ (expt x 2 ) -2))))

;;목표 분포, P(...)에 해당함
(define (target-distr x) (normdist x))

;;제안 함수 및 분포
(define (proposal-fn x) (+ x (gaussian 0 1)))
(define (proposal-distr x1 x2) 0.5)

;;MH 알고리즘
(define (accept? x1 x2)
  (flip (min 1.0 (/ (* (target-distr x2) (proposal-distr x2 x1))
                    (* (target-distr x1) (proposal-distr x1 x2))))))

;;천이
(define (transition x)
  (let ((proposed-x (proposal-fn x)))
    (if (accept? x proposed-x) proposed-x x)))

;;MCMC 루프
(define (mcmc state iterations)
  (if (= iterations 0)
      '()
      (pair state (mcmc (transition state) (- iterations 1)))))


(density (mcmc 0 5000) "MCMC(MH)를 사용해서 샘플링한 표준정규분포")
```

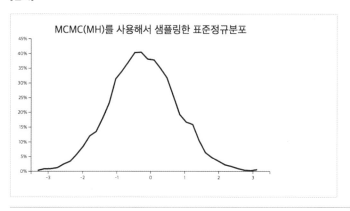

MCMC를 실행하는 함수는 mcmc이다. mcmc는 인자 2개를 받는데, 첫 번째 인자 state는 최초 상태이고 두 번째 인자 iterations는 총 샘플링 개수다. 위 예제의 경우, 최초 상태는 평균에 해당하는 0으로 설정하고 샘플링 개수는 5,000개로 설정했다. mcmc는 iterations가 0이 될 때까지 실행하는데, iterations가 0이 되면 비어 있는 리스트를 넘겨준다.

iterations가 0이 아니라면, 즉 샘플링을 계속해야 한다면 자신(mcmc)을 재귀적으로 호출한다. 이때 현재 상태 state를 pair 함수를 사용해 저장한다. 아울러 다음 상태를 샘플링하기 위해 transition 함수를 호출하며, iterations를 1만큼 감소시킨 후 자신을 호출한다. transition 함수가 바로 이전 상태를 받아들여서 다른 상태로 천이할지 아니면 지금 상태에 머무를지를 결정하는 함수다.

transition 함수는 이전 상태 x만을 인자로 받는다. transition 함수에서 가장 먼저 하는 일은 다음 상태의 후보를 만드는 것이다. 이를 위해 proposal-fn에 이전 상태 x를 인자로 넘겨줘서 다음 상태의 후보를 얻는다. 이렇게 얻은 다음 상태 후보는 let을 사용해 proposed-x 심볼로 할당한다. MH 알고리즘에서 다뤘듯이 이전 상태와 다음 상태 후보를 두고, 이전 상태에 머무를지 아니면 다음 상태 후보를 다음 상태로 정할지를 결정해야 한다.

이런 결정은 어셉턴스를 사용한다고 했다. transition 함수는 어셉턴스에 해당하는 accept? 함수를 호출해서 이전 상태인 x와 다음 상태 후보인 proposed-x를 넘겨준다. accept? 함수는 전달받은 두 상태를 보고 이전 상태에 머무는 게 낫다고 판단하면 false를, 다음 상태 후보로 천이하는 게 낫다면 true를 넘겨준다. transition 함수는 accept?가 돌려주는 값에 따라서 이전 상태 혹은 다음 상태 후보를 다시 넘겨준다.

다음 상태의 후보를 결정하는 proposal-fn을 살펴보자. proposal-fn은 인자 이전 상태 x만 받는다. proposal-fn은 입력받은 이전 받은 상태와 (gaussian 0 1) 호출 결과를 더해서 다음 상태를 돌려준다. (gaussian 0 1) 함수는 표준 정규 분포를 사용해 샘플링을 한다. 즉 (gaussian 0 1)을 호출하면 평균이 0이고 표준편차가 1인 표준 정규 분포에서 숫자 하나를 꺼낸다. 이렇게 꺼낸 숫자는 대체적으로 0에 가까운 값일 테니 다음 상태는 이전 상태에서 랜덤하게 좌우로 조금씩 움직이게 된다.

이번에는 어셉턴스에 해당하는 accept? 함수를 살펴보자. accept? 함수는 어셉턴스 함수를 그대로 구현해놓은 것이다. MH 알고리즘에서 2.4~2.4에 해당하는 내용과 accept? 함수는 같다. 다만 차이라면 if 문을 사용하지 않고 flip을 사용함으로써 코드를 대폭 간소화했다는 점이다. accept? 함수에서 설명하지 않은 함수 한 가지가 있는데, 바로 proposal-dist 함수다.

이 함수는 MH 알고리즘을 설명하면서 분모, 분자에 같은 값으로 들어가기 때문에 소거된다고 했다. 마찬가지 위의 코드에서 보면 proposal-distr 함수는 항상 0.5만을 돌려주기 때문에 분모 분자에서 자연스럽게 없어짐을 알 수 있다. accept? 함수에서 if 문을 사용하지 않고 flip을 사용해 어떻게 구현됐는지 살펴보자. 분모가 큰 경우 항상 1보다 큰 값이 나오기 때문에 min 함수에서 1과 비교하면 항상 1이 선택된다. 따라서 flip에 1.0이 인자로 넘어가는데, flip이 1.0을 받으면 항상 참을 돌려준다.

이에 반해 분자가 더 큰 경우 min 함수에서 1보다 적은 값이 선택되고 이 값이 flip의 인자로 넘어간다. 이 경우에는 인자로 값만큼의 확률(1보다 적은 수)로 참이 나오기 때문에, 굳이 if 문을 쓰지 않아도 되는 것이다. 위의 코드에서 설명되지 않은 함수는 normdist와 target-distr뿐이다. normdist는 표준 정규 분포 확률 밀도 함수를 그대로 옮겨놓은 것이다. target-distr는 상태 x의 함수로 x에 있을 확률 정도로 이해하면 쉽다고 했다.

(density (mcmc 0 5000) "MCMC(MH)를 사용해서 샘플링한 표준정규분포")를 실행하면 5,000번 샘플링한 표준 정규 분포의 그래프를 출력한다. 숨 가쁘게 위의 코드를 설명했다. 위의 코드와 Church에서 MH를 구현하는 의사코드, 그리고 앞에서 설명한 MH 알고리즘을 비교해보면, 각 내용이 매칭됨을 알 수 있다. 지금까지의 설명을 통해 처음에는 외계어 이름 비슷한 메트로폴리스-해스팅 알고리즘이 무엇인지 완벽하게 알지 못했다 하더라도, 대략적인 수준에서 이해했으리라 믿는다.

MH를 다루면서 설명하지 않은 부분이 일부 있는데, 너무 자세한 설명으로 빠져서 독자들에게 어려움을 주지 않을까란 노파심 때문이다. 이 책을 읽고 MCMC나 MH에 대해 더 자세히 알고 싶은 독자들은 자료를 찾아보면 쉽게 이해할 수 있을 것이다. 앞에서 설명한 MH 의사코드대로 Church가 똑같이 구현되어 있진 않지만 대체적으로 큰 틀에서 동일한 형태로 구현되어 있다고 한다.

앞에서 살펴본 정규 분포를 구하는 코드에서 다른 상태를 구하기 위해 바꾸어야 하는 부분은 목표 분포에 해당하는 target-dist 함수다. 이 함수만 다른 함수로 바꾼다면 다른 상태도 알 수 있다. 재미있는 것은 이 함수가 꼭 확률에 대응하는 확률 밀도 함수일 필요는 없다는 점이다. 예를 들어, 다음 그림과 같은 2차원 곡선도 MH를 사용해 그릴 수 있다.

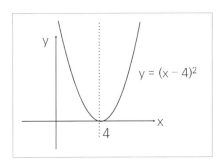

다음 코드는 위의 코드에서 `target-distr`를 포물선을 그려주는 함수 `parabola`로만 바꾼 것이다. `parabola` 함수는 편의상 모든 범위가 아닌 x가 0과 8 사이에서만 그래프를 그리도록 0과 8 사이 외에서는 0이 나오게 바꾼 것 말고는 일반적인 포물선, 즉 2차식이다. 원래 표준 정규 분포를 그리는 코드와 달라진 게 하나 더 있는데 초깃값을 0에서 4로 바꾼 것이다. 이 값은 포물선의 꼭짓점에 해당한다.

[코드]
```
;;포물선 함수
(define (parabola x) (if (and (< x 8) (> x 0) )
                         (expt (- x 4) 2 )
                         0))

;;목표 분포, P(...)에 해당함
(define (target-distr x) (parabola x))

;;제안 함수 및 분포
(define (proposal-fn x) (+ x (gaussian 0 1)))
(define (proposal-distr x1 x2) 0.5)

;;MH 알고리즘
(define (accept? x1 x2)
```

```
    (flip (min 1.0 (/ (* (target-distr x2) (proposal-distr x2 x1))
                       (* (target-distr x1) (proposal-distr x1 x2)))))))
```

```
;;천이
(define (transition x)
  (let ((proposed-x (proposal-fn x)))
    (if (accept? x proposed-x) proposed-x x)))
```

```
;;MCMC 루프
(define (mcmc state iterations)
  (if (= iterations 0)
      '()
      (pair state (mcmc (transition state) (- iterations 1)))))
```

```
(density (mcmc 4 5000) "MCMC(MH)를 사용해서 샘플링한 포물선")
```

[결과]

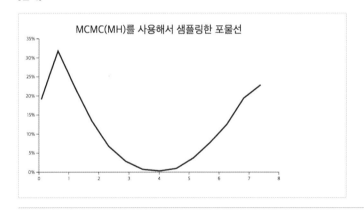

물론 y축의 값은 실제 y 값이 아닌 빈도이기 때문에 다소 의미 차이가 있지만, 이 점을 빼면 그래프 형상은 비슷하다. 여기서 한 가지 이상한 점을 느낀 독자도 있을 것이다. 앞서 어셉턴스에 들어가는 목표 분포 P(...)는 확률 값이라 했는데, 우리는 그냥 2차식을 넣어줬다. 확률이 아닌 값을 넣어도 아무런 문제가 없는

것일까? 우선 답부터 이야기하자면 아무런 문제가 없다. 왜 그럴까? 그 답은 어셉
턴스에 있다.

$$A(x^i, x^*) = \min(1, \frac{P(x^*)}{P(x^i)})$$

여기서 제안 분포는 분모 분자에서 모두 소거되기 때문에 쓰지 않았다. 어셉
턴스에서 남은 확률 P를 보면 같은 표본 공간에서 얻는 확률이다. 즉 같은 주머니
에서 공을 꺼낸다는 뜻이다. 확률의 정의에 따르자면 표본 공간이 동일하기 때문
에 $P(x^*)$와 $P(x^i)$의 분모는 같다. 따라서 분모가 같은 확률이 분모, 분자에 있으니
각 확률의 분모는 소거할 수 있다. 따라서 어셉턴스는 확률이 아닌 각 확률을 갖
게 하는 경우의 수로 쓸 수 있다.

$$A(x^i, x^*) = \min\left(1, \frac{\frac{n(x^*)}{\text{표본 공간 개수}}}{\frac{n(x^i)}{\text{표본 공간 개수}}}\right) = \min(1, \frac{n(x^*)}{n(x^i)})$$

이런 이유로 `target-distr`에 확률이 아닌 포물선을 뜻하는 식이 들어가게
된 것이다. 즉 `parabola` 함수의 리턴 값을 경우의 수로 해석하면 MH 알고리즘을
적용하는 데 큰 어려움이 없다. 앞에서 살펴본 두 코드로 MH의 중요한 점을 알게
됐다. MH를 적용하려면, 기본 골격은 유지하고 두 가지만 바꾸면 된다. 바로 우
리가 관심을 두는 목표 분포다. 그리고 한 가지는 제안 상태다.

물론 제안 상태를 돌려주는 함수는 `proposal-fn`은 그대로 두었으나 새로운
상태 값이 바뀌기 때문에 바꾼다는 표현을 썼다. 목표 분포의 경우는 굳이 확률
밀도 함수를 사용하지 않아도 된다. 위의 코드에서 살펴본 것처럼 확률을 쓰더라
도 분모, 분자에 확률이 놓이므로 표본 공간의 개수가 소거되어 경우의 수만 남

는다. 따라서 이런 경우의 수에 대응하는 함수 값을 쓸 수 있다면 굳이 확률 밀도 함수를 쓰지 않아도 된다는 뜻이다.

Church에서 MH를 사용하는 것도 앞에서 포물선의 그래프를 그리는 것이나 표준 정규 분포를 그리는 것과 큰 차이는 없다. 확률 변수와 이에 대응하는 확률 밀도 함수가 있으면 된다. Church에서는 코드를 방향성 비순환 그래프 형태로 저장하는데, 이것을 실행 추적^{computation trace}이라 한다. 이것은 일종의 확률 변수로 생각할 수 있고, Church에서는 코드에 flip 같은 함수를 써서 코드가 실행될 확률을 부여하므로, 이것을 일종의 확률 밀도 함수로 생각할 수 있다.

이상으로 Church의 코드를 확률 변수와 이에 대응하는 확률 밀도 함수를 표현할 수 있기 때문에, Church에 MH를 적용할 수 있다. mh-query가 바로 MH를 사용해 쿼리를 구현한 것이다. 물론 mh-query는 이보다 복잡하지만, 간단하게 Church에서 MH를 이용한 추론 알고리즘을 어떻게 구현해서 사용하는지 살펴봤다. 3부까지 배운 지식을 바탕으로, 다음 장부터는 확률적 프로그래밍을 적용하는 예제들을 살펴보겠다.

정 리

1. rejection-query는 재귀적 호출을 사용해 구현하고, 이를 이용해 샘플링을 하면 정확한 답을 얻을 수 있다.

2. 몬테 카를로 시뮬레이션은 시뮬레이션을 사용해서 원하는 정보를 얻는 방법이다. 확률 밀도 함수는 확률 변수가 입력이고 출력이 확률 밀도다. 출력이 확률 밀도이기 때문에 확률 변수를 넣고 나오는 값을 그냥 확률이라 할 수 없다. 밀도이기 때문에 단순히 값을 하나 넣어서 나오는 값을 쓸 수 없고 적분 값을 사용해야 한다는 뜻이다.

3. 마르코브 체인이란 현재 상태에 영향을 주는 것은 부모 상태, 즉 직전 상태인 연쇄를 말한다.

4. 메트로폴리스-해스팅[MH]은 MCMC 알고리즘 중 하나로 마르코브 체인을 사용해 효율적으로 쿼리를 실행할 수 있게 해준다.

4부

확률적
프로그래밍 예제

18장 마술사의 속임수, 진실을 밝히다

2장에서 동전으로 마술쇼를 했던 예제를 기억하는가? 주관적 확률과 객관적 확률을 알아보기 위해 마술쇼의 동전 이야기를 했다. 마술사는 동전을 30번 던져서 앞면이 한 번이라도 나온다면 상금 백만 원을 주겠다고 당신에게 말했다. 하지만 결과는 관객들을 즐겁게 해주었을 뿐 상금은 한 푼도 받지 못했다. 동전을 서른 번 던지는 동안 앞면이 한 번도 나오지 않았다. 마술사의 동전은 상식적으로 문제가 없는 것이었을까? 지금까지 배운 확률적 프로그래밍 기법과 Church를 사용해 판단해보자.

[코드]
```
(define observed-data '(t t t t t))
(define num-flips (length observed-data))

(define samples
  (mh-query
    1000 10

    (define fair-prior 0.999)
    (define fair-coin? (flip fair-prior))
```

```
    (define make-coin (lambda (weight) (lambda () (if (flip weight) 't
'h)))))
    (define coin (make-coin (if fair-coin? 0.5 0.95)))

    fair-coin?

    (equal? observed-data (repeat num-flips coin)))))

(hist samples "정상 동전일까?")
```

[결과]

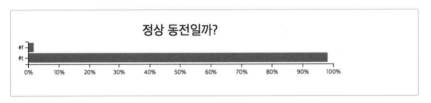

위의 코드는 동전 던지기를 한 결과를 보고 동전이 정상인지 비정상인지를
판단하는 것이다. 여기서 비정상이란 앞면이나 뒷면이 치우쳐서 나오는 것을 말
한다. 코드를 하나씩 살펴보자. observed-data는 동전 던지기 결과를 정의하는
심볼이다. 위의 코드에서는 (define observed-data '(t t t t t))로 되어 있기
때문에 뒷면이 연속해서 다섯 번 나온 경우를 의미한다. 앞면이 나오는 경우는 h,
뒷면이 나오는 경우는 t로 표시하기 때문에 만일 (define observed-data '(h h
t t t))로 쓴다면 앞면이 2번, 뒷면이 3번 나왔음을 뜻한다.

num-flips는 동전 던지기의 횟수를 저장하는 심볼이다. length 함수를 사용
해 observed-data 심볼의 인자 개수를 구해서 num-flips로 저장했다. mh-query를
사용해 결과를 얻기 위해 1,000번 샘플링한다. mh-query를 사용하기 위해서는 모
델을 만들어야 한다. 위의 코드에서 모델에 해당하는 부분은 다음과 같다.

```
(define fair-prior 0.999)
(define fair-coin? (flip fair-prior))
```

```
(define make-coin (lambda (weight) (lambda () (if (flip weight) 't 'h))))
(define coin (make-coin (if fair-coin? 0.5 0.95)))
```

fair-prior는 지금 갖고 있는 동전이 정상 동전일 확률이다. 여기서 fair-prior를 0.999로 설정했기 때문에 동전 1,000개 중에서 정상인 동전이 999개라는 뜻이다. fair-coin?은 지금 동전이 정상 동전인지 비정상 동전인지를 나타내는 심볼이다. (define fair-coin? (flip fair-prior))로 코드가 되어 있기 때문에 fair-coin?이 정상 동전, 즉 #t가 될 확률이 0.999이고 비정상 동전이 될 확률, 즉 #f가 될 확률은 0.001이다.

make-coin은 weight라는 인자를 하나 받는 함수다. weight는 뒷면이 더 많이 나올 가중치를 뜻한다. make-coin 함수 몸체가 (if (flip weight) 't 'h)이므로, weight 값이 클수록 't가 나올 가능성이 더 높다는 사실을 알 수 있다. coin은 동전 던지기를 1회 실행한 것을 의미하는 심볼이다. 이를 위해 make-coin 함수와 fair-coin?을 사용한다. fair-coin?이 참인 경우, 즉 정상 동전이라면 뒷면이 나올 가중치 weight가 0.5가 되며, fair-coin?이 거짓이라면 비정상 동전이 된다. 말하자면 weight가 0.95가 되어 뒷면이 나올 확률이 높아진다.

우리가 궁금한 것은, 동전 던지기를 다섯 번 실행했을 때 모두 뒷면이 나왔다면 이 동전의 정상 혹은 비정상 여부다. 따라서 mh-query에서 조건은 모델을 사용해 동전 던지기를 다섯 번 시행한 것과 다섯 번 연속으로 뒷면이 나온 것이 동일하다고 설정하면 된다. 이것을 코드로 나타내면 (equal? observed-data (repeat num-flips coin))))이 된다. 마지막으로 우리가 궁금해하는 건 정상 동전 여부이므로 fair-coin?을 쿼리의 결과로 지정했다.

이상의 코드를 실행해서 정상 동전[true]과 비정상 동전[false]의 비율을 나타내는 히스토그램을 그려보면 정상 동전의 비율이 100퍼센트 가깝게 나온다. 뒷면이 연속해서 5번 나오는 경우라도 정상 동전이라고 생각할 수 있다는 뜻이다. 그렇다면 뒷면이 연속해서 7번 나오는 경우는 어떻게 될까? 코드를 조금만 수정하면 이에 대한 정답을 쉽게 구할 수 있다.

코드 가운데 (define observed-data '(t t t t t))에서 '(t t t t t))를 '(t t t t t t))로 바꾼다. 코드를 수행하면 이번에는 동전이 정상일 확률이 90퍼센트 초반으로 떨어진다. 이번에는 뒷면이 15번 연속해서 나왔을 때를 구해 보자. observed-data에서 t의 개수를 15개로 늘리면 된다. 코드를 돌려보기 전에 결과를 예측해보자. 코드로 예측했을 때와 대충 어림잡았을 때 큰 차이가 있다는 사실을, 결과를 확인해보면 알게 된다.

동전이 정상일 확률은 10퍼센트 이하로 떨어진다. 그렇다면 연속으로 뒷면이 30번 나왔을 때는 어떻게 될까? 결과는 매우 충격적인데, 비정상 동전일 확률이 100퍼센트가 된다. 즉 마술사는 우리를 데리고 즐거운 마술쇼를 한 셈이다. 마술사에게 당한 것이 분하지만 마음을 다스리고 확률적 프로그램 관점에서 무엇을 배울 수 있는지 생각해보자.

동전을 판단하는 모델에서 중요한 변수가 있다. 바로 fair-prior 심볼이다. 이 값이 정상 동전 여부를 가늠한다. 코드에서 이 값이 0.999였으므로 우리는 마술사의 동전이 상당히 정상에 가깝다고 가정한 셈이다. 하지만 우리는 마술쇼를 보러 온 관객이다. 따라서 마술사가 동전을 주었을 때는 뭔가 속임수를 썼으리라 생각할 것이다. 이런 관점에서 본다면 fair-prior를 0.999로 설정한 것은 다소 과하다. 중립성을 추구한다면 대략 0.5로 여기는 게 적당하다. fair-prior를 0.5로 설정하고 뒷면이 연속해서 다섯 번 나온 경우를 다시 실행해보자.

비정상일 확률이 90퍼센트가 넘는다. 즉 fair-prior를 0.999로 했을 때 15번 연속으로 뒷면이 나오는 모습을 목격한 경우에 얻는 결과와 비슷하다. 이것은 사전에 어떤 현상에 대한 지식을 어느 정도 갖고 있는지에 따라서, 혹은 믿음을 갖고 있는지에 따라서 어떤 결과에 도달하는 데 필요한 증거의 숫자가 달라진다는 뜻이다. 동전에 마술사가 속임수를 썼다고 생각한다면 fair-prior 값이 매우 작을 것이고, 뒷면이 연속으로 몇 번 나오지 않아도 금방 동전에 문제가 있다는 결론을 얻었을 것이다.

이에 반해서 동전은 정상일 것이라는 강한 믿음이 있다면 fair-prior는 0.999보다 더 큰 값일 테고, 뒷면이 연속으로 수십 번 나온다고 해도 정상 동전일 것이라는 믿음은 변하지 않을 것이다. 이런 결론은 현실과 상당히 유사하다. 위의 코드에서 한 가지 고정해놓은 것이 있다. 바로 동전의 뒷면이 나올 가중치다. 이 값을 하나의 값으로 고정해놓는 것이 맞을까? 아래 코드는 이 질문에 실마리를 제공해준다.

[코드]
```
(define observed-data '(t t t t t))
(define num-flips (length observed-data))
(define num-samples 1000)
(define prior-samples (repeat num-samples (lambda () (uniform 0 1))))

(define samples
  (mh-query
   num-samples 10

   (define coin-weight (uniform 0 1))

   (define make-coin (lambda (weight) (lambda () (if (flip weight) 't
'h))))
   (define coin (make-coin coin-weight))

   coin-weight

   (equal? observed-data (repeat num-flips coin))))

(density prior-samples "동전 던지기 관찰 전, 동전의 사전 가중치")
(density samples "동전 던지기 관찰 후, 동전의 가중치")
```

[결과]

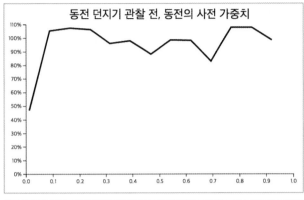

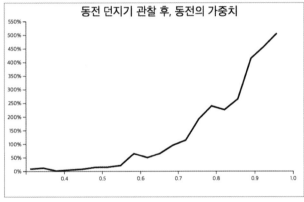

이전에 살펴본 코드와 같은 부분은 생략하겠다. prior-samples부터 살펴보자. prior-samples는 실제로 동전 던지기를 하기 전에 동전의 앞면이나 뒷면이 더 많이 나올 것이라는 가중치를 샘플링한 것이다. 일반적으로 동전 던지기를 하기 전에는 앞면이나 뒷면이 더 많이 나올 것이라는 사람들의 믿음이 균일할 것이다. 이런 일반적인 믿음을 반영하기 위해 uniform 함수를 사용해 0과 1 사이에 있는 값을, repeat 함수를 사용해 num-samples 개수만큼 샘플링한다.

다음으로는 실제로 동전 던지기를 다섯 번 한 결과를 보고 동전의 앞면이나 뒷면이 더 많이 나올 것이라는 가중치를 예측해보자. mh-query를 사용해 num-samples 개수만큼 샘플링한다. mh-query를 사용하기 때문에 제일 먼저 살펴봐야 할 것은 모델이다. 아래는 모델에 해당하는 코드만 발췌한 것이다.

```
(define coin-weight (uniform 0 1))
  (define make-coin (lambda (weight) (lambda () (if (flip weight) 'h
't))))
  (define coin (make-coin coin-weight))
```

make-coin과 coin은 앞서 살펴본 코드와 거의 동일하다. 다만 차이라면 coin 심볼에서 앞의 코드에서는 정상 동전과 비정상 동전의 뒷면이 더 많이 나올 가중치를 각각 0.5와 0.95로 고정해두었다는 점이다. 이번 코드에서는 이 가중치가 관찰 결과에 따라서 어떻게 변하는지 확인하려 하기 때문에 가중치를 고정해서는 안 된다. 따라서 이 가중치를 coin-weight로 설정했다.

아직 동전 던지기를 관찰하지 않았기 때문에 가중치를 특정 값으로 간주하지 않아야 하므로, prior-samples처럼 0과 1 사이에 있는 균일한 값으로 보는 게 맞다. 따라서 coin-weight도 uniform 함수를 사용해 0과 1 사이의 값 중 하나를 선택하게 했다. 이상으로 제약 조건에 대해 살펴봤다. 그렇다면 조건은 어떻게 될까?

조건은 앞에서 살펴본 코드와 동일하다. 즉, 5번 동전 던지기를 했을 때 뒷면이 연속으로 나온 관찰 결과와, 모델을 사용해 5번 샘플링한 결과가 같다는 걸 조건으로 둔다. 그럼 우리가 알고 싶은 것은 당연히 동전의 뒷면이 더 나올 가중치이므로 coin-weight로 설정하면 된다. 자, 이제 결과를 살펴보자. '동전 던지기 관찰 전, 동전의 사전 가중치'를 그려놓은 그래프를 보면 0에서 1까지의 가중치가 구간 전반에 걸쳐서 고르게 분포해 있는 모습을 확인할 수 있다.

이번에는 '동전 던지기 관찰 후, 동전의 가중치'를 살펴보자. '동전 던지기 관찰 전, 동전의 사전 가중치'와는 달리 1의 값에 많은 샘플이 집중되어 있음을 확인할 수 있다. 상식적인 수준에서 생각해보면 당연한 결과일 수도 있다. 뒷면이 연속해서 5번이나 나왔다는 건 어느 정도 뒷면이 많이 나오는 동전으로 볼 수 있다는 것이다. 하지만 이건 직관을 동원한 판단이다.

뒷면이 연속해서 5번 나온 경우 직관을 동원해서 판단할 수 있다. 동전 던지기를 10번 했는데 그 결과가 앞, 뒤, 앞, 앞, 앞, 앞, 뒤, 뒤, 앞, 앞이 나왔다면 이때의 가중치는 직관으로 쉽게 구할 수 있을까? 만약 동전 던지기 횟수가 100번, 1,000번으로 늘어난다면 어떻게 될까? 아마도 쉽지 않을 것이다. 이런 추론 과정을 손쉽고 객관적으로 구할 수 있다는 게, 확률적 프로그래밍을 사용하는 이유 중 하나다.

19장 틱택토, 어디에 두는 게 유리할까?

틱택토$^{Tic-Tac-Toe}$라는 게임이 있다. 이름이 생소하더라도 아래 그림을 보면 쉽게 "아! 이 게임 이름이 틱택토?"라고 이야기할 것이다. 종이 한 장과 펜 한 자루만 있다면 언제 어디서라도 즐길 수 있는 게임이다. 우리나라에서는 틱택토라는 이름보다 삼목이란 이름으로 알려졌다. 게임 규칙은 간단하다. 선 4개를 그이서 3 × 3 공간을 만든다. 그리고 나서 ×나 ○ 표로 순서대로 칸을 채워, 세로 혹은 가로나 대각선으로 같은 도형을 채우는 사람이 이기는 게임이다. 규칙이 간단한 만큼 이기는 전략도 무척 간단하다. 기본적인 원리만 잘 파악한다면 이기지 못하더라도 지지는 않는다. 이번 장에서는 틱택토를 Church를 사용해 탐구해보자.

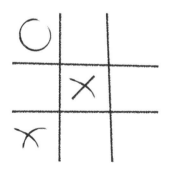

앞의 그림을 보자. 정황상 보자면 다음은 ○ 표를 그리는 사람이 수를 둘 차례다. 만약 당신이 ○ 표를 두어야 한다면, 어디에 두어야 할까? 틱택토를 한 번이라도 해본 사람이라면 오른쪽 코너에 두어야 한다는 사실을 알 것이다. 이 책에서 처음으로 틱택토를 접한 사람이라도, 간단한 규칙 덕분에 오른쪽 코너에 두지 않는다면 다음 차례에 × 표를 두는 사람이 이긴다는 사실을 알 것이다.

이런 상황에서 틱택토의 다음 수를 어디에 두는 게 좋을지 알려주는 코드를 Church로 구현해보자. 틱택토는 상당히 간단해서 컴퓨터 게임 초창기 시절부터 구현되던 게임이다. 따라서 다양한 언어로 어떻게 수를 두어야 이기는지 이미 많이 구현됐다. 이런 측면에서 본다면 기존 코드와 Church 코드가 어떻게 다른지 살펴보는 것도 좋은 과제다. 이것은 독자들의 몫으로 남겨두고, 여기서는 Church로 코드를 구현하는 데 집중하겠다.

미래를 예측하는 공상과학 영화를 보면, 지금 최적의 결정을 내리기 위해서 현재 선택한 것을 토대로 미래의 경우 수를 모두 시뮬레이션해보는 장면이 나올 때가 있다. 선택할 때마다 분기가 나뉘고 그 분기에서 다시 선택을 하는 일련의 과정이 순식간에 이루어져서 주인공에게 가장 유리한 선택을 한다. 이 아이디어를 사용해 틱택토의 다음 수를 결정하는 알고리즘을 구현해보자.

다음 그림에서 다음에는 ○ 표를 두는 플레이어가 수를 두어야 한다. 미래를 예측하는 공상과학의 아이디어를 사용해 다음에 두어야 하는 수를 생각해보자. 열과 행으로 놀이판의 공란을 표시하면 (0,1) (0,2) (1,0) (1,2) (2,1) (2,2)가 된다. 즉 다음 수는 이 여섯 군데 중 하나에 둘 수도 있다. 만약 (0,1)에 둔다면 어떻게 될까? 그 결과를 알려면 상대방이 어디에 둘지 생각해봐야 한다.

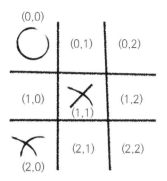

물론 사람이라면 (0,1)에 두지 않을 것이다. 앞에서 말했듯이 (0,2)에 두지 않는다면 × 플레이어가 다음 수에 (0,2)를 차지한 순간 게임은 끝나기 때문이다. 따라서 일반적인 사람이라면 (0,1)에 두지 않는다. 그런데 우리는 모든 경우의 수를 고려하는 알고리즘을 구성하겠다고 했기 때문에 공란에 대해 승리할 가능성을 모두 생각해봐야 한다.

일단 플레이어 ○가 (0,1)에 두었다고 하자. 수를 두었기 때문에 승자가 있는지 살펴보자. ○나 × 모두 아직까지 연속해서 3개를 일직선으로 그리지 못했기 때문에 승자는 없다. 이제 × 플레이어가 놓을 차례다. 수를 놓는 자리를 선택하는 것은 랜덤하게 샘플링한다고 하자. 우연찮게도 플레이어 ×가 (0,2)에 ×를 그렸다고 하자. 플레이어 ×가 수를 두었기 때문에 이제는 플레이어 ○ 차례다. 플레이어를 바꾸기 전에 승자가 있는지 우선 확인해야 한다.

승자를 검사해보니 플레이어 ×가 (0,2) (1,1) (2,0)을 차지해서 승리를 거머쥐었다. 경기가 끝났기 때문에 최초에 플레이어 ○가 선택한 수인 (0,1)에 대해 평가를 할 수 있다. 플레이어 ○가 (0,1)에 수를 두고 플레이어 ×가 (0,2)에 두는 경우 플레이어 ○는 지게 된다. 따라서 (0,1)에 수를 두는 것은 일단 좋은 선택이 아님을 알 수 있다. 하지만 곰곰이 생각해보면 (0,1)에 수를 둬도 꼭 지는 것은 아니다.

이 게임을 아는 사람이라면 혹은 일부러 지려고 하지 않는 이상, 다음 그림처럼 두는 경우는 없을 것이다. 하지만 수를 두는 위치를 무작위로 선택한다면 그림처럼 수를 둘 수도 있다. 이 경우에는 플레이어 ○가 (0,1)에 둔다고 하더라도 이길 수 있다. 지금까지 플레이어 ○가 (0,1)에 수를 두었을 때 이기는 경우가 1번, 지는 경우도 1번 나왔다. 확률로 나타내자면 (0,1)에 두었을 때 이길 확률과 질 확률이 0.5, 0.5인 셈이다. 자, 알고리즘이 어떻게 구성될지 감이 오는가?

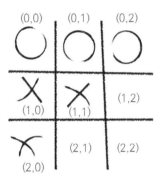

앞에서 살펴본 것처럼 공란마다 수를 두고, 현재 둔 수 이후에 승패가 날 때까지 수를 무작위로 두어 승패를 기록한다. 그러고 나서 현재 둔 곳을 기준으로 방금 전과는 중복되지 않고 랜덤하게 수를 두어 승패를 기록한다. 현재 둔 수에 대해 이 작업을 더 이상 할 게 없다면 다른 공란에 앞의 작업을 반복한다. 모든 공란에 대한 승패 기록이 끝나면 전체 시행 횟수를 분모로 하고 각 공란에서 거둔 승리 횟수를 분자로 하는 확률을 계산할 수 있다.

이 확률 값이 가장 클수록 승리할 가능성이 가장 높은 다음 수로 간주할 수 있다. 물론 세부 알고리즘은 지금 설명한 것과 다소 다를 수 있지만 큰 틀에서는 동일하다. 위의 설명이 잘 이해가 가지 않을 경우 다음 그림을 참조하면 도움이 될 것이다. 지금 당장 완벽하게 이해하지 못했더라도 실망할 필요는 없다. 코드를 살펴보면서 하나씩 파악해나가면 쉽게 이해할 수 있을 것이다.

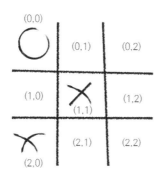

1. (0,1)에 둔 경우

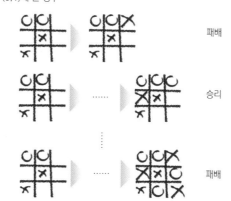

패배

승리

패배

2. (0,2) (1,0) (1,2) (2,1) (2,2)에서도 1작업 반복

3. 전체 시행 횟수를 사용해 각 공간에서 이길 확률 계산

다음 수	(0,1)	(0,2)	(1,0)	(1,2)	(2,1)	(2,2)
승리 확률	0.17	0.24	0.12	0.17	0.14	0.16

지금부터 살펴볼 코드는 다소 길기 때문에 조금씩 살펴보겠다.

[코드]

```
(define start-state
  '((o 0 0)
    (0 x 0)
    (x 0 0)))

(define (exp-utility outcome player)
  (cond [(win? player outcome) 1.0]
        [(draw? outcome) 0.1]
        [else 0.01]))

(define sample-action-dist
  (mem
   (lambda (state player)
```

```
(enumeration-query
 (define action (action-prior state))
 (define outcome (sample-outcome state action player))
 action
 (flip (exp-utility outcome player))))))))

(barplot (sample-action-dist start-state 'o))
```

[결과]

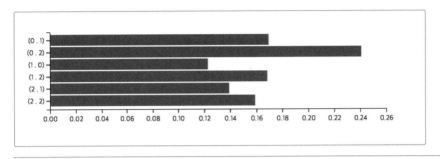

물론 위의 코드는 완벽하지 않기 때문에 실행하면 오류가 발생한다. 결과를
보여준 이유는 코드가 실행됐을 때 어떤 형태로 다음 수를 알려주는지 보여주기
위해서다. 자세한 코드는 뒤에서 천천히 살펴보겠다. 우선 결과를 보면 앞에서 예
상했듯이 (0,2)에 다음 수를 두는 게 이길 확률이 가장 높음을 알 수 있다. 자, 이
제 코드를 살펴보자.

우선 게임을 할 수 있는 놀이판부터 만들어보자. 최초 놀이판의 상태를 나타
낸다는 뜻으로 start-state라는 이름의 심볼을 부여한다. start-state라는 심
볼은 앞의 그림에 있는 놀이판을 코드로 옮겨놓은 것이다. 플레이어는 각각 o와
x로 나타냈고 비어 있는 곳은 0으로 표시했다.

결과를 보여주는 코드는 (barplot (sample-action-dist start-state
'o))이다. 이 코드는 함수 sample-action-dist를 실행해 그 결과를 바 차트로 출
력하는 게 전부다. 따라서 어디에 두어야 이길 수 있는지 확률을 계산하는 함수는

sample-action-dist이다. 함수 sample-action-dist는 state와 player를 인자로 받는다. state는 현재 놀이판의 상태를 받고, player는 현재 수를 두어야 하는 플레이어다.

따라서 state에는 현재 놀이판의 상태를 나타내는 start-state를, player에는 플레이어 o를 뜻하는 'o를 입력한다. sample-action-dist 함수를 살펴보자. 이 함수는 enumeration-query로 구현되어 있다. enumeration-query에 대해서는 한 번도 다루지 않았다. 자세히 살펴보면 좋겠지만 알고리즘을 살펴보는 데 큰 관련은 없기 때문에 여기서는 rejection-query나 mh-query 같은 추론 알고리즘이란 것만 언급하겠다. enumeration-query도 쿼리이기 때문에 모델, 알고 싶은 것, 조건으로 구성되어 있다. 우선 모델부터 살펴보자. 다음 코드가 모델에 해당한다.

```
(define action (action-prior state))
(define outcome (sample-outcome state action player))
```

알고리즘은 크게 보자면 3개의 파트로 구성되어 있다. 첫 번째는 공란을 찾는 것이고, 두 번째는 공란에 수를 두었을 때 이기거나 지거나 혹은 비길 경우를 모두 구하는 것이다. 세 번째는 각 공란에서 수를 두었을 때 이기는 경우를 모아 각각의 빈 공간마다 이길 확률을 구하는 것이다. sample-action-dist를 구성하는 enumeration-query의 모델은 알고리즘의 첫 번째와 두 번째에 해당한다.

action 심볼은 알고리즘의 첫 번째의 것이다. 공란을 찾기 위해 action-prior를 사용했고, 이 함수의 인자로 놀이판의 상태를 담고 있는 start-state 심볼을 넘겨준다. 다음으로 outcome 심볼은 알고리즘의 두 번째의 것이다. outcome은 sample-outcome 함수를 호출한 결과를 담고 있다. sample-outcome 함수는 놀이판의 상태, action-prior가 넘겨주는 공란, 현재 플레이어를 인자로 삼아서, action-prior가 넘겨주는 공란에 수를 두었을 때 무작위로 후속 수들을 만들어 게임을 실행한 결과를 넘겨준다.

이상으로 모델에 대해서는 설명을 마쳤다. enumeration-query에서 이제 남은 것은 알고 싶은 것 그리고 조건이다. 알고 싶은 것은 action으로 입력했다. enumeration-query는 실행 결과로 확률 변수의 확률 값을 넘겨준다. 알고 싶은 것을 action으로 입력했기 때문에 enumeration-query는 action, 즉 각 공란에 다음 수를 두었을 때 이길 확률을 넘겨준다.

action이 가질 수 있는 값은 (0,1) (0,2) (1,0) (1,2) (2,1) (2,2)가 되고, 예를 들어 각 공간에서 승리할 확률이 각각 0.17, 0.24, 0.12, 0.17, 0.14, 0.16이라면 enumeration-query 실행 결과는 (((0,1) (0,2) (1,0) (1,2) (2,1) (2,2)) (0.17 0.24 0.12 0.17 0.14 0.16))이 된다. 결과를 보면 enumeration-query를 사용하는 것 자체가 우리가 사용하는 알고리즘의 세 번째에 해당한다.

간단하게 요약하자면, 모델을 만들고 알고 싶은 것을 기록한 다음 쿼리를 돌리면 우리가 원하는 알고리즘이 완성된다. 물론 이 알고리즘을 완성하기 위해서는 한 가지 작업이 남아 있다. 바로 조건을 정해줘야 한다. 어떤 조건을 주어야 우리가 원하는 결과를 얻을 수 있을까? 우리는 공란에 수를 두었을 때 최대한 이기기를 바란다.

따라서 outcome의 결과가 플레이어가 이기는 게 되어야 한다. 이에 반해서 outcome의 결과가 플레이어에게 불리하다면, 예를 들어 비기거나 최악의 경우 지는 경우에는 해당 결과는 채택을 하지 않는 게 좋다. 이를 구현하기 위해 조건을 (flip (exp-utility outcome player))))))라고 두었다. exp-utility 함수는 outcome을 인자로 받아서 플레이어가 이길 경우에는 1을, 비길 경우에는 0.1을, 질 경우에는 0.01을 넘겨준다.

이기는 경우에는 exp-utility 결과가 1이기 때문에 flip은 항상 참을 돌려준다. 따라서 이기게 되는 outcome은 채택된다. 이에 반해서 비기는 경우나 패배하는 경우에는 0.1이나 0.01이 나오기 때문에 flip이 참이 될 가능성이 매우 낮아진다. 따라서 이때의 outcome은 채택되지 않는다.

지금까지 나온 코드에 대해서는 모두 설명했다. 이상으로 알고리즘의 큰 틀을 만들었다고 해도 과언은 아니다. 지금부터는 세부적으로 각 알고리즘을 살펴보겠다.

[코드]

```
(define (valid-move? move state)
  (equal? (list-ref (list-ref state (first move))
                    (second move))
          0))

(define action-prior-dist
  (mem (lambda (state)
         (enumeration-query
           (define action (list (sample-integer 3) (sample-integer 3)))
           action
           (valid-move? action state)))))

(define (action-prior state)
  (apply multinomial (action-prior-dist state)))
```

위의 코드는 놀이판에서 공란을 찾는 함수들을 모아놓은 것이다. 앞에서 살펴봤듯이 action-prior 함수가 공란을 찾는 것이다. action-prior는 이 작업을 하기 위해 multinomial 함수와 action-prior-dist를 이용한다. action-prior-dist 함수는 enumeration-query를 사용해 비어 있는 모든 공간과 해당 공간을 선택할 수 있는 확률을 돌려준다. multinomial 함수는 action-prior-dist가 준 공간과 해당 공간이 선택될 수 있는 확률을 사용해 다음에 둘 공간을 선정한다. 좀 더 자세히 살펴보기 위해 구체적인 예로 살펴보자.

우리가 관심 있는 놀이판인 start-state로 action-prior-dist를 실행하면, 즉 (action-prior-dist start-state) 코드를 실행하면 다음과 같은 결과를 얻는다.

```
(((0 1) (0 2) (1 0) (1 2) (2 1) (2 2)) (0.16666666666666669
0.16666666666666669 0.16666666666666669 0.16666666666666669
0.16666666666666669 0.16666666666666669))
```

action-prior-dist 실행 결과는 놀이판에서 공란과 각 공란이 선택될 확률로 구성되어 있다. 이 결과를 multinomial에 넘겨주어 다음에 둘 공간을 선정한다. 다음으로는 action-prior-dist 함수를 알아보자. action-prior-dist 함수는 enumeration-query를 사용해 모든 비어 있는 공간과 해당 공간이 선택된 확률을 넘겨준다고 했다. 쿼리이기 때문에 당연히 모델, 우리가 알고 싶은 것, 조건으로 구성되어 있다.

(define action (list (sample-integer 3) (sample-integer 3))) 코드가 모델에 해당한다. (sample-integer 3) 함수는 0, 1, 2 가운데 하나의 값을 넘겨준다. 따라서 (list (sample-integer 3) (sample-integer 3)) 코드는 놀이판의 임의의 한 공간을 돌려준다. 그런데 이미 수가 놓인 곳이 선정되어서는 안 된다. 이를 위해 현재 임의로 선택한 공간에 이미 수가 있는지 확인해야 한다. 따라서 앞에서 말한 제약 조건을 조건으로 주어야 한다.

(valid-move? action state) 가 제약 조건을 구현하는 함수다. valid-move? 는 action과 state를 인자로 받아서 임의로 선택한 액션, 즉 공간에 이미 수가 있는지 검사한다. 남은 것은 우리가 알고 싶은 것이다. 우리가 알고 싶은 것은 다음에 둘 수이기 때문에 action을 지정했다. 이상으로 놀이판에서 공란을 찾는 함수들을 살펴봤다. 다음으로는 이 공란을 사용해 무작위로 후속 게임을 하는 코드를 살펴보자.

[코드]

```
(define (sample-action state player)
  (apply multinomial (sample-action-dist state player)))

(define (sample-outcome state action player)
```

```
(let ([next-state (transition state action player)])
  (if (terminal? next-state)
      next-state
      (let ([next-player (other-player player)])
        (sample-outcome next-state
                        (sample-action next-state next-player)
                        next-player)))))
```

다음에 둘 공란을 찾았다면 플레이어를 바꿔서 다음 수를 두어야 한다. 다음 수를 두는 함수는 sample-outcome이다. 이 함수는 현재 놀이판의 상태를 나타내는 심볼 state, 다음에 둘 수 그리고 현재 플레이어를 인자로 받는다. sample-outcome에서는 transition 함수를 사용해 다음에 둘 수를 놀이판에 합치고 나서 그 결과를 next-state 심볼로 지정한다.

플레이어를 바꿔서 다음 수를 두기 전에 놀이판에 공란이 있는지 검사해야 한다. 공란을 검사하기 위해 terminal 함수를 호출한다. terminal 함수는 공란이 있다면 false를, 공란이 없다면 true를 넘겨준다. 공란이 없는 경우 게임이 끝났기 때문에 현재 놀이판을 나타내는 next-state 심볼을 돌려준다. 만약 공란이 있는 경우 sample-outcome 함수를 호출해 다음 수를 둔다.

다음 수를 두기 위해서는 플레이어를 바꿔야 하기 때문에 other-player 함수를 호출해 다음 플레이어를 next-player 심볼에 할당한다. sample-outcome 함수를 재귀적으로 호출하는 코드에서 주목해야 할 데가 있다. 바로 다음 수를 두기 위해 sample-action 함수를 호출하는 부분이다. sample-action은 현재 놀이판과 다음 플레이어를 인자로 받는다. sample-action 함수는 이렇게 받은 인자를 sample-action-dist 함수에 다시 넘겨준다.

그런데 sample-action-dist 함수는 일종의 엔트리 함수 역할을 한다. 따라서 바 차트를 그리기 위해 가장 먼저 호출한 함수였다. 이 함수는 비어 있는 공란들의 이길 확률을 넘겨주는 함수다. 따라서 다음에 두어야 하는 공란을 찾기 위해서는 이길 확률이 가장 높은 곳을 선택해야 한다. 그러므로 sample-action-dist 함수를 호출해 다시 남아 있는 공란들이 이길 확률을 구하고 이 중에서 하나를 선택하기 위해 multinomial이란 함수를 적용한 것이다.

호출하는 관계가 다소 복잡해서 이해가 쉽지 않을 수도 있다. 부모 역할을 하는 함수가 자식 역할을 하는 함수를 호출하고, 다시 자식 역할을 하는 함수가 부모 함수를 부르는 구조이기 때문이다. 하지만 다소 복잡해 보이는 이런 호출 관계와 샘플링의 힘이 복잡한 알고리즘을 간단하게 표현할 수 있게 해준다. 이런 점이 확률적 프로그래밍의 장점이라 할 수 있다.

[코드]

```
(define (transition state action player)
  (map (lambda (row i)
         (map (lambda (s j)
                (if (equal? (list i j) action)
                    player
                    s))
              row
              (iota (length row))))
       state
       (iota (length state))))
```

다음 그림은 transition 함수의 입력과 출력을 간략하게 정리한 것이다. 그림에서 볼 수 있듯이 현재 놀이판과 다음에 둘 위치 그리고 플레이어를 인자로 받아서 다음에 둘 위치에 플레이어의 수를 표시한다. 이 작업을 하기 위해 코드가 다소 복잡한 편이다. transition 함수는 2개의 map과 2개의 익명 함수로 구성되어 있다. map 함수는 Church 기초를 다룰 때 한 번 설명했다.

| 인자 | 함수 | 결과 |

map 함수는 2개의 인자를 받는다. 첫 번째 인자는 호출할 함수이고, 두 번째 인자는 리스트다. map 함수는 두 번째 인자인 리스트를 첫 번째 인자인 함수에 인자로 넘겨서 실행한다. 말로 설명하면 조금 복잡해 보이는데 코드를 보면 쉽게 이해할 수 있다. (map (lambda(x y) (+ x y)) '(1 2) '(2 3)) 이 코드를 실행하면 (3 5) 결과를 얻는다. 즉 익명 함수의 x에는 '(1 2)를, y에는 '(2 3)을 넘겨서 각 리스트의 인자를 하나씩 호출해서 더한다.

다시 transition 함수로 돌아가 보자. 첫 번째 익명 함수는 state와 (iota (length state)) 실행 결과를 인자로 받는다. iota 함수는 인자로 받은 숫자만큼 0부터 하나씩 증가하는 리스트를 만든다. (iota 2)를 실행하면 (0 1) 결과를 받는다. state는 이중 리스트이기 때문에 첫 번째 익명 함수를 map으로 실행하며 row 인자에는 각 행에 해당하는 리스트가 넘어가고 i 인자에는 현재 행 번호가 넘어간다.

두 번째 map은 쉽게 해결된다. 첫 번째 map에서 넘겨받은 행에 해당하는 리스트를 사용해 각 행의 열 순서대로 호출하는 것이다. 정리하자면 첫 번째 map과 두 번째 map을 사용해 놀이판의 각 공란을 순서대로 호출하는 것이다. 이렇게 호출한 각 공란과 현재 action을 비교해서, 같은 위치라면 플레이어의 말로 표시하거나, 아닌 경우 원래 말로 표시한다. 이 부분이 함수 내 if 문에 해당한다.

[코드]

```
(define (diag1 state)
  (map (lambda (x i) (list-ref x i))
       state (iota (length state))))

(define (diag2 state)
  (let ([len (length state)])
    (map (lambda (x i) (list-ref x (- len (+ i 1))))
         state (iota len))))

(define (win? player state)
  (let ([check (lambda (elts) (all (map (lambda (x) (eq? x player))
elts)))])
    (any (map check
              (list (first state) (second state) (third state)
                    (map first state) (map second state) (map third state)
                    (diag1 state) (diag2 state))))))

(define (flatten lst)
  (apply append lst))

(define (terminal? state)
  (all (map (lambda (x) (not (equal? x 0)))
            (flatten state))))

(define (other-player player)
  (if (eq? player 'x) 'o 'x))

(define (draw? outcome)
  (and (not (win? 'x outcome))
       (not (win? 'o outcome))))
```

코드에서 남은 부분은 게임이 종료됐는지를 살피는 함수들이다. 이 함수들은 그다지 복잡하지 않기 때문에 큰 틀에서 설명하고 넘어가겠다. 독자들이 조금만 살펴보면 금방 이해할 수 있을 것이다. 게임이 끝났는지 확인하는 함수는 win 함수와 terminal 함수로 나눌 수 있다.

우선 terminal 함수부터 살펴보자. terminal 함수는 놀이판에서 공란을 의미하는 0이 있는지 없는지 검사한다. 0이 없다면 더 이상 수를 둘 수 없다는 뜻이다. 따라서 게임이 끝났다고 볼 수 있다. terminal 함수는 게임의 종료 여부를 판단하기 위해서 flatten 함수를 사용해 이중 리스트인 놀이판을 단일 리스트로 만든다. 이렇게 하는 이유는 공란이 있는지 검사하기 위해선 이중 리스트보다 단일 리스트가 간단하기 때문이다.

다음으로 승리 여부를 판단하는 win 함수를 살펴보자. 틱택토 게임 규칙상 가로, 세로, 대각선 방향으로 연속으로 말이 모이면 승리한다. 따라서 win 함수도 이 규칙을 검사하도록 구현하면 된다. win 함수 내부에서는 3개 말이 연속되는지 검사하는 함수를 만들어 check라는 심볼에 할당한다. check 함수를 사용해 검사하기 위해선 가로, 세로, 대각선의 상태를 리스트로 만들어서 인자로 넘겨줘야 한다.

```
(list (first state) (second state) (third state)
           (map first state) (map second state) (map third state)
           (diag1 state) (diag2 state))))))
```

위 코드가 가로, 세로, 대각선의 정보를 리스트로 만들어준다. 가로에 해당하는 것은 (first state) (second state) (third state)이고, 세로에 해당하는 것은 (map first state) (map second state) (map third state)이며, 대각선에 해당하는 것은 (diag1 state) (diag2 state)이다. 그렇다면 diag1, diag2 함수는 어떤 역할을 할까? 놀이판을 인자로 받아서 diag1은 왼쪽 위에서 내려오는 대각선을, diag2는 오른쪽 위에서 내려오는 대각선을 구한다.

이제 남은 것은 other-player와 draw 함수다. draw 함수는 win 함수를 사용해서 비겼는지 검사하며, other-player는 플레이어를 교체해주는 함수다. 이상으로 틱택토 추천 알고리즘을 구성하는 함수들을 모두 살펴봤다. 다음은 틱택토

추천 알고리즘 전체 코드를 보여준다.

[코드]

```
(define (valid-move? move state)
  (equal? (list-ref (list-ref state (first move))
                    (second move))
          0))

(define action-prior-dist
  (mem (lambda (state)
         (enumeration-query
          (define action (list (sample-integer 3) (sample-integer 3)))
          action
          (valid-move? action state)))))

(define (action-prior state)
  (apply multinomial (action-prior-dist state)))

(define (transition state action player)
  (map (lambda (row i)
         (map (lambda (s j)
                (if (equal? (list i j) action)
                    player
                    s))
              row
              (iota (length row))))
       state
       (iota (length state))))

(define (diag1 state)
  (map (lambda (x i) (list-ref x i))
       state (iota (length state))))

(define (diag2 state)
  (let ([len (length state)])
    (map (lambda (x i) (list-ref x (- len (+ i 1))))
         state (iota len))))
```

```
(define (win? player state)
  (let ([check (lambda (elts) (all (map (lambda (x) (eq? x player))
elts)))])
    (any (map check
              (list (first state) (second state) (third state)
                    (map first state) (map second state) (map third state)
                    (diag1 state) (diag2 state))))))

(define (flatten lst)
  (apply append lst))

(define (terminal? state)
  (all (map (lambda (x) (not (equal? x 0)))
            (flatten state))))

(define (other-player player)
  (if (eq? player 'x) 'o 'x))

(define (draw? outcome)
  (and (not (win? 'x outcome))
       (not (win? 'o outcome))))

(define (exp-utility outcome player)
  (cond [(win? player outcome) 1.0]
        [(draw? outcome) 0.1]
        [else 0.01]))

(define (sample-action state player)
  (apply multinomial (sample-action-dist state player)))

(define sample-action-dist
  (mem
    (lambda (state player)
      (enumeration-query
        (define action (action-prior state))
        (define outcome (sample-outcome state action player))
        action
        (flip (exp-utility outcome player)))))))
```

```
(define (sample-outcome state action player)
  (let ([next-state (transition state action player)])
    (if (terminal? next-state)
        next-state
        (let ([next-player (other-player player)])
          (sample-outcome next-state
                          (sample-action next-state next-player)
                          next-player)))))

(define start-state
  '((o 0 0)
    (0 x 0)
    (x 0 0)))


(barplot (sample-action-dist start-state 'o))
```

20장

텔레파시?
내 마음을 읽어봐

느낌표(!) 별표(*) 십자모양(+)의 카드가 들어 있는 주머니가 2개 있다. A 주머니에는 * 카드가 2장, ! 카드가 8장 들어 있다. B 주머니에는 + 카드가 1장, ! 카드가 6장, * 카드가 3장 들어 있다. 즉 각 주머니에는 총 10장의 카드가 있는 셈이다. 따라서 A 주머니에서 * 카드를 뽑을 확률은 0.2이고, ! 카드를 뽑을 확률은 0.8이다. B 주머니에서는 + 카드를 뽑을 확률은 0.1이고, * 카드를 뽑을 확률은 0.3이며, ! 카드를 뽑을 확률은 0.6이다.

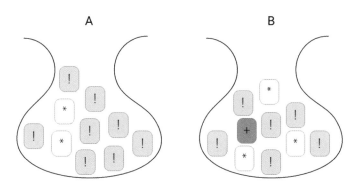

두 주머니를 가지고 간단한 게임을 해보자. 게임 참가자는 2명이다. 편의상 한 명을 선생님, 다른 한 명을 학생이라 부르겠다. 선생님 역할을 하는 플레이어는 두 주머니 중에서 하나를 선택한다. 선생님은 자신이 어떤 주머니를 선택했는지 알고 있다. 이에 반해 학생 역할을 하는 플레이어는 선생님이 어떤 주머니를 선택했는지 알 수 없다. 선생님은 주머니 안에 있는 10장의 카드 중에서 하나를 꺼낸다. 물론 카드를 꺼낼 때도 선생님은 자신이 원하는 카드를 꺼낼 수 있다.

선생님은 꺼낸 카드를 학생에게 보여준다. 학생은 선생님이 보여주는 카드를 보고 선생님이 어떤 주머니를 선택했는지 알아맞혀야 한다. 만약 선생님이 * 카드를 주머니에서 꺼내어 학생에게 보여준다면, 학생은 어떤 주머니를 선택할까? 확률적 프로그래밍을 사용해 구해보자.

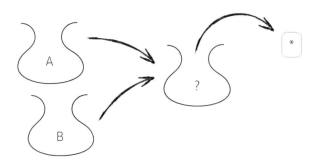

학생이나 선생님 모두 각 주머니에서 어떤 카드가 나올지 확률을 알고 있다. 말하자면 학생이나 선생님은 주머니 A에는 + 카드가 하나도 없다는 사실을 안다. 선생님에 대해 고려해보자. 선생님은 자신이 어떤 주머니를 선택할지 알고 있기 때문에 주머니는 중요한 정보가 아니다. 물론 학생에게 자신이 선택한 주머니가 어떤 것인지 알려주어야 하기 때문에 얼핏 생각하면 주머니가 중요한 정보다. 하지만 주머니를 직접 보여주지 않기 때문에 주머니는 당장 학생에게 전달해야 하는 정보가 아닌 셈이다.

따라서 선생님에게 중요한 것은 자신이 선택한 주머니에서 꺼내는 카드가 된다. 자신이 선택한 카드를 기반으로 학생이 선생님이 선택한 주머니를 알아맞힐 수 있게 도와줘야 한다. 자신이 선택한 카드를 가지고 학생이 선생님이 선택한 주머니가 어떤 것인지 생각할 수 있는 실마리를 주어야 한다. 마치 바둑이나 장기를 두는 것과 비슷하다. 장기나 바둑을 둘 때 내 수만을 생각해서는 안 된다.

"내가 이런 수를 둔다면, 상대방이 이렇게 생각하겠지. 상대방이 이렇게 생각할 거니까, 난 다시 이렇게 두어야겠다." 정리하자면 선생님이 학생에게 카드를 보여주기 위해선 학생이 어떻게 추론할지에 대해 다시 추론해야 하는 것이다. 이상의 내용을 가지고 코드를 구현해보자. 일단 선생님이 카드를 선택하는 것은 무작위라고 해보자. 이렇게 선택한 카드 중에서, 학생에게 보여주었을 때 내가 선택한 주머니를 맞힐 가능성이 가장 높은 카드를 선택해야 한다. 선생님의 선택을 구현한 코드부터 살펴보자.

[코드]

```
(define (teacher bag depth)
  (rejection-query
    (define card (card-prior))
    card
    (equal? bag (learner card depth))))
```

코드는 rejection-query를 사용해 구현했다. 쿼리가 나오면 항상 그랬듯이 모델, 우리가 알고 싶은 것, 조건이 어떻게 됐는지 알면 코드를 전부 이해한 것이다. 위의 코드에서 모델에 해당하는 것은 (define card (card-prior))이다. card-prior는 세 종류의 카드 중에서 하나의 카드를 선택해 돌려주는 함수다. 따라서 모델은 선생님이 임의로 선택하는 카드라고 할 수 있고, 당연히 우리가 알고 싶은 것은 선생님이 선택한 카드다. 조건은 선생님이 보여준 카드로 학생이 추론한 주머니와 학생이 선생님이 들고 있을 것이라고 생각하는 주머니가 일치하는 경우다. 조금 복잡한데 이것은 학생 코드에서 알아본다. 코드에서 한 가지 설명하지 않은 게 있는데, 바로 depth이다. 이것도 잠시 뒤 살펴볼 학생 코드에서 알아보겠다.

자, 그렇다면 학생 코드는 어떻게 될까? 선생님에 대한 코드를 만들었기 때문에 학생 코드를 만드는 일은 간단하다. 선생님과 반대로 하면 된다. 선생님에게 중요한 것이 카드였다면 학생에게 중요한 것은 주머니다. 학생은 선생님이 보여주는 카드를 토대로 선생님이 어떤 주머니를 선택했을지 맞히면 된다. 따라서 학생의 코드는 다음과 같다.

[코드]

```
(define (learner card depth)
 (rejection-query
  (define bag (bag-prior))
  bag
  (if (= depth 0)
      (equal? card (draw bag))
      (equal? card (teacher bag (- depth 1))))))
```

선생님 코드와 마찬가지로 학생 코드도 rejection-query를 사용해 구현했다. 학생에게 중요한 것은 주머니이기 때문에 모델은 (define bag (bag-prior))가 된다. bag-prior는 뒤에서 다시 다루겠지만 2개의 주머니 중 임의로 하나를 선택해서 넘겨주는 함수다. 따라서 우리가 알고 싶은 것은 학생이 생각한 주머니이기 때문에 bag이 된다.

조건은 선생님이 보여주는 카드와, 학생은 그 카드를 보고 선생님이 어떤 주머니를 들고 있는지 추론해서, 만약 선생님이 그 주머니를 들고 있다면 보여준 카드가 같아야 한다. 코드로 나타내면 (equal? card (teacher bag (- depth 1)))이 된다. 입력받은 카드와 선생님 코드를 호출해서 받는 카드가 같아야 한다는 뜻이다. 학생 코드를 완전히 이해하려면 앞에서 설명하지 않은 depth에 대해 이야기해야 한다.

선생님은 자신이 들고 있는 주머니를 학생이 잘 맞히기 위해서는 "내가 이 카드를 보여준다면, 학생이 내가 이 주머니를 갖고 있다고 생각할 것이고, 내가 이 주머니를 들고 있다고 학생이 생각하기 때문에, 난 이 카드를 보여줘야 하고 ......" 이런 식으로 추론에 대한 추론, 다시 추론에 대한 추론을 무한 반복할 수 있다. 정답을 맞히는 것이 중요하지만, 이런 식으로 무한 추론에 빠져서는 정답은커녕 오답도 낼 수 없다.

무한 추론에 빠지지 않기 위해서는 일정선에서 추론을 멈출 필요가 있는데, 바로 depth가 이 역할을 한다. depth가 0이 되면 학생은 더 이상 선생님이 어떤 생각을 할지 고민하지 않고 자신이 생각하는 주머니 후보를 기준으로 카드를 선택하고, 이 카드가 선생님이 보여주는 카드와 같은지 살핀다. 여기에 해당하는 코드가 바로 (equal? card (draw bag))이다. 이상으로 알고리즘에서 중요한 코드는 모두 살펴봤다. 설명하지 않은 코드에 대해 알아보자.

[코드]

```
(define (bag->probs bag)
  (case bag
    (('A) '(0.0 0.2 0.8))
    (('B) '(0.1 0.3 0.6))
    (else '이런)))

(define (card-prior) (uniform-draw '(+ * !)))
(define (bag-prior) (if (flip) 'A 'B))
(define (draw bag) (multinomial '(+ * !) (bag->probs bag)))
```

---

card-prior 함수는 uniform-draw 함수를 사용해 세 종류의 카드 중 무작위로 하나를 선택한다. bag-prior 함수는 flip 함수를 사용해 주머니 A나 주머니 B를 선택한다. draw 함수는 주머니를 입력으로 받아 임의로 카드를 꺼낸다. 주

머니에 따라서 들어 있는 카드의 개수가 다르기 때문에, 이것을 반영하기 위해 bag->probs 함수를 사용해 주머니를 기준으로 들어 있는 카드의 확률을 넘겨준다. 이상으로 모든 코드를 설명했다. 다음은 지금까지 살펴본 코드를 나타낸 것이다. 코드에서 주목해야 할 부분은 depth를 0으로 설정했다는 점이다. 말하자면 학생은 선생님이 보여주는 카드만 가지고 주머니가 어떤 것인지 판단한다는 뜻이다. 즉 선생님이 어떤 생각으로 그 카드를 선택했는지 고민하지 않는다는 뜻이다. 결과는 어떻게 될까?

[코드]

```
(define (teacher bag depth)
  (rejection-query
   (define card (card-prior))
   card
   (equal? bag (learner card depth))))

 (define (learner card depth)
  (rejection-query
   (define bag (bag-prior))
   bag
   (if (= depth 0)
       (equal? card (draw bag))
       (equal? card (teacher bag (- depth 1))))))

(define (bag->probs bag)
  (case bag
    (('A) '(0.0 0.2 0.8))
    (('B) '(0.1 0.3 0.6))
    (else '이런)))

(define (card-prior) (uniform-draw '(+ * !)))
(define (bag-prior) (if (flip) 'A 'B))
(define (draw bag) (multinomial '(+ * !) (bag->probs bag)))
```

```
(define depth 0)
(define (sample) (learner '* depth))
(hist (repeat 100 sample) "어떤 주머니일까?")
```

[결과]

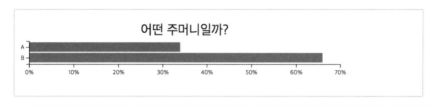

주머니 B를 선택할 확률이 70퍼센트 가까이 나온다. 왜 이런 결과가 나왔을까? 학생은 선생님의 의도를 전혀 고려하지 않고 순전히 선생님이 보여주는 카드만 가지고 어떤 주머니일지 판단했다. * 카드가 나올 확률은 주머니 A의 경우 0.2이고, 주머니 B는 0.3이다. 따라서 카드가 나올 확률만 생각한다면 당연히 주머니 B를 선택하는 게 낫다.

하지만 선생님의 의도를 생각해보자. 만약 주머니 B를 선택했다는 걸 알려주려고 한다면, 주머니 B에만 있는 + 카드를 선택했을 것이다. 하지만 선생님은 + 카드를 선택하지 않고 * 카드를 선택했다. 자, 이런 선생님의 의도를 파악하기 위해서는 선생님의 생각도 고려해야 한다. 선생님의 생각을 고려하려면 depth를 1로 설정해야 한다. 결과는 어떻게 될까?

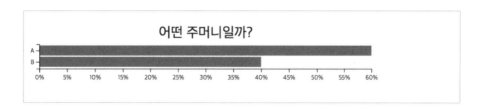

depth를 0으로 했을 때보다 주머니 A일 확률이 주머니 B일 확률보다 훨씬 커졌다. depth가 0일 때는 주머니 B일 확률이 70퍼센트에 가까웠는데, depth가 1일 때는 주머니 A일 확률이 60퍼센트에 가까워졌다. 학생이 선생님이 보여준 카드를 보고 선생님의 의도를 고려했기 때문에 주머니 B가 아닌 주머니 A를 선택한 것이다.

21장

책 쌓기?
물리를 몰라도 할 수 있어

확률적 프로그램이 재미있는 건 사실이지만, 직접 눈으로 결과를 볼 수 있다면 더 재미있을 것이다. 21장에서는 확률적 프로그래밍을 사용해 물리 실험을 해보겠다. Church에서는 간단한 물리를 시뮬레이션할 수 있는 환경을 제공해준다. 다음 코드는 2차원에서 물체를 자유낙하했을 때를 시뮬레이션한다. 코드부터 살펴보자.

[코드]

```
(load "scripts/box2d.uglified.js")
(load "scripts/phys.js")
(load "scripts/plinko.js")

(define (dim) (uniform 5 20))
(define (staticDim) (uniform 10 50))
(define (shape) (if (flip) "circle" "rect"))
(define (xpos) (uniform 100 (- worldWidth 100)))
(define (ypos) (uniform 100 (- worldHeight 100)))

(define (makeFallingShape) (list (list (shape) #f (list (dim) (dim)))
                                 (list (xpos) 0)))
```

```
(define (makeStaticShape) (list (list (shape) #t (list (staticDim)
(staticDim)))
                                        (list (xpos) (ypos)))))

(define ground (list (list "rect" #t (list worldWidth 10))
                                        (list (/ worldWidth 2) worldHeight)))
(define fallingWorld (list ground
          (makeFallingShape) (makeFallingShape) (makeFallingShape)
          (makeStaticShape) (makeStaticShape)))

(animatePhysics 1000 fallingWorld)
```

[결과]

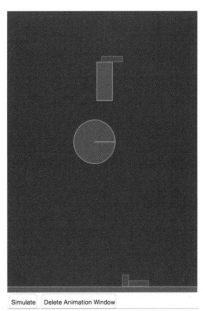

위 코드를 실행하면 시뮬레이션할 수 있는 창이 생성된다. 임의의 크기로 움직이는 물체 3개와 고정된 물체 2개가 생성된다. 물체는 원이나 사각형 중 무작위로 선택해서 만들어진다. 움직이는 물체는 보라색으로 표시되고 고정된 물체는 녹색으로 표시된다. 시뮬레이션하기 위해서는 시뮬레이션 창 아래에 있는 **Simulate** 버튼을 클릭하면 된다. 버튼을 클릭하면 녹색으로 표시된 움직일 물체가 자유낙하하고, 고정된 물체와 충돌하는 경우 물리 법칙에 따라 움직인다.

작동 방식을 알아봤으므로 코드를 살펴보자. Church에서 제공해주는 물리 엔진을 사용하려면 몇 가지 스크립트를 추가적으로 로딩해야 한다. 이 스크립트를 로딩하는 코드는 다음과 같다.

```
(load "scripts/box2d.uglified.js")
(load "scripts/phys.js")
(load "scripts/plinko.js")
```

동일한 브라우저 안에서 코드를 계속 실행하는 경우에는 위 코드들을 최초 1회만 실행하면 된다. Church에서 물리 엔진을 실행하는 방법은 간단하다. 물체들을 만든 다음에 물리 엔진에 넘겨주기만 하면 된다. 여기서 물리 엔진을 실행하는 함수는 animatePhysics이다. 위의 코드에서는 (animatePhysics 1000 fallingWorld)를 사용해 물리 엔진을 실행한다.

animatePhysics는 2개의 인자를 받는다. 첫 번째 인자는 애니메이션 실행 시간이며, 두 번째 인자는 시뮬레이션할 물체를 담고 있는 리스트다. Church 물리 시뮬레이션을 이해하기 위해 남은 것은 물체를 만드는 방법이다. 다음은 시뮬레이션 물체의 구조를 담고 있는 리스트다.

```
(list (list shape static (list width height)) (list xpos ypos)))
```

shape는 물체의 모양을 결정한다. Church에서 사용하는 시뮬레이션 물체의 모양은 사각형과 원이다. 사각형의 경우 'rect, 원인 경우 'circle을 준다. 다음으로 static은 물체가 고정되어 있는 건지 움직이는 건지를 결정한다. 고정된 물체 경우에는 #t, 움직이는 물체 경우에는 #f를 설정한다. (list width height)는 물체의 폭과 높이를 정한다. 폭과 높이는 도형에 따라 다르게 적용된다.

사각형의 경우 width와 height는 각각 사각형의 폭과 높이의 반을 지정하는 것이다(아래 그림을 참조하자). 원의 경우 width와 height를 모두 사용하지 않고 width만 사용해 원의 반지름을 설정한다. 좌표상에서 도형의 위치는 (list xpos ypos)로 나타낸다. xpos와 ypos는 도형의 중심점을 나타낸다.

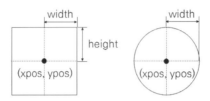

Church에서 사용하는 좌표계는 아래 그림과 같다. 원점은 좌측 상단이고, 시뮬레이션을 하는 전체 좌표계의 폭을 나타내는 변수는 worldWidth이며, 좌표계의 높이를 나타내는 변수는 worldHeight이다.

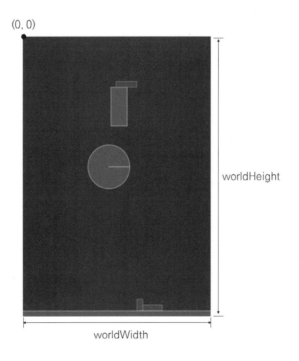

이상의 내용을 토대로 폭과 높이는 각각 5와 10이며, 처음 시작하는 점이 (10, 20)인 사각형 모양의 떨어지는 물체를 정의하면 다음과 같다.

```
(list (list 'rect #f (list 5 10)) (list 10 20)))
```

makeFallingShape, makeStaticShape는 물체를 정의하는 리스트를 사용해 떨어지는 물체와 고정되어 있는 물체를 만들고, ground는 땅을 정의한다. fallingWorld는 makeFallingShape, makeStaticShape, ground를 사용해 시뮬레이션할 대상들을 구성하고, fallingWorld를 animatePhysics에 인자로 넘겨줌으로써 시뮬레이션을 한다.

이상으로 시뮬레이션을 하는 방법을 알아봤으므로, 시뮬레이션을 사용해 재미있는 실험을 해보겠다. 다음 그림은 고전적인 수학 문제를 나타낸 것이다. 하드커버 책이 있다. 이 책을 책상 끝에 걸쳐놓는다고 하자. 책이 떨어지지 않고 최대한 걸칠 수 있는 길이는 책 길이의 절반이다. 왜 그럴까? 책의 무게가 치우치지 않는다면 책 길이 절반에 무게중심점이 있기 때문이다. 말하자면 무게중심점이 책상 밖으로 벗어나지 않는다면 책은 떨어지지 않는다. 이런 이유로 책 한 권일 때 책이 떨어지지 않으면서 최대한 책상 밖으로 책이 놓일 위치는 책 길이의 절반이다.

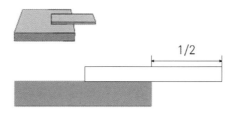

그렇다면 책 두 권을 쌓아서 넘어지지 않으면서 최대한 책상 끝에 걸치게 하려면 어떻게 해야 할까? 간단한 문제인 것 같지만 실제로는 다소 복잡하다. 이 문제를 풀려면 정역학이라는 학문을 알아야 한다. 그중에서 모멘트라는 개념을 사용하지 않으면 문제를 단순화하기가 쉽지 않다.

정역학을 모르는 독자를 위해 최대한 쉽게 문제를 설명해보겠다. 맨 위에 있는 책은 고민하지 않아도 된다. 왜 그럴까? 밑에 있는 책이 안정적이라면 맨 위에 있는 책은 흔들리지 않기 때문이다. 따라서 위에 있는 책은 한 권일 때와 마찬가지로 최대한 책의 절반까지 걸칠 수 있다. 문제는 밑에 있는 책이 떨어지지 않으면서 최대한 걸칠 수 있는 위치다.

책이 하나 있을 때와 개념적으로 동일하다. 책의 무게중심점이 책상을 넘지 않는 지점이 책을 두 권 쌓아서 최대한 책상에 걸치는 곳이 된다. 책을 두 권 쌓았을 때 무게중심점은 책 두 권의 가운데 어딘가에 있게 된다. 아래 그림에서 원으로 표시한 부분이라 한다면, 이 원으로 표시한 무게중심점이 책상 끝을 넘어서지 않으면 된다. 이렇게 하려면 어떻게 해야 할까?

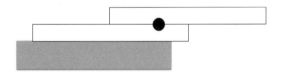

모멘트를 모르면 문제를 풀기 쉽지 않을 것이라고 겁을 줬지만, 모멘트는 몰라도 시소의 원리는 다들 알 것이다. 무게가 적게 나가더라도 시소를 사용하면 무거운 사람을 쉽게 들어올릴 수 있다. 어떻게 할까? 무거운 사람을 시소의 가운데에 가깝게 앉히고 가벼운 사람을 시소의 가운데에서 최대한 멀리 앉히면, 가벼운 사람이라도 무거운 사람을 쉽게 들어올릴 수 있다.

이 원리가 바로 모멘트를 설명해준다. 모멘트란 회전하는 힘을 말한다. 무거운 사람과 가벼운 사람이 같은 시소를 탔는데도 한쪽으로 기울어지지 않고 평형을 맞출 수 있는 이유는, 무거운 사람이 시소의 회전 중심에 주는 모멘트와 가벼운 사람이 시소의 회전 중심에 주는 모멘트가 같기 때문이다. 모멘트는 힘과 회전 중심에서 힘까지의 거리를 곱한 것이다. 무거운 사람이라도 회전 중심에서 거리가 가깝다면, 돌리는 힘인 모멘트가 작을 것이고, 가벼운 사람이라도 회전 중심에서 거리가 멀다면 모멘트가 클 것이다.

아래 그림으로 이야기를 정리해보자. 시소의 왼쪽에는 무게가 W인 블록이 2개 있고, 시소의 오른쪽에는 무게가 W인 블록이 하나가 있다. 시소의 중심점에서 같은 모멘트가 발생하면 시소는 좌우로 움직이지 않고 평형을 맞출 것이다. 왼쪽의 무게가 오른쪽보다 두 배 나가기 때문에, 왼쪽 블록과 중심점의 거리를 오른쪽 블록과 중심점의 거리의 반으로 한다면 동일한 모멘트가 발생해서 시소는 기울어지지 않을 것이다.

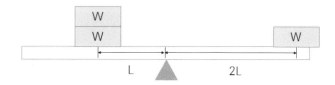

자, 이상의 내용을 가지고 두 번째 책이 떨어지지 않을 최대 거리를 구해보자. 아래 그림에서 책 두 권의 무게중심점을 원이라고 하자. x_1을 두 블록의 무게중심점 간의 거리라고 하자. x_2를 두 책의 무게중심점에서 첫 번째 블록의 무게중심점까지의 거리라고 하자. 블록이 2개여서 사고를 방해하는 측면이 있는데, 그냥 블록 하나라고 생각한다면 블록이 쓰러지지 않고 책상 끝에 거칠 수 있는 최대 위치는 무게중심점이다.

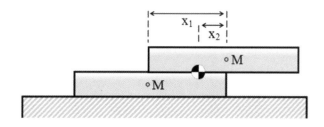

다시 설명하자면 블록 2개로 생각해도 마찬가지다. 두 블록이 하나라고 생각했을 때의 무게중심점이 책상 끝에 걸리면 된다. 이때 블록들이 쓰러지지 않으려면 두 블록의 무게중심점에 걸리는 모멘트가 같아야 한다. 식으로 나타내면 다음과 같다.

$$(x_1 - x_2)M = x_2M$$
$$2x_2M = x_1M$$

위의 식이 도출되는 이유를 다시 한 번 살펴보자. 위의 블록을 시소라고 생각하자. 블록이 떨어지지 않는다는 것은, 시소로 생각한다면 왼쪽과 오른쪽의 블록이 주는 중심점에서의 모멘트가 동일하기 때문이다. 위의 식에서 좌변은 왼쪽 블록이 중심점에 주는 모멘트이고, 우변은 오른쪽 블록이 중심점에 주는 모멘트이며, 책이 떨어지지 않는다는 건 이 둘이 동일하다는 뜻이다.

책 한 권일 때를 생각해본다면 책 길이의 절반이기 때문에, x_1은 $\frac{1}{2}$이다. 앞의 식에서 M은 좌변과 우변에서 동일하기 때문에 소거할 수 있으므로, x_2는 $\frac{1}{4}$이 된다(M을 소거하고 나서 위의 식에 x_1을 대입하면 된다). 따라서 책 두 권을 사용해 책상 끝에 최대한 걸칠 수 있는 거리는 $\frac{1}{2} + \frac{1}{4}$이 된다. 동일한 방법을 책 세 권일 때, 네 권일 때, 계속해서 적용하면 n권이 쌓일 때 최대한 넘어지지 않으면서 걸칠 수 있는 거리는 다음처럼 유도된다.

$$\text{최대 거리} = \frac{1}{2}\sum_{k}^{n}\frac{1}{k}$$

$$1\text{권일 때, } \frac{1}{2} = 0.5$$

$$2\text{권일 때, } \frac{1}{2} + \frac{1}{4} = 0.75$$

$$3\text{권일 때, } \frac{1}{2} + \frac{1}{4} + \frac{1}{6} = 0.91667$$

$$4\text{권일 때, } \frac{1}{2} + \frac{1}{4} + \frac{1}{6} + \frac{1}{8} = 1.04167$$

수학식을 사용하면 정확한 거리를 구할 수 있다는 장점이 있다. 하지만 간단해 보이는 책 쌓기 문제도 정확한 해를 구하려면 모멘트라는 개념을 이용해야 하고, 엄밀한 식을 유도하려면 수학적 귀납법을 사용해야 한다. 물론 이 책은 수학 문제를 푸는 것이 목적이 아니므로, 수학적 귀납법을 사용한 엄밀한 식의 유도는 독자의 몫으로 남겨두겠다. 만약 정역학을 모르고 수학적 귀납법도 잘 모르며, 원하는 것이 정확한 답이 아니라 근삿값이라면 어떻게 해야 할까? 확률적 프로그래밍을 사용해 해를 구할 수 있다.

빈도적 확률의 개념을 사용하면 쉽게 해를 구할 수 있다. 빈도적 확률이란 실행 횟수가 무한대로 갈 때 고전적인 확률과 그 결과가 동일해진다는 것이다. 반복해서 책을 무작위로 쌓으면서 시뮬레이션하고 책이 무너지지 않는 경우, 책상에 걸친 길이를 구한다. 이렇게 구한 길이 중에서 제일 긴 길이를 찾으면 우리가 원하는, 책을 쓰러뜨리지 않고 책상에 걸치는 최대 길이에 가까운 값을 얻을 수 있다. 이게 알고리즘의 전부다. 우선 코드와 결과부터 살펴보자.

[코드]
```
(load "scripts/box2d.uglified.js")
(load "scripts/phys.js")
(load "scripts/plinko.js")

(define blockW 20)
(define blockHW (/ blockW 2))

(define xCenter (/ worldWidth 2))
(define (getWidth worldObj) (first (third (first worldObj))))
(define (getHeight worldObj) (second (third (first worldObj))))
(define (getX worldObj) (first (second worldObj)))
(define (getY worldObj) (second (second worldObj)))

(define ground (list (list "rect" #t (list worldWidth 10))
                     (list (/ worldWidth 2) worldHeight)))
```

```
(define (xpos prevBlock)
  (define prevW (getWidth prevBlock))
  (define prevX (getX prevBlock))
  (uniform prevX (+ prevX blockHW)))

(define (ypos prevBlock h)
  (define prevY (getY prevBlock))
  (define prevH (getHeight prevBlock))
  (- prevY prevH h))

(define (addBlock prevBlock first?)
  (define w blockHW)
  (define h 3)
  (list (list "rect" #f (list w h))
        (list (if first?  xCenter (xpos prevBlock)) (ypos prevBlock h))))

(define (makeTowerWorld)
  (define firstBlock (addBlock ground #t))
  (define secondBlock (addBlock firstBlock #f))
  (define thirdBlock (addBlock secondBlock #f))
  (define fourthBlock (addBlock thirdBlock #f))
  (list ground firstBlock secondBlock thirdBlock fourthBlock))


(define (doesTowerFall initialW finalW)
  (define (highestY world) (apply min (map getY world)))
  (define eps 1)
  (define (approxEqual a b) (< (abs (- a b)) eps))
  (not (approxEqual (highestY initialW) (highestY finalW))))

(define (sample)
(rejection-query
  (define initialWorld (makeTowerWorld))
  (define finalWorld (runPhysics 1000 initialWorld))
  (define lastX (- (getX (first (reverse initialWorld))) xCenter))
  (list lastX initialWorld)
 (not (doesTowerFall initialWorld finalWorld)) ))
```

```
(define (maxL lst rst) (if (null? lst)
                           rst
                           (if (> (first (first lst)) (first rst))
                               (maxL (rest lst) (first lst))
                               (maxL (rest lst) rst))))

(define samples (repeat 500 sample))
(define result (maxL samples '(0 ())))
(display "걸칠 수 있는 최대 길이:" (first result))
(animatePhysics 1000 (second result))
```

[결과]

걸칠 수 있는 최대 길이:

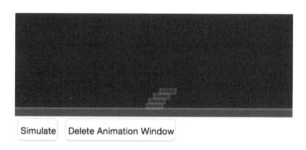

17.94583340124227

코드를 실행하면 결과를 얻는 데 시간이 걸린다. 브라우저에 따라서는 스크립트를 실행하다 브라우저가 멈췄다고 간주해서 브라우저를 중지할 것이냐고 묻는 경우도 있다. 그렇다 하더라도 참고 실행하면 결과를 볼 수 있다. 결과 그림에서 보듯이 맨 아래에 있는 책을 책상으로 간주한다면, 위의 코드는 총 3권의 책을 쌓는 것이라 볼 수 있다. 책 한 권의 길이를 1이라고 간주했을 때, 3권의 책으로 최대 걸칠 수 있는 길이는 0.91667이다. 위의 코드에서 책 권의 길이를 20으로 설정했기 때문에 3권의 책으로 최대 걸칠 수 있는 길이는 0.91667 × 20 = 18.3334이다.

독자마다 코드를 실행해서 얻는 결과가 다르겠지만, 비슷한 값을 얻을 것이다. 이 책을 쓸 때는 약 17.9라는 값을 얻었다. 물론 공식을 사용해 구했을 때보다 정확성은 떨어지지만, 상당히 공식에 가까운 값을 얻을 수 있었다. 실행 시간 때문에 샘플링 횟수를 500으로 했지만, 이것보다 더 큰 값을 쓴다면 공식으로 얻은 값에 상당히 밀접한 결과가 나왔을 것이다. 아울러 시뮬레이션 창에 있는 블록이 쌓인 형태를 보면 공식을 통해 구한 것과 상당히 비슷한 모양임을 알 수 있다.

Church 코드에 상당히 익숙해졌을 테니, 앞의 코드를 모두 설명하진 않겠다. 코드의 이해를 돕기 위해 중요한 코드 위주로 설명하겠다. makeTowerWorld 함수는 땅을 만들고, 땅 위에 책상 역할을 하는 블록 하나와 책 역할을 하는 블록 3개를 쌓는다. 블록을 쌓기 위해 addBlock 함수를 사용한다. addBlock 함수는 인자 2개를 받는다. 첫 번째 인자는 지금 만드는 블록 아래에 놓이는 블록이고, 두 번째 인자는 지금 만드는 블록이 가장 밑에 있는 블록, 즉 책상 역할 여부를 설정하는 것이다. 즉 두 번째 인자가 #t이면 책상 블록이고, #f이면 책 역할을 하는 블록이다.

doesTowerFall은 블록이 넘어졌는지를 확인하는 함수다. doesTowerFall 함수는 인자 2개를 받는데, 첫 번째 인자는 시뮬레이션하기 전의 블록들이고, 두 번째 인자는 시뮬레이션한 후의 블록들이다. 블록이 넘어졌는지를 검사하는 방법은, 쌓여 있는 블록의 높이를 비교하는 것이다. 시뮬레이션 전후의 블록 높이가 동일하다면 블록은 쓰러지지 않은 것이며, 높이가 다르다면 블록은 쓰러진 것이다.

sample 함수는 rejection-query를 사용해 블록이 쓰러지지 않을 때까지 시뮬레이션한 결과를 한 번 돌려주는 것이다. 쿼리가 나왔기 때문에 그 다음에 알아볼 것은 뻔하다. 바로 모델, 우리가 알고 싶은 것, 조건이다. 모델에 해당하는 것은 define으로 선언한 initialWorld, finalWorld, lastX이다. initialWorld는 시뮬레이션하기 전의 블록이고, finalWorld는 시뮬레이션한 후의 블록에 해당한다. lastX는 땅의 중심점에서 블록이 최대한 멀리 떨어져 있는 거리를 구하는 것이다.

우리가 알고 싶은 것은 (list lastX initialWorld)로 블록이 쓰러지지 않았을 때 책상에 걸치는 최대 길이와, 블록이 쓰러지지 않았을 때의 블록이 쌓인 형태다. 조건은 (not (doesTowerFall initialWorld finalWorld))로, 블록이 쓰러지지 않아야 한다는 것이므로 doesTowerFall을 사용했다. sample 함수는 단 한 번의 시뮬레이션 결과를 돌려주므로 여러 번 샘플링하기 위해 repeat 함수를 사용해 500번 샘플링했다. 여기에 해당하는 코드는 (define samples (repeat 500 sample))이다.

이상으로 주요 코드는 모두 살펴봤다. 물론 독자 가운데 정역학이나 수학에 재능이 있어서 확률적 프로그래밍이 필요 없어 보이는 사람도 있을 것이다. 하지만 이번 장의 목적은 정역학이나 수학을 몰라도 근사해를 확률적 프로그래밍을 사용해 얻을 수 있음을 보여주는 데 있다. 따라서 독자들도 평소 수학식으로 구하던 문제를 확률적 프로그래밍을 사용해 풀이봄으로써, 확률적 프로그래밍의 가능성을 몸소 느껴보기를 바란다.

22장 생일이 같을 확률

한 방에 23명이 모여 있다고 하자. 이 경우 두 명의 생일이 같을 확률은 어떻게 될까? 이 책을 읽고 있는 여러분 중에는 이미 해답을 알고 있는 사람도 있을 것이다. 우선 수학적인 접근 방법으로 정확한 해를 구해보자. 이 문제는 여사건을 이용해 풀면 비교적 쉽게 답을 알아낼 수 있다. 한 방에 n명이 모여 있을 때 저어도 두 사람이 생일이 같을 확률을 p(n)으로 표시하자. 물론 두 사람이 생일이 같을 확률을 직접 구하는 방법도 있다. 하지만 이 방법은 쉽지 않다. 모로 가도 서울만 가면 된다는 말이 있다.

직접 p(n)을 구하기보다는, 모든 사람의 생일이 다 다를 확률 q(n)을 구한 후 p(n)을 구하는 편이 쉽다. 모든 사람의 생일이 다 다를 확률 q(n)을 사용해 p(n)을 어떻게 구할 수 있을까? 사건 A에 대해 A가 발생하지 않는 사건을 사건 A의 여사건이라 한다. p(n)의 여사건은 q(n)이다. 말하자면 모든 사람의 생일이 다 다를 확률의 여사건은 적어도 두 사람의 생일이 같을 확률이다. 확률은 더해서 항상 1이 되어야 한다. 따라서 p(n)과 q(n)을 더하면 1이 되어야 한다. 따라서 다음과 같이 정리할 수 있다.

$$p(n) + q(n) = 1$$
$$p(n) = 1 - q(n)$$

직접 구하기 어려운 $p(n)$에 대해 고민하기보다, 상대적으로 구하기 쉬운 모든 사람의 생일이 다 다를 확률 $q(n)$을 구하면 $p(n)$을 구할 수 있다. 자, $q(n)$을 구해보자. 1년은 일반적으로 365일이기 때문에, 사람이 생일에 대해 가질 수 있는 경우의 수는 365이다. 365일의 날짜를 종이에 적어서 상자 안에 넣어두었다고 하자. 말은 좀 안 되는 것 같지만, 방 안에 있는 23명이 상자에서 날짜가 적힌 종이를 뽑아, 뽑은 종이에 적힌 날짜를 자신의 생일로 정한다고 하자.

물론 현실에서는 상자 안에서 날짜를 뽑는다고 그게 생일이 되진 않는다. 이 개념이 이상해서 와 닿지 않는다면, 상자에서 뽑은 날짜가 생일인 사람을 수배해서 방에 넣는다고 하자. 이러면 상식을 어기지 않고도 방 안에 생일이 다른 사람을 모두 채워넣을 수 있다. 첫 번째 사람은 365일 중 어떤 날짜든 생일이 될 수 있다. 두 번째 사람은 첫 번째 사람이 뽑은 날짜를 제외하고 365일 중 어떤 날짜든 생일이 될 수 있다. 즉 두 번째 사람은 364일 중 어떤 날짜든 생일이 될 수 있는 것이다.

이런 식으로 스물세 번째 사람까지 생각해보면, 스물세 번째 사람은 343일 가운데 어떤 날짜든 생일이 될 수 있다. 23명의 생일이 모두 달라야 하므로, $q(23)$은 23명이 겹치지 않게 생일을 뽑을 각 확률을 곱한 곱사건이 된다. 따라서 $q(23)$은 다음처럼 쓸 수 있고, $p(23)$은 여사건을 사용해 $q(23)$을 통해 구할 수 있다.

$$q(23) = \frac{365}{365} \times \frac{364}{365} \times \frac{363}{365} \times \cdots \times \frac{343}{365}$$

$$p(23) = 1 - q(23)$$

$$= 1 - \frac{365}{365} \times \frac{364}{365} \times \frac{363}{365} \times \cdots \times \frac{343}{365}$$

$$\cong 0.5073$$

$$= 50.73\%$$

이상의 결과를 해석하자면, 방 안에 23명이 있는 경우 적어도 두 명의 생일이 같을 확률은 약 50퍼센트 정도 된다는 뜻이다. 물론 수학적 귀납법을 사용하면 n명일 때 두 명의 생일이 같을 확률을 구할 수도 있다. 이것은 독자들의 몫으로 남겨두고, 여기서는 식만 알아보겠다. 식은 다음과 같다.

$$p(n) = 1 - \frac{365!}{365^n(365 - n)!}$$

이번에는 Church를 사용해 방 안에 23명이 있는 경우 적어도 두 명의 생일이 같을 확률을 구해보자. 지금까지 수학 문제를 다뤘을 때처럼 정확한 공식이나 수식의 유도 없이 확률적 프로그래밍 방법을 사용해 구해보겠다. 코드는 다음과 같다.

[코드]

```
(define N 23)

(define (two-birthdays-match?)
  (rejection-query

    (define birthday
      (mem (lambda (i) (+ (sample-integer 365) 1))))

    (define (pair-equal i j)
```

```
    (if (> i N)
        false
        (if (> j N)
            (pair-equal (+ i 1) (+ i 2))
            (if (= (birthday i) (birthday j))
                true
                (pair-equal i (+ j 1))))))))

(pair-equal 1 2)

#t))
```

```
(hist (repeat 1000 two-birthdays-match?) "생일이 같을 확률")
```

[결과]

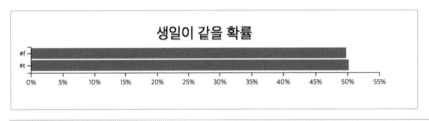

실행할 때마다 결과는 조금씩 달라질 수 있다. 하지만 대체적으로 두 사람의 생일이 같을 확률은 50퍼센트에 수렴한다. 즉 공식을 사용해 구한 정확한 해답과, 확률적 프로그래밍을 사용해 구한 값이 동일하다고 볼 수 있다. 핵심 코드를 살펴보자. 코드는 rejection-query를 사용해 구현했다. 쿼리가 나왔으니, 그 다음으로는 모델, 우리가 알고 싶은 것, 조건만 알아보면 된다.

모델은 birthday, pair-equal로 구성되어 있다. birthday는 23명의 생일을 무작위로 고르는 함수다. 생일은 정수라고 가정해서, sample-integer 함수를 사용해 365개의 숫자 중 하나를 뽑았다. 아울러 생일은 사람마다 실행할 때마다 바뀌어서는 안 되기 때문에 mem을 사용했다.

pair-equal 함수는 방 안에 있는 사람들의 생일을 비교해서 같은 경우 #t를,

다른 경우에는 #f를 넘겨준다. pair-equal 함수는 인자를 2개 받는데, 두 인자는 각각 사람을 의미하는 숫자다. 제일 처음에는 1번 사람과 2번 사람을 비교해야 하기 때문에 (pair-equal 1 2) 형태로 인자를 넘겨준다. pair-equal 함수는 자신을 재귀적으로 호출하면서, birthday 함수를 실행해 두 사람의 생일을 비교한다. 방 안에 있는 모든 사람을 다 비교했는데도 생일이 같은 사람을 찾을 수 없는 경우 #f를 넘겨주면서 종료한다.

우리가 알고 싶은 것은 두 사람의 생일이 같은지 여부이기 때문에, (pair-equal 1 2)를 호출한다. 남은 것은 조건이다. 우리가 알고 싶은 것에 해당하는 (pair-equal 1 2)를 실행하면 조건을 적용하는 것과 동일하기 때문에, 별다른 제약사항이 없으므로 조건을 #t로 두었다. 이상으로 핵심 코드를 모두 살펴봤다. 다음으로 앞에서 구한 p(n)의 식을 사용해 n이 변할 때 p(n)의 값이 어떻게 되는지 그려보자. n이 0부터 100까지 변하는 경우 그림은 다음과 같다.

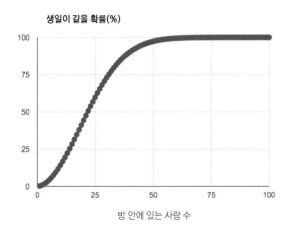

방 안에 있는 사람들이 변함에 따라서 두 사람의 생일이 같을 확률이 변하는 모습을 확인할 수 있다. 식이나 코드에서 확인한 것처럼, 방 안에 있는 사람이 23명이 넘는 경우에는 두 사람의 생일이 같을 확률이 50퍼센트를 넘는다. 방 안에 있는 사람의 수가 50명이 넘는 경우에는 두 사람의 생일이 같을 확률이 100퍼센트에 가까워진다. 자, 이번에는 확률적 프로그래밍을 사용해 이 그래프를 그려보자. 코드는 다음과 같다.

[코드]
```
(define (two-birthdays-match? N)
  (rejection-query

    (define birthday
      (mem (lambda (i) (+ (sample-integer 365) 1))))

    (define (pair-equal i j)
      (if (> i N)
          false
          (if (> j N)
              (pair-equal (+ i 1) (+ i 2))
              (if (= (birthday i) (birthday j))
                  true
                  (pair-equal i (+ j 1)))))))

    (pair-equal 1 2)

    #t))


(define (full-data-set N tryNum) ( if (eq? tryNum 0)
                     '()
                     (let ((next-obs (two-birthdays-match? N)))
                      (pair next-obs (full-data-set N (- tryNum 1))))
                     ))


(define (count lst sum) ( if (null? lst)
                        sum
                        (if (eq? (first lst) #t)
```

```
                                 (count (rest lst) (+ sum 1))
                                 (count (rest lst) sum))))

(define num-in-room (iota 20 1 5))
(define sample_num 200)
(define (prob N) (/ (count (full-data-set N sample_num ) 0 ) sample_num))
(lineplot (map (lambda (N) (list N (prob N)))
                num-in-room))
```

[결과]

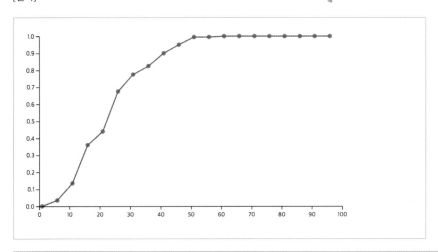

코드로 그래프를 그린 결과를 보면, 공식으로 그린 것과는 달리 다소 튀는 구간이 생긴다. 이 문제는 샘플링 횟수를 늘림으로써 해결할 수 있다. 컴퓨터 성능이 좋은 독자들은 샘플링 횟수를 늘려서 실행하면 식을 사용해 그린 것처럼 매끈한 그래프를 얻을 것이다. 이제 주요 코드를 살펴보자. 코드는 앞에서 살펴본 단 하나의 경우, 방 안에 23명이 있을 때 두 사람의 생일이 같을 확률을 구한 코드를 재사용했다.

그래프를 그리기 위해, 방 안에 있는 사람의 숫자를 바꿔서 두 사람의 생일이 같을 확률을 구하고, 이 결과를 사용해 각 경우의 확률을 구한 다음, 이를 그래프로 그리는 부분이 추가됐다. full-data-set 함수는 방 안에 있는 사람의 숫자가 달라질 때, 두 사람의 생일이 같을 경우를 시뮬레이션해준다. 2개의 인자를 받는데, 첫 번째 인자는 방 안에 있는 사람의 숫자이고, 두 번째 인자는 시뮬레이션 횟수다. 결과는 리스트로 시뮬레이션 횟수만큼 방 안에 있는 두 사람의 생일이 같은지 다른지를 #t, #f로 돌려준다.

count 함수는 full-data-set 함수의 결과를 받아서 방 안에 있는 두 사람의 생일이 같은 경우의 수를 돌려준다. 예를 들어 (full-data-set 23 4)를 실행해서 (#t #f #t #f) 결과를 얻었다면, 이 값을 count에 넘겨주면 #t의 개수 2를 돌려준다. 이상으로 중요한 코드를 모두 설명했다. 지금까지 배운 실력으로, 설명하지 않은 코드도 독자들이 충분히 이해할 수 있으리라 믿는다.

이번 장에서 배운 내용을 정리하자면, 확률적 프로그램을 사용해도 수학은 꼭 필요하지만, 수학적 풀이 과정 없이도 확률적 프로그래밍 모델을 잘 만든다면 정확한 해에 가까운 값을 얻을 수 있다는 것이다. 이 점이 바로 확률적 프로그래밍의 장점이라 할 수 있다.

참고문헌

- 『기초확률론』(개정판), 신양우, 경문사, 2010

- 『현대 기초통계학의 이해와 적용』(개정5판), 성태제, 교육과학사, 2010

- 『세상에서 가장 재미있는 통계학』, 래리 고닉, 궁리, 2012

- 『Bayes' Rule, A Tutorial Introduction to Bayesian Analysis』, James V Stone, Sebtel Press, 2013

- 『Data Analysis, A Bayesian Tutorial』, Second Edition, D.S. Sivia, Oxford, 2011

- 『Programming Collective Intelligence』, Toby Segaran, O'Reilly, 2007

- 『Bayesian Programming』, Pierre Bessiere, CRC, 2013

- 『Doing Bayesian Data Analysis』, John Kruschke, Academic Press, 2010

- 『Bayesian Reasoning and Machine Learning』, David Barber, Cambridge University Press, 2012

- 『이산수학』, 수학으로 이해하는 디지털 논리, 박주미, 한빛아카데미, 2013

- 『Modeling and Reasoning with Bayesian Networks』, Adnan Darwiche, Cambridge University Press, 2009

- 『Church: a language for generative models』, Noah D. Goodman 외, In Proc. 24th Conf. Uncertainty in Artificial Intelligence, 2008

인터넷 자료

- 베이지안 필터: http://en.wikipedia.org/wiki/Naive_Bayes_spam_filtering
- 베이지안 네트워크의 조건부 독립 판단(D-seperation): http://www.andrew.cmu.edu/user/scheines/tutor/d-sep.html
- 베이지안 확률 예제: http://www.cardiff.ac.uk/maths/teaching/probability/probtheory/bayes_ex/index.html#
- 확률적 프로그래밍 위키: http://probabilistic-programming.org/wiki/Home
- 확률적 프로그래밍 Church: https://probmods.org/
- 확률적 프로그래밍 Church 예제: http://forestdb.org/
- 메트로폴리스-해스팅 알고리즘: http://en.wikipedia.org/wiki/Metropolis-Hastings_algorithm, https://www.youtube.com/watch?v=h1NOS_wxgGg
- 몬테 카를로 시뮬레이션 예제: https://www.youtube.com/watch?v=YQNZVFK3qf4
- 정규 분포 식과 그래프: http://ko.wikipedia.org/wiki/정규분포
- 책 쌓기: http://mathworld.wolfram.com/BookStackingProblem.html, http://datagenetics.com/blog/may32013/index.html
- 생일이 같을 확률: http://ko.wikipedia.org/wiki/생일_문제

사진 출처

- 낙타: http://bit.ly/1geGNaq
- 바늘: http://bit.ly/1HBLK9c
- 마술 동전: http://bit.ly/1M0bh9Y
- 마술사: http://bit.ly/1FXQJts
- 웃는 관객: http://bit.ly/1KxA3AV
- 광고판을 맨 남자: http://bit.ly/1GWQIXJ
- 로봇: http://bit.ly/1IYxJNv
- 저울: http://bit.ly/1L73pEZ
- 방문: http://bit.ly/1eRAMzf
- 스팸: http://bit.ly/1LYMsxr
- 자동차: http://bit.ly/1CyanS8

찾아보기

에이콘출판의 기틀을 마련하신 故 정완재 선생님 (1935-2004)

확률적 프로그래밍 기초 원리
머신 러닝과 인공지능을 이해하는 또 다른 방법

인　쇄 ｜ 2015년 9월 21일
발　행 ｜ 2015년 9월 30일

지은이 ｜ 신 승 환

펴낸이 ｜ 권 성 준
엮은이 ｜ 김 희 정
　　　　　김 경 희
　　　　　전 진 태
표지 디자인 ｜ 그린애플
본문 디자인 ｜ 공 종 욱

인쇄소 ｜ (주)갑우문화사
지업사 ｜ 한승지류유통

에이콘출판주식회사
경기도 의왕시 계원대학로 38 (내손동 757-3) (16039)
전화 02-2653-7600, 팩스 02-2653-0433
www.acornpub.co.kr / editor@acornpub.co.kr

한국어판 ⓒ 에이콘출판주식회사, 2015, Printed in Korea.
ISBN 978-89-6077-764-4
ISBN 978-89-6077-771-2 (세트)
http://www.acornpub.co.kr/book/probabilistic-programming

이 도서의 국립중앙도서관 출판시도서목록(CIP)은 서지정보유통지원시스템 홈페이지(http://seoji.nl.go.kr)와
국가자료공동목록시스템(http://www.nl.go.kr/kolisnet)에서 이용하실 수 있습니다.(CIP제어번호: CIP2015025814)

책값은 뒤표지에 있습니다.